出会いの音楽療法

Sozialmusiktherapie

クリストーフ・シュヴァーベ
ウルリケ・ハーゼ

中河 豊 訳

風媒社

出会いの音楽療法

序

エヴェン・ルード

クリストーフ・シュヴァーベは、ヨーロッパにおける音楽療法のパイオニアの一人です。彼は、一九六〇年代にドイツ民主共和国で音楽療法を創始しました。音楽療法は、誕生しつつある新たな領域でした。彼の多くの著作は、この領域での最初の学問的貢献です。彼の療法体系は、能動的技法と受容的技法を代表していました。私がこの体系を知ったのは、一九七〇年代のことです。これは高度に反省的であり、理論的に基礎づけられていました。そうしたものとして、この体系は際立ったものでした。これによって音楽が精神科の病院に導入されたのです。

ドイツ民主共和国における政治的変化の後には、さまざまな改革が行われました。シュヴァーベの療法体系は、こうした状況の中で基礎となる人間的な価値観をずっと保持しています。これは個人の概念です。この個人の概念は、私たちが単なる生物的存在でも、ただ個人的存在でもないこと、私たちが社会的存在であることを想起させます。私たちには、活動空間と共同の責任が必要です。このことを承認することから、個人とその能力を前面におく療法思想が生み出されました。彼の音楽療法のアプローチは、個人が保持している能力を基礎にします。これは、音楽と健康に関する思索への重要な貢献です。シュヴァーベは、音楽療法の哲学の種をまきました。音楽療法の実践の未来がここから生じるでしょう。これは社会的意識を伴っており、この点で個人主義的アプローチを超えています。もちろん、療法に関する思考の中では、この個人主義的アプローチがよく現れてくるのです。現代の音楽療法の歴史が書かれるべきときには、クリストーフ・シュヴァーベが果たした重要な役割が認められるべきです。

オスロ大学、ノルウェー音楽アカデミー教授

第三版への序

ウルリケ・ハーゼ
クリストーフ・シュヴァーベ

『出会いの音楽療法』が公刊されて以来、一〇年が経ちました。この期間は音楽療法の実践、音楽療法の学説、研究の濃密な時代でした。

第三版がこの間に必要となりました。本書は用いられており、したがって生きているのです。生きているとは、動いていることです。そして、動いているとは、発展していることです。では、何が動いているのでしょう、あるいは発展しているのでしょう。『出会いの音楽療法』という名称の背後にある音楽療法のコンセプト、これが実践の中で実証されたことです。私たちの組織（シュヴァーベによるコンセプトを促進するためのドイツ音楽療法協会）の名簿だけで、ほぼ三〇〇人の音楽療法士が掲載されています。これらの療法士は、クロッセン応用音楽療法アカデミーで研究し、このコンセプトを修得しました。こうした人々は、それ以来職業的に実践し、成功しています。この職業の範囲は、臨床、社会療法、社会教育、予防、教育まで広がっています。

音楽療法コンセプトの発展は、いまや五〇年に及びます。この発展の道筋は連続しており、首尾一貫しています。音楽療法はその実践で成功したのです。決して、「机上」で生まれたのではありません。この音楽療法の発展は、最初二〇年以上にわたり心理療法の臨床領域で行われました。これは、良いことでした。ここで基礎（『音楽療法の方法論とその理論的基礎』、Schwabe, 1978）がつくられたのです。次に、これによってきわめて広範な応用領域が生み出されました。前の世紀の九〇年代以降、私たちはこの広い領域に携わっています。

私たちの音楽療法的思考と行動の方法的基礎構造は、革新的な内容をもちます。いわゆる音楽療法の因果性原理（Schwabe und Reinhardt, 2006）がそれです。

私たちは、一九九〇年代に『出会いの音楽療法』を私たちのコンセプトの名称にしました。これには、歴史的根拠とともに、客観的な根拠がありました。まず、私たちは、私たちの音楽療法コンセプトの臨床的展開が生じる本質的な源泉を示唆したいと思いました。これは、クリスタ・コーラーの名前と結びついている『コミュニケーション的心理療法』（Kohler et al. 1968、本書1．3．3以下参照）です。つぎに、人間の生理的、心理的、社会的本質性の中で、人間の社会的存在に同等の意味を認めました。そして、「出会い」と「関係」を音楽療法行為の決定的な社会的手段として定めようとしました。

この命名がすべての人々によっては理解されないこと、特に臨床領域で働く同僚たちがそれまでは「明確な」コンセプトであったものがこの命名によって希釈されると考えること、私たちはこれを見込まなければいけませんでした。私たちは、音楽療法を臨床の外部あるいは「健康な人々」のところに移そうとしたと非難されました。しかし、研修と実践におけるコンセプトは連続しています。今の非難は、この連続性によって根本的に反駁されます。

以前私たちの組織の名称は、「社団法人ドイツ音楽療法協会東」でした。これに関しても誤解がありました。私たちは、「東出身」の音楽療法士だけを念頭においていたのではありません。さまざまな音楽療法の組織が活動している中で、これは「東」で開発された音楽療法を代表し、さらに発展させようとする組織なのです。

組織の役員は名称変更を決定しました。名称の意味についていつも説明することを避けるためです。これは、二〇〇六年の総会で承認されました。この名称は場所ではなく、コンセプトを示すものです。

「出会いの音楽療法」という名称は、したがって歴史的に理解されるべきです。もちろん、この名称の背後には今日私たちが代表する音楽療法の立場があります。私たちの組織の役員は、この立場を名称に用いようと考えました。これはシュヴァーベの名前と密接に結びついています。

名前が誤解されて子どもが傷つくと気づいても、子どもから名前を取り上げることは困難です。これは私たちの場合でも同じです。

私たちは新しい名前を考えだすのではなく、すでにある名前を尊重します。この名前は一〇年前には有意義で正しいものでした。けれども、これからは「私たちの子ども」について配慮し、この名前を用いようとは思いません。私たちは、「クリトーフ・シュヴァーベによる音楽療法コンセプト」についてのみ語ります。これは全体的なコンセプトです。この中では、かつて区別されていたさまざまな音楽療法の領域、能動的音楽療法、調整的音楽療法、出会いの音楽療法が一つの体系全体へと統合されています。コンセプトの明晰性と論理がここにはあります。一〇年にわたる発展の中で新たに付け加わった側面も、このコンセプトによって全体的関連の中に統合されます。それは、「新しい別のもの」とはなりません。

新しい名称は、クリストーフ・シュヴァーベの名前と結びついたコンセプトを示します。この名称は誤解を引き起こすかもしれません。しかし、このコンセプトの発展には、常に新しい同僚が協力してきました。そして、これからもそうでしょう。本書の著者は、これにどんな疑いももちません。この第三版は、これをよく示しています。

本書の改訂に際しては、個々の箇所が厳密化されました。「出会いの音楽療法」という名称は、歴史的、客観的根拠がある箇所だけで用いられます。第三章「応用領域」が新しく構想されました。第三章の執筆者に感謝を表明します。

二〇〇八年春

初版への序

クリストーフ・シュヴァーベ

私たちにとって、この書物は二つの理由から必要でした。

第一に、音楽療法実践の現実に対応することです。まず、音楽療法を実践する領域が拡大しています。それは今では臨床医学的分野を超えて、社会的領域へと広げられています。次に、臨床医学的領域自体が変化しています。また、今まで音楽療法を含む上位分野として心理療法がありました。しかし、心理療法と音楽療法との関係はますます不確かになっています。

第二に、音楽療法を開発するために今までさまざまな経験がなされてきました。これは、ほとんど四〇年の伝統を持っています。そこで、これを教育的あるいは職人的に記述する時機が熟していたのです。

音楽療法の多くの同僚たちは、音楽療法を一種の芸術形式と考えようとします。こうした人々は、厳密さというものをあまりにも狭く理解しています。しかし、私たちの考えは、これとは異なります。私たちにとって、音楽療法は職人芸です。職人芸には規則があります。これは、適切な条件さえあれば教えることができるものです。また、学ぶこともできます。職人芸は神秘的なもの、わけのわからないものではありません。たとえば、一六世紀の木彫師は古い職人芸を体現していました。私たちの感じ方では、この木彫師と同じように職人芸を理解することが重要なのです。

私たちは、自分たちの職人芸についてよくわかっています。これを教えるためには、この職人芸の取り扱いについて述べなければなりません。これが、本書の本来の関心なのです。

私たちはおよそ四年前にこの書物を構想し始めました。そのとき、私たちは比較的大きなグループをつくり、また論争と関心を共にしていました。しかし、この道程は苦しいものでした。本書を実現するためには、多くの障害を克服する必要がありました。そして、この課題に立ち向かうことは困難でした。最後まで残って音楽療法実践を叙述できたのは、私以外にはウルリケ・ハーゼだけでした。こうした課題には、持続的に関わり続ける以外に道はありません。彼女にはそれができたのです。

本書の節には執筆者の名前が冠されています。ほとんどの節に私の名前がありますが、ウルリケはこの部分を共に仕上げてくれましたし、また意見を述べながら付き添ってくれました。同じことは、彼女に対する私の態度にもあてはまります。

一九九八年復活祭

目次

1. 出会いの音楽療法の本質

クリストーフ・シュヴァーベ、ウルリケ・ハーゼ

人間相互の出会い、また人間と音楽との出会い、これが出会いの音楽療法の出発点です。

言語には多くの概念があり、それらは誤解される危険にさらされています。「出会い」の概念も、私たちの思い通りに理解されないかもしれません。そこで、私たちはこの問題に関して、また「出会い」の概念に関して、クラウス・デルナーとウルスラ・プロークを引き合いに出しましょう。この二人は『誤ることは人間的である』[1]を出版しましたが、後に彼ら自身が記述しているように、その初版では正しく理解されませんでした。二人は、「出会いと理解という感傷的な香料」について述べます。彼らによれば、「異なる生き方をする敵対者が出会うのは、友人の素振りをやめてしまい、失望して破壊的な敵となることを避けるため」なのです。そして、「出会いが出会いとなるのは、両者が互いをよりよく理解することによる」と二人は書きます。

この言明は、人間同士の出会いに関わっています。これを人間と音楽との出会いに置き換えてみま

しょう。すると、これは二つのことを意味します。第一に、人間は音楽をその音楽形式において、つまり音楽をその本質において知り、理解するようになります。第二に、出会いの中で、音楽は人間を取り巻いている現実の代わりとして機能します。この結果、音楽と出会うことによって、人間の生活の現実がより広く、具体的に認知されるようになります。

療法としての出会いについて述べましょう。これは、人間と出会う能力に病的な意味で障害がある場合です。

自分自身との出会いを改善することを含め、生活を維持し、生活を形成し、生活を構築する活動、これらが療法としての出会いです。

他の人間と出会う能力あるいは自分自身と出会う能力に障害や病がある場合があります。このようなときに、出会いが療法となります。つまり、出会いは、人間関係を作る能力さらに認知する能力を改善するための援助になるのです。もちろん、このためには適正な治療が何であるかを明確にし、治療に必要な条件をはっきりさせておく必要があります。

出会いの音楽療法では、出会いはおもに言語を介するのではありません。そうではなく、出会いが成立するのは、音、響き、リズム、身体運動、絵画表現という表現手段あるいはコミュニケーション手段を介してです。

この出会いの場は、まずグループです。これは二人の出会い、つまり患者と療法士の出会いのときもあります。

本章では、出会いの音楽療法の本質が相違する三つの水準で叙述されます。最初の水準―出会いの音楽療法の対象―は、自我が社会的存在であることを述べます。これは、出会いの音楽療法の行為の出発点と行為の目的を引き出すためです。第二の水準―出会いの音楽療法の療法的性格―は、出会いの音楽療法にある本質的な療法的特徴を明らかにします。また、方法論的、制度的・実用的、学問的・政治的諸問題についてもふれます。第三の水準―出会いの音楽療法のルーツと発展論理―は、学問と実践の歴史です。もちろん歴史といっても、出会いの音楽療法の出発点となった歴史です。ここでは、出会いの音楽療法が活躍する領域も取り扱うことにします。

（1） Klaus Dörner und Ursula Plog, Irren ist menschlich, 1989.

1．1．出会いの音楽療法の対象

シュヴァーベ（1978, 1983, 1991, 1996）は、能動的グループ音楽療法の因果性原理を展開しました。音楽療法では療法がおこなわれます。この療法行為を単に行為と呼ぶことにしましょう。音楽療法の行為が開始される地点は、患者にアプローチすることです。そして、行為の目的は患者のもつ問題から引き出されます。行為の開始と目的についてのこの事態、これが因果性原理の意味することです。

ところで、出会いの音楽療法が治療するのは、「社会的疾患」です。この音楽療法はこの疾患から出発し、「社会的能力」改善しようとします。これが出会いの音楽療法の目的となります。

出会いの音楽療法の対象は、個人の社会的疾患です。しかし、「社会的疾患」を理解するためには、個人が社会的存在であることを知っておく必要があります。

1．1．1．人間あるいは「自我（私）」の社会的存在　［クリストーフ・シュヴァーベ］

ここで「自我（私）」は個人と同じ意味です。個人（個々の人間）は、ただ一度しか存在しません。つまり、それは一回性と唯一性を有しています。これは、一面では素質の遺伝的配置によって前もって決まります。しかし、他面では、その社会的存在によって形成されます。個人は、出会いの音楽療法の本来的対象でもあります。

ここで、個人の概念は、単独な人間の概念と混同してはいけません。ここでは、人間のあり方を理念的に記述することではなく、あるひとりの人間と他の人間との依存関係を特徴づけることが大切です。

この限りでは、いわゆる単独な人間は、文明社会が二〇世紀後半に社会的に発展した結果として理解されます。単独な人間は、生活の質に関しては、文明化されていない諸民族とは根本的に異なります。たとえば、オーストラリアのアボリジニは、いまだに社会性をもつ生活の質を保持しています。

一般的に言えば、生活の質は、社会的対決という社会的学習の結果として生じます。これは、単独な人間のありかたにもあてはまります。

社会的障害が増加すると、単独な人間という生活様式が増えます。また、社会的障害の増加は、人間が単独にある社会の質に関連しています。ただし、これについては、これ以上述べません。

したがって、自我（私）は、さまざまな社会構成体あるいは関係の中にある他の個人、価値規範、行為パターン、個人の生活状況の特殊な配置、支配的な文化的特徴そして社会と対決します。自我の発達は、この対決の結果として理解すべきです。

自我（私）は、定められた社会的刻印を自分の意志とは無関係に経験します。この社会的刻印は、規範と価値表象によって定まります。この規範と価値表象は、自我（私）の周囲にある社会的共同体に刻印を与えます。ここでいう刻印によって、人間のあり方がつくられます。人間は、この刻印を受けいれ、この刻印を克服し、あるいは拒否します。

このように、自我（私）の発達は社会的対決の結果として特徴づけられます。そこで、自我（私）は、社会的価値表象と規範（文化）によって刻印された個人として理解されます。

自我（私）の社会的存在を理解することは、今述べたことに対応します。個人は、社会的に決定されています。あるいは、個人は社会的な影響の下にあります。個人は、その身体的、心的、社会的存在において、まさに運命のように定められています。個人を実現しようとすれば、それは社会的関わりの中で、社会的関わりを通じておこなわれることになります。

ここで、社会的関わりというカテゴリーが使われています。他の人間と同じであること又は他の人間から異なること、役割が固定されていること及び役割が柔軟であること、行為するなかで協力を実現すること、これらがこのカテゴリーに含まれます。

自我（私）は社会的関わりの中で実現されます。これは、生活の質あるいは生活の満足の程度にとって決定的です。しかし、同時に、これはまた障害の出発点ともなります。そして、障害が病的レベルになると、生活の質は損なわれてしまいます。

このことは、個人のあり方とその特有な個人的特徴だけではなく、さまざまな社会的規模の共同体のあり方にも妥当します。

生活の現実は、この生活を条件づける要因によって成立しています。生活の質あるいは生活の満足の実現、さらに障害の特徴とあり方にとって、この要因の全体が決定的です。もちろん、具体的には、この関与の程度はさまざまです。

ここで、自我（私）を実現することについて述べています。今スケッチした次元では、自我（私）の実現は、政治的、哲学的、法学的、宗教的、社会的、そしてまた療法的な意味をもっています。これら意味のレベルのひとつを別のレベルから分離することは、理論的にしかできません。というのも、生活の実現、生活の質、生活の満足というカテゴリーでは、すべてが複合的であるからです。意味のレベルを分離することは、思想的理論的遊戯でのみ可能です。あるいは、「人為的な」選別が必要な場合にだけ、この分離が可能となります。

しかし、療法的次元に関心を向けましょう。社会的（音楽）療法的意義を明らかにするためには、この療法的次元をうまく定義しなければなりません。この時には、他のさまざまな次元を考慮しながら、療法的次元のもつ特有性に配慮する必要があります。

自我（私）を実現することには、療法的意義があります。これを取り扱うためには、病的関連についてまず叙述しなければなりません。この課題は、本章の次の節で取り上げられます。そこでは、「社会的疾患」という事柄を導入します。とりわけ今日の医学では、これが生物学的自然科学的に方向付けられているために、この社会的疾患という概念が今まで理解されていません。したがって、それが受け入れられることもありません。

ここでは、さしあたり「社会的なもの」という概念のもとで何が理解されるべきかを取り扱いましょう。

この概念は、日常言語にも学問言語にもある他の概念と同じ運命にあります。すなわち、それはさまざまな事柄を指し示します。そうだとしても、私たちがこの概念を使用しようとするなら、この概念に関連する事柄を別の言葉で可能な限り正確に説明しなければなりません。

「社会的なもの」とは、ここではさまざまな個人が出会うあり方のことです。これは「社会的コミュニケーション」あるいは「社会的相互行為」と表現しても良いでしょう。

社会的なもの、つまりさまざまな個人の出会いは、多様な目的に役立つことができます。それにはまた、多くの事柄が前提されるでしょう。しかし、この出来事の核心は、いずれにしても人間同士の、あるいは自我（私）と他者との接近の仕方にあります。この事態は、「近さと距離」の概念によって理解されます。

近さは、（外部に）開かれていること、（他者と）同じであること、しかしまた無防備のままにさらされていることに密接に関連しています。

距離は、他者とは別であること、他者から区別すること、自己を防御することに密接に関連しています。

さまざまな個人の間に接近と区別を形作ること、これは社会的相互行為です。人間は社会的存在なのです。接近と区別を形成することが、生きることなのです。そして、この生活には満足と危険がともなっています。

満足とは、自我（私）を確証し、拡大し、発達させることを意味します。危険とは、自我（私）のアイデンティティが喪失すること、あるいはこの喪失への不安が生じ、自我（私）が狭隘化し、解体することを意味します。

社会的疾患にとっては、社会的健康が目標となります。これは、他の人々と自我（私）自身との出会いが生じるとき、近さの能力と距離の能力が調和することです。このときに、意識的な自己決定がなされ、自己が開示され、相互の区別がおこなわれます。この事態を量的に表現すれば、可能な限り多くの開放性と必要な限り多くの区別となります。別の言い方をすれば、誤った防御が必要とされるほど、開放性の余地はよりわずかになります。

ここで用いられる意味での「防御」は、以前に防御の問題性に関して発言したこと（Schwabe 1987, Schwabe und Rohrborn 1996）に対応しています。

防御の必要性に関しても、開放性あるいは区別に関しても、普遍妥当な尺度は何もありません。自我（私）が社会化するプロセスでは、近さと距離の行為が発達します。あるいは、この行為が形成されます。他の人々と交流するときには、健全な資質が用いられます。この近さと距離の行為さらに資質が、社会的健康あるいは社会的疾患の程度と質を決定します（1．1．2．を参照）。この社会的健康あるいは社会的疾患は、社会的能力と言い換えることもできます（1．1．3．を参照）。

今まで、社会的関係の領域は、「自我（私）と他の人々との関わり」として叙述されました。以下では、この関係の領域についてより詳しく解明します。

同様に、「他の人々」の概念についても解明しておきます。自我（私）の社会的なあり方は、自我（私）と他の人々との関わりに限定されないからです。

自我（私）は、自我（私）に直接あるいは間接に出会います。同じように、自我（私）は、「君」、「私たち」、「君たち」と直接あるいは間接に出会います。この出会いの中で、自我（私）の社会的存在は、体験され、経験され、認識されるのです。

自分の感情、思考、身体を認知すれば、自我（私）が体験されます。同じように、「君」、「私たち」、「君たち」との出会いがあれば、自我が体験されるのです。

自我（私）を意識することは、自分を認識し、自分を形づくり、自分を変化させることです。この意味で自我（私）を意識することは、人間としての発達のなかで形成されます。しかし、この発達は、すでに発達したものを基礎としています。そして、自我（私）、「君」、「私たち」、「君たち」が直接的に良いタイミングで出会うと、発達は成立するのです。

ここで、発達のレベルと出会いのレベルという二つのレベルがあります。この二つは、直接的および（あるいは）間接的に関連しています。そして、この関連は、多かれ少なかれ自我（私）によって意識されています。出会いの音楽療法の行為するレベルは、とりわけ「出会い」のレベルです（1．2．2．および2参照）。もちろん、このように二つのレベルを区別して述べるのは、コンセプトを理解してもらうためであり、「発達のレベル」を無視しているのではありません。

自我（私）の立場からは、「君」とは私に向かいあうもの、つまり他のものとなります。自我（私）は、「君」との関係の中で、アイデンティティと他者性を経験し認識します。自分を「君」に対して開放すること、自分を「君」から区別すること、自我（私）はこれの可能性について経験し認識します（Laing 1973）。

自我（私）の立場からは、「私たち」はアイデンティティ、合意、協力、役割配分、課題実現などをともにします。「私たち」とは、「君」または多くの他の人々と一緒に集まり、ともにあることです。自我（私）は、「私たち」の構成部分であり、「君」、つまり「私」の向かいにあるものとは違います。自我（私）にとって、「私たち」という体験が成立するのは、次の四つの社会化の形式の中です。これらは、恋愛関係、グループ、大衆、および群衆です（参照：Schwabe und Rudloff 1997）。「私たち」という体験のあり方は、これらの四つの社会化形式の特有性によって異なります。具体的に考えれば、この体験がおこなわれるプロセスはさまざまな特性をもちます。「私たち」という体験は、この特性によって性格づけられます。たとえば、「私たち」という体験は、不安からの極端な防御、つまり防衛行動であったり、また建設的な自己開放でもあったりします。

自我（私）の立場からは、「君たち」は私に向かい合うものです。私に向かいあうものは、アイデンティティ、合意、課題、目的などに関して、他の人々が別の存在であることを表現しています。

自我（私）の立場からは、「君たち」という体験をすれば、自我（私）との境界がつくられ、自我（私）は強化されます。自我（私）にとっては、「君たち」という体験はグループ、大衆、群衆という三つの社会化形式のなかでだけ実現されます。これは、恋愛関係という社会化形式では成立しません。

「君たち」というものは、私に向かいあうもの、つまり他的存在の人格化です。そうだとしても、「他の人々」には人格化されない別の機能があります。

ここで自我（私）の立場から見ると、他のもの、他の人々は、立場、体験、行動などに関する規範です。これは獲得され、そして（あるいは）指示されるものです。

この規範は、自我（私）にとってはアイデンティティとなり、または境界となります。したがって、他の人々にたいする私の関係は、本質的にこれに規制されて成立します。規範は、他の「人々」という意味で、アイデンティティあるいは境界となります。自我（私）はアイデンティティまたは強さを有します。逆に、自我（私）は不安定であり、または他の人々への見解に依存します。このようにして、自我（私）の安定性の質が形作られます。

自我（私）は社会的に存在し、そうしたものとして重要な根本特徴を有します。本節では、これを簡明かつ圧縮して記述しました。関連する領域を明らかにし、これによって出会いの音楽療法を理解してもらうためでした。

また、ここで述べたことは、社会的疾患を理解する出発点となります。社会的疾患は、出会いの音楽療法の取り扱う障害であり、これは自我の社会的あり方から理解されなければなりません。

1．1．2．行為端緒としての「社会的疾患」［ウルリケ・ハーゼ］

それぞれの人間は他の人間との関係を頼りにしています。これが先の節から明らかになりました。人間の社会的存在は、関係を形成するあり方、したがって接近と境界付けのあり方によって規定されています。

人間の社会的存在は、人間の身体的かつ心的あり方と不可分に結びついています。また、人間は、生物的、心的、社会的システムでもあります。したがって、健康な精神の宿る健康な身体というだけでは不十分です。周囲の世界に対して健康的に関わることが重要であり、これを始める能力あるいは可能性が必要なのです。そうでないとすれば、生活の質は制約され、病気あるいは死にまで至ることになります。

研究文献には、これに関する無数の実例がありますが、ここでは引用しないでおきましょう。しかし、ひとつだけ指摘しておきます。それは、言語的に孤立するだけでも、新生児が死亡した事実です。もっとも、これを明らかにしたのは、人間の最初の言語を探求する試みでした（Lange 1997）。

人間は、その身体的存在を確保するために、たとえば食物や衣服といった対象を必要とします。しかし、人間は、その心的、社会的存在を確保するためには、人間を必要とするのです。

ところで、心的社会的に満足するためには、満足の「対象」としての人間あるいは人間的な出会いが必要となります。身体的に存在を維持するにも対象が必要です。しかし、人間あるいは人間的な出会いは、身体的な存在を維持するための対象よりも比類なく複雑であり込み入っています。したがって、人間は障害に陥りやすいものです。身体的レベルあるいは心的レベルの障害について言えば、これが病気と特徴付けられることは自明です。これとは対照的に、社会的あり方一般の障害は、「社会的疾患」ではなく、社会的な障害あるいは欠損の言葉が用いられています（1. 2. 1. を参照）。

今日の医学の理解では、人間存在の社会的レベルに対して、当然の注意がまだ払われていません。これは何故なのでしょうか。シュトイスロフ（Schawabe 1978 参照）は、すでに一九六八年に病気の領域を五つの主要なグループに分類しています。「一般的な理論が医学の全領域をカバーするためには、身体的領域、心身的領域、心的領域、心的社会的領域、社会的領域、社会的関連領域という区分がおこなわれるべきでした。この区分は、対象領域をほぼ完全に包括しています。これらの領域の相互の序列は定められるべきかもしれません。しかし、一般的な理論は、この序列とは全く独立に構想されなければなりません」。

生活史的文脈には、生物学的領域と社会的領域があります。これらの部分を根本的に統一しようとしても、学問的に使用可能な言語はありません。これは、クラウス・デルナーとウルスラ・プロークが嘆いていることです。

この二人は、心的疾患を実例として用い、以下のように書きます。「病因学的条件のレベルから現象学的体験のレベルへと立ち戻りましょう。そして、心的疾患が特定の状況を表現する普遍人間的な可能性であるとしましょう。この時には、疾患となる可能性には、二つではなく、三つの方向性があります。つまり、身体の疾患、人間関係の疾患、自分自身の疾患です。個々の患者は、アクセントの違いはあっても、三つの方向性すべてに関与しています。これが重要な点です」。

デルナーとプロークによれば、人間関係的な疾患の（私たちの言語使用では、社会的疾患の）人間とは、「神経的、身心症的、依存的、自殺的、性的あるいは人格的に障害があり、生活上の諸問題を解決する際に自分および他の人々への関わりを機能しないものにしてしまった」人間のことです（『誤ることは人間的である』、15頁）。

こうした病像は、そのほとんどが一般的に心的あるいは心身症的病気に分類されます。高血圧あるいは心筋梗塞のような別の疾患は、一般的に身体的領域のものと考えられるでしょう。性的に障害のある人間に関しては、どこに分類するかは明らかではありませんし、効果的な治療も不明なままです。いわゆる人格障害も、これと同じように思われます。もちろん、性的障害も本来はこの人格障害に分類されるのです。こうした人間の固有の病気は、今の分類が定まったずっと以前からあるのでしょうか、あるいはこの分類を超えているのでしょうか。

病気は常に生理的・心的・社会的システムに関わり、その結果として三つのレベルで表現されます。しかし、社会的疾患の症候は、身体的および心的病気の症候からはっきりと区別されるのでしょうか。

これを別のように表現すれば、次のようになります。社会的な病または人間関係の病は、そうしたものとして認識されるのでしょうか。あるいは、この病は、身体的および（または）心的レベルで表現される以前には、診断不可能なのでしょうか。つまり、誰かは、病気とされる前にすでに病気なのでしょうか。

これは、一見して逆説的な問いです。しかし、このように問うとしても、目立った行為があれば、その背後には治療されるべき病気があると推測されるのではありません（Wambach 1981 参照）。

社会的疾患を表現する症候を認知し、この症候を真剣に受け止めること、これが重要なのです。そして、身体および（あるいは）心が不調であるとの合図以前に、この症候の発生する基盤を発見し、人間を均衡にもたらす道を発見することが問題なのです。

このために必要なことは、社会的疾患の本質、原因、現象形式、診断可能性を定義することです。同時に、これを身体的病と心的病から明確に区別することです。

生理的・心的・社会的システムには個別的な諸領域があります。これを区別し、いわば別々に見なければなりません。もちろん、真理はきわめて複雑であり、その一部だけが把握されるにすぎないこと、これを当然のこととしてよく知っておく必要があります。

身体的病と心的病は、個人としての人間から定義されるだけです。しかし、社会的疾患では、個人はつねに他の人々、他のもの、自分自身への関係性の中にあります。したがって、社会的疾患は、個人を超える要素を示唆しています。同時に、社会的疾患は、個人としての境界をつくることにも関与します。これが社会的疾患の本質と言えます。

社会的疾患は、個人が他の人間、もの、自分自身に関わるときに、生活を改善するような形で近さと距離を均衡させられないことです。

ここで均衡について語られています。この均衡は、そこに一度到達すると社会的健康が保証される状態ではありません。むしろ、均衡を保つとは、均衡、均衡の喪失、均衡状態への復帰という恒常的プロセスを意味します。このプロセスでは、個人が不安定になり、また安定し、これが繰りします。この場合に、不安定と安定は互いに条件付けあっています。不安定になれることは、真に安定することの兆候です。同様に、不安定は、安定させる力があるときにだけ建設的になることができます。

不安定化と安定化のプロセスでは、さまざまな感情が発生します。均衡に達するためには、この感情を許容し、これに建設的に取り組むことが必要です。

この意味では、社会的疾患は、次のように定義されます。他の人間、他のもの、あるいは自己自身に対して接近するプロセスと境界をつくるプロセスでは、さまざまな感情が発生します。人間には、この感情を認知し、許容し、これらを建設的に取り扱う能力があります。この能力に持続的な障害があるときに、社会的疾患があります。他の人々の感情を認知する能力、および（あるいは）この感情を受容する能力に持続的な障害があるとすれば、これも社会的疾患といえます。

社会的疾患は、他の人々との関係の中にある個人にあてはまります。社会的疾患のこのあり方からすると、高度の「感染可能性」が存在します。これから身を守る可能性は、きわめてわずかなのです。若い人間がいて、他の人々との関わりを反省し、見抜く能力があまり発達していない、このように想定しましょう。この状態が顕著であるほど、社会的疾患から身を守る可能性は小さくなります。身を守る可能性および自己治癒の可能性ついては、どんな「社会的免疫システム」もありません。このかぎりで、社会的疾患は他の病の領域からはっきりと区別されます。

病の領域が人間の進歩の中でより新しく成立したほど、自己治癒の可能性はわずかしかないでしょう。たとえば、伝染病と骨折には、きわめて良好な自己治癒の可能性があります。しかし、心的病とりわけ社会的疾患は、本質的により後に登場し、文明の進歩とともにより広範囲に広まりました。この疾患は、ほとんど自己治癒の可能性を示しません。社会的疾患の原因を明らかにしようとするなら、個人がうまく社会化できなかったことを原因として良いでしょう。

このときに、二つの原因領域があります。これらは、同じ程度に重要です。

私たちの意見では、最初の領域は、最初期の印象的体験です。これは、出生前の体験も含んでいます。つまり、新生児が出会う最初の親しい人間、最初にかかわる人間の経験です。この人間は、ふつう母親です。

受容、慈しみ、安定性という特徴がこの関係にあると、子どもは自己を受容し安定します。これがない場合には、不安定性を許容して消化することができません。人生に困難と脅威がともなうにしても、最初の信頼が裏切られないなら、人生の中に信頼が生じることになります。

子どもがよい経験をできず、したがって最初の人間関係の病を経験すると、これが基礎となって、より後に困難と脅威が発生し、社会的な病になります。状況によっては、より後に身体的および（あるいは）心的な病が発生します。

したがって、最初に社会的経験をするあり方は、大変に重要です。社会的疾患だけではなく、あらゆる系列の心的、身体的、心身的疾患が発生するのも、この最初の経験に由来すると思われます。

さて、第二の原因領域があります。これらは、人生の中で個人的性向に応じて社会的疾患の源泉となります。列挙すれば、慢性の身体的あるいは心的疾患、治癒の見込みの少ない疾患、あるいは治癒の見込みのない疾患（たとえば癌、エイズ）、事故による突然の障害（たとえば横断麻痺）、つらい体験（たとえば死または離婚）、失業、貧困、負荷の強い生活環境（たとえば暴力的人間関係、施設における生活）、特定の職業集団への帰属（たとえば教員、管理職）、また高度の不安定性を特徴とする年齢集団への帰属、これらが原因領域となります。

こうした生活状況があるにしても、これが不可避に社会的疾患の発生へと導くわけではありません。これは、すでに強調した事柄です。同じように、劇的な出来事がなく、見かけ上は平穏無事な生活があっても、これが社会的疾患から保護するわけではありません。たとえば、女性が長年にわたって夫と子どもだけのために生活しているとしましょう。この女性がより多くの時間を自分のためにもつと、突然に内面的な空虚におそわれることがあります。主婦および母親として役割が固定されていると、新しい生活環境に入り、自分および他の人々と新しい経験をすることができなくなります。これに対しては、身体がしばしば偏頭痛または循環障害によって反応します。これらは女性によって（しばしば医師によって）更年期障害として認知され、薬物で見かけ上うまく治療されます。しかし、この女性は、彼女の本来の病、その「社会的疾患」、役割の固定から解放されてはいないのです。

この女性の例で明らかなように、社会的疾患が認知されるのは、ほとんど身体的および（あるいは）心的領域に二次的障害が現れることによります。

その二次的な障害が治療されるとしても、社会的疾患が障害の源泉、つまり原因とは診断されません。したがって、社会的疾患は、その後も影響を与え続けます。

社会的疾患の一次的症状について問題にすれば、社会的疾患の現れ方も問題となります。社会的疾患は、本質的には自分と他者に対する近さと距離を均衡させられないことです。そうだとすれば、この疾患は、三つのレベルで現れます。

1．自己および他者を認知するレベル
2．自己を表現するレベル
3．社会的に相互行為するレベル

三つのレベルは、全て互いに緊密な相互関係のうちにあります。これらのレベルは、生活史的かつ社会的な状況にしたがって、さまざまなアクセントをともなって現れてきます。

以下に、社会的疾患の現象形式の実例をあげておきます。
・自分および他の人々を認知することに障害があること
・自己を意識することに障害があること
・印象能力と表現能力を均衡させることに障害があること
・自己感情を表現する能力が欠如すること
・自己表現をする方法が制限されていること（たとえば決まり文句）
・特定の人格領域で防御すること（たとえば自分の身体性、自分の心）
・近さを許容しないこと
・距離を許容しないこと
・不安定性への不安
・安定性への不安
・対立への不安
・依存的な生活形式
・好ましくない生活状況あるいは病気をひきおこす関係から自分を解放できないこと
・役割が硬直してしまうほど役割の柔軟性が欠如すること
・さまざまな生活状況の中で創造的かつ柔軟に行為する能力が欠如すること
・行為戦略の行き詰まり（たとえば行為しないでただ反応しかしないこと）
・自分自身および他者に対して行為の幅が狭すぎること（たとえば攻撃、自己攻撃）
・権威に過剰に結びつき、権威に依存すること

・自己で決定するのではなくて他者によって決定してもらうこと
・援助者症候群(2)
・狂信
・自己表現要求が過剰であること、指導者的に行為すること
・現実の求めから逃避すること(たとえば麻薬、薬物、病気、退行による)
・引きこもり、社会的に孤立すること
・たとえば、承認や労働を求めること、危険と限界経験を求めることなど、これらに関わる明確な形の病的欲求

これらの現れ方は、すべて身体的および(あるいは)心的障害の原因ともなり、帰結ともなります。これらはいつも互いにつきまとい、原因でもあり同時に結果でもありえます。したがって、こうした症状を解明するときには、常に根本的なところまで診察し、根底にある身体的および(あるいは)心的病を治療することが必要です。しかし、社会的疾患の症状は、症状として独自の病的価値において真摯に受け止めて治療しなければなりません。

右の考え方によると、医学的に診察するときには、生物的・心的・社会的な三次元のレベルで患者の人格を認知することが不可欠です。モニターを見るよりも、もちろん時間が必要となります。しかし、すでに述べた仕方で患者の人格を認知しなければ、疾患が慢性化し、患者の社会的存在の障害から副次的病が生じるでしょう。きちんと診察すれば、治療の時間と薬が節約されるのです。

出会いの音楽療法には、三つの心理学的な行為領域があります（1．2．3．参照）。この音楽療法は、これらの領域で他の診断的方法と協力し、療法的な手段として効果をあげることができます。しかし、それだけではありません。社会的疾患の症状は、行為（認知、自己表現、社会的相互行為）することを介して明らかになります。出会いの音楽療法は、こうした行為を刺激することによって、診断的手段としても効果的であることができます。

これらの症状は数量化できません。したがって、これらの症状に関する「客観的な」観測は不可能であり、再現もできません。事柄の本性、人間の社会的あり方の本性からすると、これは当然のことです。関係すること、表現する能力、印象をうけとる能力は、測定できません。

もちろん、標準化されたテストがあります。しかし、テストはすべて常に現実の一部を再現するだけです。それは、また常にテストの作成者を反映しています。

真に客観的な測定は存在しません。もちろん、これは自然科学者がとっくに知っていることです。たとえば、ハイゼンベルクは、不確定性的関係についてこれを述べています。

社会的疾患の症状に関しては、出会いの音楽療法は、認知能力とコミュニケーション能力、役割行為、行為の可変性などを質的にうまく言明できます。これらの言明から、社会的健康または社会的疾患の程度、療法上の可能性について推論されます。

社会的疾患は、この類の症状、さらにすでに紹介された症状を介して現れます。シュヴァーベの因果性原理（1．1．参照）によれば、この社会的疾患は出会いの音楽療法の治療端緒となります。

ここでは、以下のことが強調されるべきです。すなわち、社会的疾患の根底にはしばしば身体的または心的な基本的疾患があります。出会いの音楽療法は、この基本的疾患を治療しません。しかし、社会的に健康になれば、これが基本的疾患に反作用し、慢性的疾患の病像に明らかな改善が見られます。これが起こることは、まれではありません。

身体的あるいは心的障害がないとしましょう。この時には、社会的障害が病的であるとし、これを治療するのは、どのような場合でしょう。この問いは簡単に答えられません。また、これについて決定するに際しては、高度の責任が求められます。

人間の構造と生活史から特異性、独創性、奇抜性が生じます。これらを「療法で取り除こう」とする訳ではありません。これについては、別の箇所ですでに強調しました。

人間の生活の質または社会的能力が持続的に損なわれている場合があります。これが明確になるときには、療法を用いる必要があります。

もちろん、療法が有意義となるには、クライアントがこれに肯定的に心を開き、能動的に協力するつもりのあることが必要です。そして、激しい苦痛を感じるまでは、クライアントはこのような気持ちにはなりません。

ある管理職が自分の体にほとんど注意を払わず、自分が調子がよいと感じる限り多く稼ぎ、毎日二〇時間働き、五〇本のたばこを吸い、しばしば職場で夜を明かし、妻をほとんど見ることはなく、子どもとは週末だけに会うとしましょう。この管理職は、自分の社会的能力が損なわれていると無条件に思うことはないでしょう。集中管理室で麻酔から目覚めるまでは、彼はしばしば自分を成功した人間とみなします。しかしそうなったときには、彼はリハビリテーション病院で社会的療法を受け入れ、これによって能力を改善し、自分と家族のためにその後の人生を歩むでしょう。この実例をもとにすれば、社会的疾患は生命を脅かすことが明らかです。出会いの音楽療法も含めた社会的療法は、「生活の質を改善するための遊戯」とされてはいけないのです。

私たちの見解では、社会的療法の意味での治療行為は生きるに不可欠なのです。他方では、学校医は、社会的療法としてただ予防だけを考えるのがしばしばです。

もちろん、社会的障害が病的と見なされるまで悪化してはいけません。この意味で、予防的な仕事も出会いの音楽療法の重要な関心事です。

（2）（訳注）これは教師、医師、心理療法士などが理想を体現した援助者であると信じて振る舞うことです。

1．1．3．行為の目的としての「社会的能力」　［ウルリケ・ハーゼ］

先の節では、人間の社会的あり方に関わる障害と疾患が述べられました。これが出会いの音楽療法の出発点となります。今度は、出会いの音楽療法が追求する目的に注意を向けましょう。

療法的目的設定の定式化は、困難でも必要な課題です。しかし、目的を設定するとき目的を直接的に定式化すると、しばしば本来の意図に反する事態を引き起こします。

エリックソン（Erickson 1985）とヴァッツラヴィック（Watzlawick 1974）の著作が出版されて以来、社会的コミュニケーション領域でのこうした逆説については知られています。

療法士は、もっぱら目的志向的に作業するとき、結果を期待する緊張に陥ります。療法プロセスには、これによって障害が与えられます。療法士はいわば生じるべき結果ばかりを見つめ、足下にある可能性を見過ごしてしまいます。療法士は、その瞬間にある可能性を認知しなければなりませんが、この能力が制約されてしまうのです。

目的を設定することには、こうした問題があるのは確かです。しかし、出会いの音楽療法が社会的疾患の人間を援助しようとすれば、治療行為の目的が必要となります。

目的を設定するには、シュヴァーベの因果性原理が役立ちます。これは、療法の出発点（治療の端緒）、療法的目的設定（行為目的）、これに至る道、療法的プロセスの間にある関係を記述します（1．1参照）。現実的な行為目的を定義するためには、療法以前に治療端緒を正確に規定しておかなければなりません。この時には、患者の病的な最初の状態、つまり社会的疾患をまず取り上げます。しかし、療法がおこなわれる制度的、人的、時間的条件も重要です。

このアプローチの方法では、端緒によって方向性が与えられます。しかし、それは目的志向的行為ではありません。役割の固定を例にとりましょう。この社会的疾患像に対する目的の設定は、制度的、人的、時間的な条件によって異なります。

また目的設定に関しては、患者の個性も重要です。患者にある発達可能性は、療法プロセスの中で初めてその全範囲において現れます。もちろん、潜在的にある可能性にふさわしい仕方でこの個性が現れるときもあれば、または制約された仕方で現れるときもあります。さらに、療法のおこなわれる期間、患者は特定の社会的条件のもとで生きています。あるいは療法の後にはこうした条件の下へと帰って行きます。この社会的条件も、目的を決めるときには本質的に重要な事柄となります。

目的の設定に関しては、このように多くの要因があります。とすれば、そもそもひとつの包括的な行為目的があるのでしょうか。この包括的な行為目的とは、きわめて相違する個人と条件をふくみます。

同時に、これは、きわめて具体的であり、患者にとって具体的な意味を有します。

私たちの要請するこの行為目的は、「社会的能力」です。具体的な形をとると、これはただ個人の側からだけ定義されます。同時に、この目的が関わる個人は、周囲の現実と自分自身への関係の中にあります。こうして、この目的は、個人的なものを超え、社会的なものにまで至ります。

したがって、社会的能力はまず個人的なものです。しかし、この能力が個人にとって意味を獲得するのは、個人が社会的コミュニケーション的活動を開始することによります。

社会的能力をその本質から定義してみましょう。人間は自分自身、他の人々、自分の周囲の現実に対して関係を開始し、これを維持します。自分の権限と決定においてこの関係を形成する人間の能力、これが社会的能力なのです。

誰かが身体的あるいは精神的な能力に制約があり、特定の事柄において援助を必要としているとしましょう。実は、援助を求めるという事態は、副次的にしか重要でありません。いつ自分が援助を必要としているか、いつ必要としないか、いつ近さあるいは距離を求めるか、いつ関わりを求めるか、あるいは自分だけになりたいか、人間はこれらの事柄を決定します。重要なことは、自分にある可能性の枠内で自ら決定を下せることです。

このために決定的で不可欠なことは、近さと距離をうまく取り扱えることです。また、接近または区別のプロセスでは、さまざまな感情が発生します。これらの感情についても取り扱うことができなければなりません。このかぎりで、社会的な能力は社会的健康と同じであると考えることができます（1.1.2. 参照）。

また、ここでは健康について次のことを強調しておきます。つまり、健康とは問題のない最終状態というものではありません。それは、不安定性と安定性を均衡させる能力を意味します。
社会的能力は、三つのレベルで現れます（1．1参照）。
・自己および他者を認知するレベル
・自己を表現するレベル
・社会的な相互行為をおこなうレベル

これは、たとえば以下の能力において示されます。
・役割を柔軟にこなせること
・変化を処理すること
・自己を意識すること
・自分の限界を意識し、限界を設定すること
・自分の限界を広げること
・幅広くかつ細かく自己を表現する能力
・情緒的に開放されていること
・対決する能力
・新しいもの、未知なものへ能動的で偏見なしに接近すること
・能動的に生活を形成すること
・体験し享受する能力
・夢と願望に逃避するのではなく、現実を認知しこれに関わる能力

・活動と休息を均衡させること
・発散できること
・自分の障害だけではなく、自分の能力をも認知し受け入れられること
・こうした事柄を発達させる可能性を認知し、この可能性を用いること

これらの能力は多様に発展し、出現します。この多様性は、人間が存在する数ほどあります。ひとりひとりの人間のために、この発達の仕方を発見しなければいけません。これは、患者、グループ、療法士が共同でおこなうことです。

療法士が療法の時間に「社会的能力」という目的を追求しないほど、そして患者が自分でこの能力をもつほど、社会的能力は患者の生活と患者にある力に結びついていきます。社会的能力を目的とすることは、すでに社会的能力が発展しつつあることを意味しているのです。

この観点では、行為端緒の従来の形式（Schwabe 1978, 1983, 1991, 1996）を拡張する必要があります。つまり、病気（この場合には社会的疾患）だけではなく、まだ健康な状態でも療法は開始されます。患者の欠損だけではなく、可能性からでも療法は始められます。

この方法では、患者は、病的で欠損のあるものとして（最悪の場合には療法の対象として）自分を体験するのではありません。むしろ、自分は行為をおこなう力があり有能なものとして体験されます。患者にとっては、この体験は大きな意義をもちます。私たちの見解では、この有効性は今まで過小評価さ

れてきました。

　もちろん、たとえば患者に楽しみとして何かつくってもらおうというわけではありません。まだ健康なままの力を用いるとすれば、葛藤と障害が同時に処理されます。その結果、患者は、その全人格において、真摯に受け止められ、語りかけられていると感じます。

　出会いの音楽療法には、三つの心理学的な行為分野、とりわけ個人的創造的分野（1．2．3）があります。これは、今述べた方法に好都合な可能性を与えます。ほとんどコミュニケーションできない最重度の障害者について考えてみましょう。この障害者は、たとえば自分が音楽を演奏してもらいたいか否かについて、きわめて小さな信号で表現できます。また、死につつある人間はどうでしょう。自分の死を迎える能力がこの人間にはあります。今の二つの事柄は、「本来」はと書くべきでしょう。というのも、こうした人々がこれをできるかは、周囲の世界によって決まるからです。

　これによって重要な問題が問われています。人間の社会的生活はいつも私的関係と社会的関係の中におかれており、個人の発展はこれらの関係に依存しています。これらの関係は、個人の発達を可能にすることもあれば、（社会的能力を欠いた人間によってつくられる）無関心で、制約的で、人間あるいはグループに敵対的な場合もあります。前者の関係では、ひとりひとりの人間、障害者、老人、死につつある人間は、後者の関係にあるよりも、はるかに社会的能力を達成できるでしょう。

　音楽療法士の仕事は、実験室でおこなわれるわけではありません。この仕事のおこなわれる場は、目的と現実との間にある緊張領域です。患者にとって努力の価値のあるものとして目的が定められます。しかし、この目的は具体的現実によって制約され、全く許されないこともあります。

　たとえば知的障害者の施設では、入居者が独自行為をすると、規則にしたがってスタッフからしつけられ、露骨な罰を受けます。これは、今日においても残念ながら特殊な事例ではありません。こうした人々の情緒は、いわゆる健常者の情緒から区別され、抑圧されます。そして、個人生活は隔離されてしまいます。

音楽療法士がここで「社会的能力」を口実として用い、入居者の感情を「解放」して、これを抑制なく表現させようとしてはいけません。これを行えば、きわめて無責任なことになるでしょう。

施設内の社会的コミュニケーションの関係では、しばしばひとりひとりの人間の個性が、ただ消え去るほどにしか認められません。

療法士の課題は、個性を認める余地を拡大するように努めることです（これはなかなかうまくいきません）。さらに、保護された空間を提供し、入居者を情緒的に安定させることが課題となります。この空間では入居者は受容されていると感じ、自分の感情を表すことも許され、自己決定へと勇気づけられます。また、施設組織の内部で自己決定する可能性については、共同で探究されます。療法士は、「心のゴミ処理」と「バリケードの闘士」の間をしばしば綱渡りするのです。

この実例から、出会いの音楽療法の困難性がその全範囲において明らかとなります。療法士の人格は安定し、その感覚は繊細であり、とりわけ賢明でなくてはなりません。したがって、自分の社会的能力を発達させることが出会いの音楽療法士の実践にとって最も必要なことになります。

さらに、社会的能力には社会的政治的次元があります。人間が社会的にコミュニケーション的行為をするとき、そこには社会的政治的要素があります。このコミュニケーションが私的であるとしても、この要素は存在するのです。

個人は、社会的関係の中に生きています。そして、個人の社会的能力は、この社会的関係のもつ社会的能力、社会的健康または社会的病と相互関係の中にあります。別の表現で言えば、ある社会の社会的能力の程度は、そこで生きている個人の社会的能力の程度を表現しています。

相互作用は、込み入っています。ひとりひとりにとって、社会的能力は社会的関係に対応する仕方で行為することを意味します。同時に、社会的能力は社会的強制と命令を免れること、あるいはこれらに反対して行為することを求めます。社会が病的であるとき、つまり非人間的であるときがそれです。

獄中時代のディートリッヒ・ボンヘッファーの描画は、社会的能力に満ちた生活を示す印象的な実例です。これは、地下牢で描かれましたが、他の人々を励ますことができました（Bonheoffer 1982）。

本来的には、社会的能力を発揮して行為する力は、苦労して身につける事柄ではありません。というのも、地球のどんな生命体も、社会的能力を共有しているからです。さもなければ、種は長く存続できず、この能力の欠如によって没落していくでしょう。

どんな新生児も、この素質を持って生まれてきます。しかし、人類は自分を滅ぼせます。種を存続させる人類の力は、失われたのでしょうか。

人類が生き延びることは、社会的相互行為の能力にかかっています。

1．2．出会いの音楽療法の療法的性格

音楽療法が療法分野において確実な位置をなお見いだしていないこと、これは音楽療法の今日的状況のひとつです。これにはさまざまな根拠があります。その一つは、音楽療法の定義に関わっています。

音楽療法はどのように定義されるのか、より正確には音楽療法の療法的性格はどのように定義されるのか、さらに正確に言えば音楽療法の療法的性格はどのように定義されるべきか、これについて音楽療法の代表者たちは今まで合意できませんでした。あるいは、この合意を欲しなかったのです。

音楽療法の今日の状況は、さまざまな潮流によって描き出されます。互いに競争し合う潮流があり、互いに結びつこうとする潮流があります。上位の療法概念のもとにあろうとする潮流があり、この上位の療法概念から離れようとする潮流があります。

この節では、出会いの音楽療法の独自の立場を叙述し、特有の性格を詳しく述べます。さらに、伝統的な療法理解に対する出会いの音楽療法の関係、これに関連する諸問題をあげます。

「療法」に関する伝統的な考えは、根底からこれを問うことができます。新たな治療分野の本来の立場に忠実に、学問的な誠実性からこの問いを立てるのです。他方で、社会的に定着した立場があります。これは、承認された専門的立場の全体の中に順応するかたちで根を下ろしています。この立場から音楽療法的立場を決めるとすれば、こちらの方が数倍も容易です。

さしあたり、予備的に次のことを指摘しておきましょう。ここで出会いの音楽療法は、その独自性において規定されます。ところで、すでに伝統的な既存の療法概念が証明されたものとしてあります。出会いの音楽療法は、この既存の療法概念と結びつけられます。このときに、独自性を失うことなしに、統合あるいは協力がおこなわれます。

1. 2. 1. 療法概念と療法の制度化　［クリストーフ・シュヴァーベ］

最初は単純と思われても、より正確に観察すれば、最も複雑であると判明することがあります。同じことは、音楽療法の概念にも無条件に妥当します。では、療法とは何でしょうか、誰が療法とは何かを決定するのでしょうか。

音楽療法とは何かに関しては、さまざまな出発点があります。

出発点は次のように考えられます。

・歴史的出発点
・学問的出発点
・制度的出発点

出発点として歴史的な立場から考察しましょう。療法が歴史的に生起する中では、その内容は多様なものでした。さらに、人類史的あるいは文化史的流れの中で、この内容はさまざまな刻印を帯びました。たとえば宗教的内容のように、療法の内容はある時はこれに結びつき、後になってそれから解放されることもありました。次に、歴史的出発点から明らかになるように、療法理解は病の理解に依存して変化、発展しました。この発展は、単純なものからより差異化されたものへと、あるいは原初的なものから水準の高いものへとおこなわれたわけではありません。むしろ、進歩は喪失と結びついていたこともまれではありませんでした。医療機器を用いる医学を例にとりましょう。これは確かに力強い進歩であると思えます。けれども、病である人間の全体への視線は、人間の病的な「部分」へと制限されることになりました。

学問的な立場を出発点とすれば、この立場は「療法」という事柄を把握する試みです。出発点として病の状態があり、さらに目標の設定があります。もちろん、この目標が可能である場合もあれば、不可能である場合もあります。療法を把握するとは、この病の状態と目標設定が相互に関係する体系を分析することです。ここで、費用、成功の見込み、合併症などが当然考慮されます。

制度的立場を出発点としましょう。これは法律的な権限ある立場であり、「療法」の範囲を定めます。したがって、このために評価基準として役立つべき指標が定められます。制度的な立場からすると、この評価はつねに特定の利害を擁護することになります。ここで利害とは、療法という事柄に関する利害、さらに権力に関する利害です。ある人々が「療法」とされるために承認された指標を満たし、制度に組み入れられている場合を考えてください。もしこの承認された指標の変更が権力的地位を脅かすとすれば、こうした人々はこの指標の変更を肯定的に評価しません。一面では、制度化は身分を保障し、認識を実行するために役立ちます。他面では、この認識内容が認識を促進しないときには、制度化は認識の発展を阻害する傾向があります。

制度化によって人間は手段を生み出します。そして、制度の使用はもちろん最高の繊細さを前提としています。繊細さが欠如すると、この促進的かつ身分保障的手段はその反対物に変質します。人類の歴史は、このような変質の歴史なのです。

立法府は、心理療法に関わる法律を決定しました。この法律を見れば、制度化について指摘した事柄が容易に見てとれます。精神分析士と行動療法士は、この法律の成立に歓声を上げています。社会的権力の代表が精神分析と行動療法を心理療法として認め、したがって正統な療法と呼べると決定したからです。音楽療法士もふくめた他の療法士は、この法律に不平を言い、嘆き、泣き、苦情を表明しています。こうした人々の療法は、制度的枠組みの中で地位を承認されなかったからです。何が療法であり何が療法でないか、これは誰かが決定します。ここでは連邦議会がこれを決定したのです。

制度的地位、したがって法律的地位（権力を代表する保護的地位）は、すでに実績のあるものだけを保護します。そして、力のあるものだけが実証されたものとされます。制度的権力を納得させるためには、新しいものは、力が強くて声が大きくなければいけません。そうでないと、「選ばれたもののサークル」のなかに入るチャンスは何もありません。

出会いの音楽療法はこうした力をもちません。また、「選ばれたもののサークル」に入る候補にふさわしいとも思っていません。制度的な牧草地を得たいとは考えていないのです。そこで、私たちは落ち着いて出会いの音楽療法の学問的基礎付けに集中できます。制度的地位は、後の世代の課題となるかもしれません。

以下の叙述では、次の仮説に根拠があることが示されます。出会いの音楽療法は、その行為領域が制度的に定められた医学的行為領域をはるかに越えます。しかし、この音楽療法は、学問的な意味での療法的手段であると自己理解しているのです。

出会いの音楽療法が「社会的疾患」に関わるとき、この関心は制度化された医学によって今まで（なお）全く意識されなかった病的事柄に向けられています。「社会的疾患」は障害の総括概念であり、その病因は単一であり、病理の発生の仕方は相対的に多様です。しかし、こうしたものとして「社会的疾患」が医学的診断書の中に見いだされることはありません。

少なくとも正統とされている医学、特にいわゆる精神身体医学には、人間の社会的あり方のレベルを障害の成立するレベルとしてはっきりと承認する人物もいます。しかし、病的障害の原因が社会的あり方のレベルにあると診断されるにしても、障害あるいは障害の影響が有機的レベル、少なくとも心的レベルで発現しないと、障害が療法に値するものと診断されません。この診断が下されるのは、ほとんどの場合に発現後であり、発現した時だけです。

こうした医学の代表的人物も、三次元的な人間像、つまり人間が生物的・心的・社会的な統一性をもつことから出発しているはずです。ですから、今述べたことは、それだけ驚くべきことになります。この統一性から出発するなら、病像を定義するときに「社会的疾患」との診断があっても当然です。また「現代の」文明化において、こうした障害が増加しています。ところが制度的な医学のレベルでも、学問的な医学のレベルでも、社会的疾患という病像はありません。こんなことがどうして起こりえるのでしょうか。

伝統医学は「自然科学的な」立場によりどころを求めています。今の場合、この伝統医学がその制度的法律的な権力的地位を求めていると思われます。私は二〇年ほど前のことを思い出します。私は、認められていた医学心理療法士に自分の原稿を渡しました。批判的に目を通してもらいたかったからです。この原稿は、音楽療法士の役割について心理療法的指標を含んでいました。この医師は権力を意識した人物でした。彼の言い分では、これらの見解は優れているけれども、医師でない私の権限には属さないというのです。結果として、彼は自分の権力を利用し、私の見解の出版を妨げ、遅延させました。もちろん、彼には完全な妨害は不可能でした。権力による妨害が不可能であった事実は、今日に至るまで私に希望を与えています。

私は医学者ではありませんが、医学的に重要な命題をつくることはできます。今日では、これをおこなっても非難される危険はありません。ある医学者たちは、身分不相応な主張がなされて自分の地位が失われるとは恐れないでしょう。

出会いの音楽療法による治療端緒は、人間の社会的存在のレベルにおける障害（1．1．1．参照）です。この場合に、基礎的な障害と結果として現れる障害（1．1．2．参照）との区別はたいした意味をもちません。また、出会いの音楽療法の手段は、社会的相互行為です。これについては、以下に述べたいと思います。

病的と見なされる障害を克服するとしましょう。また、病因のために障害の克服が不可能であり、障害を緩和するだけであるとしましょう。これらは、学問的な意味で療法です。

出会いの音楽療法は、予防でも、治療後のケアでも効果的です。ですから、本来なら「療法」とは別に厳密に学問的な意味での独自の呼称がつくられるべきかもしれません。「療法」という概念は、障害の克服あるいは緩和という事態と結びついているからです。しかし、予防的課題および治療後のケアの課題という課題設定は医学的なものです。これらの課題との関連では、療法概念を保持することが正しいように思われます。医療施設には健康施設とも名付けられているものがあります。ここでは健康訓練、健康教育という呼称が使われています。こうした呼称を実験的に使っても良いかもしれません。

ここでは、単に新しい名前を案出しようとはしていません。事態の分析を行い、すでにある呼称を探し、これが私たちにとって意味があるかを考えているのです。

制度としての医学は、病的とみなされる障害をなくす権限を要求します。しかし、制度としての医学が公然と無視する障害があります。こうした障害の療法が問題であるときに、私たちは困難に直面します。これは社会的疾患の意味での障害の大部分にあてはまります。

療法的で医学的であると認証された制度の外で、明確に療法的意義を持つ行為がおこなわれるときに、これは療法と言えるのでしょうか。療法の意味における行為は、総じて医学的制度に関連するのでしょうか。医学的制度は社会の内部にあり、その範囲は相対的に狭いものです。そうだとすれば、医学的制度は制度を超えた責務を持たないのでしょうか。

私は、ここではただ問いを投げかけるだけです。私には自分の答えがあります。また、自分の立場を定めることはできます。しかし、「医学」という制度に代わって答えることは不可能です。

出会いの音楽療法は、その活動範囲を医学的制度に制限することはなく、他の社会的領域においても用いられます。これはすでに何度も強調しました。したがって、社会的に認められて制度的に定められた療法概念の理解と対決することになります。

ここでは、音楽療法は、一面では可能な限り明確な学問的基礎付けに依存します。しかし、実際面においては、特に代表者の外交的手腕にかかっています。

したがって、学問的な意味において療法であっても、社会的実践において療法と呼べるわけではありません。

私は、この関連において七〇年代の出来事を、満足感をともなって想起します。イングリッド・メデラッケは、高く評価されていた同僚でした。彼女は調整的音楽療法に修正を施した方法をライプツィヒで開発しました。私たちはこれを調整的能動的音楽療法と名付けました（Mederacke, 1979, 1993）。この療法は、特殊学校の重度の心疾患の子どもたちの身体的および心的な安定の改善に役立ちました。特殊学校の医師の監督と関与のもとで、これはうまく実践されていました。この療法は長期に実践され、この恵まれた活動の名声が督学官にまで届きました。彼にできたのは、この活動を禁止することだけでした。特殊教育の教師は療法をおこなってはいけないというのです。

マデラッケと私は明快な助言を決定し、この事柄に別の名前を与えました。こうして、「調整的能動的認知訓練」が誕生したのです。この概念は、医学的でない特殊教育制度に適切なものでした。名称は変わっても、事柄それ自体は、内容的に同じようにその後もおこなわれたのです。また、一人の医師がその後も監督をしていました。

このように制度的な承認なしに新しい療法的認識は直接的に用いられます。もちろん、これは現実と関わる単なる実利的解決です。しかし、認識は制度を規定します。私たちも新たな療法概念の効果を証明したく思っています。学問的証明をおこなうためには、この証明に導く事柄が最初におこなわれる必要があります。しかし、診療所で音楽療法的行為を応用する以前に、実験室あるいは動物実験でこれを実行することは考えられません。

出会いの音楽療法が療法としての性格を有するのは、この音楽療法が特有の試みであるからです。これは学問的出発点に関わります。

出会いの音楽療法は、教授法的原理を内包しており、この意味で臨床医学的コンセプトを統合することができます。出会いの音楽療法は、制度化の基準をみたします。

同時に、出会いの音楽療法は、臨床外の社会的関連でも適用されます。この適用は、伝統的な臨床医学的出発点に対応しません。この場合に、この音楽療法は拒否される可能性があります。これを避けるために、療法という名称でおこなうことを自制することがしばしば必要となります。

これは、私たちの目からすれば実際的な解決ですが、療法に需要があることを示しています。出会いの音楽療法の占める位置は、臨床医学的分野でも、療法外の社会的枠組みでも不確かです。この事情は、学問的なレベルだけでは理解できません。これは、学問的政治的なレベルあるいは学問的戦略的なレベルの問題でもあるのです。

1．2．2．出会いの音楽療法は心理療法か？　［クリストーフ・シュヴァーベ］

音楽療法が心理療法であること、音楽療法を開発してきたとき、これは疑問の余地のない事柄でした。しかし、ここでは、疑問符がつけられています。

私の立場が変わったのでしょうか。あるいは、状況が変わったのでしょうか。明快に言えば、私の立場は変化することなく、さらに発展しています。しかし、音楽療法をめぐる条件が変わり、新たに立場を決定することが求められています。

出会いの音楽療法は心理療法か、この問いには歴史的かつ学問的政治的立場から答えましょう。

私は心理療法のための大学付属診療所で音楽療法士として雇用されました。これは、一九六〇年代のことであり、ここから私の立場の発展が始まります。この診療所の代表的な立場は、言語的方法と非言語的方法とを調和させて、これらの方法を複合的な心理療法概念へと統合するというものでした。この立場は、医師、心理学者、音楽療法士、治療体操指導員、作業療法士、看護師の学際的チーム作業の成果でした。音楽療法は、心理療法の非言語的方法に属します。複合的な心理療法概念では、言語的方法と非言語的方法は、同等の権利を持ちます（Kohler 1986）。

七〇年代になり、心理療法的試みはより概念的に専門化されます。音楽療法は、この時代に心理療法のいわば補助手段に分類されました（Hock, Szewczyk, Wend 1971）。

ドイツは、一九九〇年に統合されました。この後に、音楽療法のためのドイツの職業組合の代表者たちは常設会議（カッセル会議）を創設しました。この代表者たちは音楽療法を心理療法として定義すると合意しました。この場合、心理療法概念は、広く把握されていました。

九〇年代の終わりに、ドイツ連邦議会はいわゆる心理療法士法を議決しました。この結果、今日大きな騒ぎが生じています。この法律は、もっぱら心理分析と行動療法だけを健康保険適用可能な心理療法的治療と評価しました。そして、音楽療法も含めて、他のすべての心理療法形式は完全な敗北を被ったのです[3]。

このように、音楽療法の治療形式は、程度の差はあれ受け入れられています。

さらに、心理療法の歴史は、承認をめぐる歴史です。つまり、誰が誰をどのようなものとして承認するか、これをめぐって心理療法は展開してきました。これは、伝統的医学から承認されなかったフロイトの心理分析とともに始まります。モレノはグループ心理療法の創始者であると自認しました。彼は二〇世紀の三〇年代に心理ドラマを開発し、これを心理療法的方法であるとしました。彼によれば、この方法は心理分析へのアンチテーゼです（Moreno 1959）。行動療法は、その初期には心理療法という概念を否定しました。あるいは、心理療法に分類されることを拒否しました。心理分析は、心理療法とともに、思弁として拒否されたのです。
この歴史の中で多様な心理療法概念が生じました。しかし、ここでは人間の心へのアプローチが相違するだけであり、人間の心の作用要因が異なるレベルで考察されているにすぎません。これは、今日よく知られていることです。

私の知る限り、心理療法という学問は包括的に定義されていません。ここで包括的としましたが、これは個別の専門的な学問方向によって一致して承認されるとの意です。定義がされないことには、根拠があります。私の推測では、学問的代表者たちは、もしもこの定義が与えられると仕事の商業的側面に否定的影響が生じると考えるのです。彼らは、他の立場に対抗して自分の立場を頑固に固守します。この方が、自分の立場と他の立場との共通性をあげるよりも利益がえられるでしょう。

実際に、「心理療法の定義」はきわめて困難です。心理療法という学問は、いくつかの隣接する学問領域に直接あるいは間接に関連しているからです。

心理療法は、心理学と医学に関連しています。では、どちらの方により密接に関わるのでしょうか。あるいは、この二つの学問への関わりは、どちらの方がより明確なのでしょうか。この問いへの答えは、それほど明らかではありません。また、心理療法は、哲学、倫理学、社会学、文化科学にも密接に関わっています。たしかに、心理療法を伝統的医学の専門領域とする立場があります。しかし、今日においても、この立場をめぐって論争がなされています。

「心理療法」と「心理療法士」という言葉を用いるためには、どのような指標が満たされるべきでしょうか。この問いをめぐっては制度的対決があり、したがって至る所で権力闘争がおこなわれています。

「心理療法」を成り立たせる指標、学問的ではなくまず権力政治的な要素、これは私たちの専門領域、出会いの音心理療法の指標を評価するときに重要な事柄です。出会いの音楽療法は、権力政治的対決に巻き込まれないようにしなければなりません。出会いの音楽療法は、根拠はどうであれ、商業的な覇権のために互いに争う党派の闘争領域に入り込んでいるのです。

私の知るところでは、心理療法の本質について普遍的に承認されているどんな原則もありません。私自身は、この本質を次のようにまとめています。

1. 心理療法は、心的、身体的、および（あるいは）社会的障害を緩和すること、または可能であればこれを取り除くことが問題であるときに、意図的かつ目的的に用いられる行為です。

2. 心理療法を使用するとき、これを可能な限り効果的にするために、障害のできる限り正確な診断が必要です。（障害の本質と現象形式については、また診断方法、心理療法的介入の効果的な方法については、異なる理解があります。）

3. 心理療法的介入は、心理的刺激を用います。それは、心的活動性を動員することをめざします。この活動性は、障害へ肯定的な影響を与えることができるものです。心理療法は、該当者において自己活動性を動員し、これによって障害に影響をあたえることができます。とりわけこの点で、心理療法という療法的処置はすぐれています。心理療法は作用物質の応用ではなく、自分の力の動員なのです。

4．心理学的要素は医学的要素と密接に関連しています。心理療法は、このゆえに制度的には医学と同時に心理学にも属します。一方の独占を求めれば、これは医学と心理学の両者にとって有害となります。もちろん、均衡のとれた仕方でこの両専門領域から構成され、この両専門領域に依存すること、このことも心理療法にとって重要です。つまり、「心理療法」という学問領域は学際的なのです。しかし、今日に至るまで医学と心理学を等しく満足させる制度的、学問政治的な成果はありません。

さて、出会いの音楽療法の心理療法的性格については、心理療法について右で述べた指標が完全にあてはまります。出会いの音楽療法は、本質的に心理療法なのです。

この言明は、学問理論的なレベルのものです。しかし、これは制度的レベルでもあてはまります。さまざまな制度的立場があり、代表者がいます。これらの立場あるいは代表者の見解が相違するにしても、心理療法としてのあり方は変わりません。出会いの音楽療法についての私たちの詳しい叙述がこれを示しています。

出会いの音楽療法の代表者がこの心理療法的性格をいつも引きあいに出すとすれば、戦術的根拠から愚かなことです。心理療法は、社会的、商業的、学問政治的、学問的承認をえないままです。この結果、心理療法の位置づけは不明確で不確実であると思われます。立法府が立法的な権限を用いても、真の解決は不可能です。学問的問いはそのままです。反対に、立法的措置では一方の側が認められ、別の側は認められません。ここから、利害をめぐる対決が生じます。

この事情を配慮して、社会的現実では出会いの音楽療法を心理療法と関連づけてはいけません。出会いの音楽療法は、心理学的な支援作業です。これは、人間にある潜在能力を動員し、多様に発達させ、障害があればこれを矯正します。この音楽療法は固有の仕方で心理療法に関わります。しかし、心理療法への関係を用いて自分の存在権を証明するのではありません。

音楽療法を正当化するために、心理療法の概念に依拠する方法があります。けれども、このような形で音楽療法を正当化してはいけません（Smeijsters 1994を参照）。むしろ、音楽療法の固有の性格が重要なのです。この固有性をより正確に把握し、記述しなければなりません。もちろん、音楽療法が心理療法ではないとはいいません。音楽療法にある心理療法的性質を考慮しつつ、音楽療法の独自性を強調したいのです。

今述べたことは、出会いの音楽療法により切実にあてはまります。この音楽療法は、適用領域が幅広く、医学の制度的壁の外でもおこなわれているからです。これは、私たちの言葉で言えば、「街」に定住しているのです。

「社会的疾患」が伝統的医学では独立した疾患として認められていません。そこで治療行為の需要があっても、この需要はみたされないのです。

しかし、社会的疾患は存在するのです（1．1．2．参照）。

（3）中河豊「社会政策と音楽療法　ドイツにおける社会政策と心理療法的な音楽療法の展開」（『日本音楽療法学会誌』第2巻第2号、二〇〇二年）参照。

1. 2. 3. 出会いの音楽療法の三つの心理学的行為領域

［クリストーフ・シュヴァーベ］

音楽療法には心理療法的性格があります。けれども、これがはっきりと強調されるとしても、音楽療法の本来の該当領域は心理療法ではなく、心理学です。また、少なくとも心理療法も心理学への関心があります。

音楽療法および心理療法にとって、心理学が基礎的関心事とみなされます。同様に、生理学は医学の基礎的関心とされます。

ここで、体験、行動、活動のある領域は「心理学的な行為領域」と特徴づけられています。療法的行為へのアプローチは、この領域からなされるのです。「行為」とはここでは活性化、再活性化、認知、対決あるいは保護、発達、強化、促進を意味します。「アプローチする」とは、一面では療法士と患者との社会的関わりをつくることです。他面では患者を刺激し、患者が行為領域へ関わり、同時に自分自身へ関与することです。この意味の「アプローチする」とは、体験し、行動し、活動する領域が患者のためにつくられることです。

アプローチする、あるいはアプローチを始めるとき、これは偶然にゆだねられてはいけません。音楽療法士は、適正な治療の基準に基づいて、アプローチに関する決定を前もっておこないます。こうしたことは、出会いの音楽療法の本質的な教授法原理に属することです。さらに、この決定にもとづいて実践するときに、行為のアプローチを包括的に分析し（2. 2. 参照）、いつもふさわしい行為指針を使用します（2. 1. 3.）。

「適正な治療にもとづく決定」は次のことを意味します。まず、治療される患者に関しては、病像を把握し、その原因を可能な限りつきとめます。また、治療の状況に関しては、音楽療法の行為のための枠組み、つまり制度的、概念的、人的、時間的条件をできる限り正確に把握します。

したがって、「心理学的行為領域」が把握されます。この把握が出発点なり、ここから療法行為は始まるのです。他面では、この活動領域の中で、この活動領域を通じて、療法行為がおこなわれます。最後に、三つの心理学的行為領域は、社会的疾患（1．1．3．）が生じる領域でもあります。もちろん、社会的疾患の症候は、これらの領域に制限されません。これは、他の箇所で書いておきました。

療法行為を引き起こすためには、開始時の患者の条件と療法的行為のための制度的人的環境を考慮し、最も意義のある心理学的行為領域を選ぶ必要があります。

療法行為を活性化するとは、全般的に言えば、学習への刺激を与えることです。つまり、体験し、行為し、この体験と行為を修正し、拡張することです。学習は療法的行為となります。これは、病から生じた制約を修正します。同時に、健康ではあるが弱体化した人格の部分を改善し、発達させ、豊富化します。この最後に述べた行為領域は、伝統的心理療法では全く未開発なままです。

出会いの音楽療法は、次の心理学的行為領域から出発します。

・社会的相互行為的な行為領域
・認知心理学的な行為領域
・個人的創造的な行為領域

社会的相互行為的な行為領域の本質については、すでに基本的なことを叙述しました。この個所では、ただ総括的に述べるにとどめましょう。

社会的相互行為とは、その核心において自分自身を発見することです。ドイツ語には、これを表現する「自己信頼」という言葉があります。同時に、他の人々と建設的に行為するための能力を生み出すことでもあります。このことは、「近さと距離」(1.1.1.)、「防御」(1.1.1.)、役割の柔軟性(2.1.6)、「協力」(1.1.1.)という問題性を内包しています。社会的相互行為は、ここでは心理学的行為領域として扱われています。私たちの見解では、社会的相互行為は「行動」だけを意味しません。社会的相互行為は、発達の原因と発達の結果を認識し、理解することでもあるのです。そして、この発達は自我が個人として成立することです。したがって、心理療法という学問的コルセットに出会いの音楽療法をむりやり押し込んではいけません。もちろん、ここでは「社会的相互行為の行為領域」という心理学的行為領域が出発点とされました。この決定は、道具的戦略的な計算ではありません。つまり、別の学問戦略でもよいというのではありません。むしろ、出会いの音楽療法の行為が社会的相互行為のレベルでおこなわれること、これが指摘されているのです。解釈的分析的心理療法の行為へと音楽療法士を誘う状況があっても、この音楽療法は常に社会的相互行為のレベルで行為します。

私たちの確信では、社会的相互行為が認知心理学的行為領域と連携して活性化されると、自我のきわめて多くの自己潜在力が解放されます。また、社会的相互行為を行い、認知内容を細かく分析すると、抑圧されたトラウマ的な体験領域が認識され修正されます。

意識的な認知を活性化すれば、自我は現実へとアプローチできます。この現実は、自我を取り囲んでいる現実です。さらに、自我は自我自身の現実にアプローチできます。一般的にいえば、療法的な意図で認知を活性化すると現実がよりよくわかります。自我を取り囲む現実、自我自身の現実は、今までよりもはるかに包括的で色彩に富むものになります。この認知が自我を元気づけ活性化します。この意味で、認知を活性化すると、自我が動員されます。同時に、認知を活性化すれば、認知の制約、歪み、抑圧が明らかになり、これが意識されます。これによって、さしあたりは不安が生じます。しかし、このプロセスは、そのままではありません。これは矯正的な作用をもつのです。療法的に重要なのは、この点です。

この二番目の心理学的な行為領域、認知心理学的行為領域は、音楽療法的にはまず調整的音楽療法(Schawabe und Rohrborn 1996)のコンセプトで構築され、基礎づけられました。

認知心理学的レベルは、私たちの音楽療法的な行為において根本的な卓越した意義を有します。そこで、これは二番目に重要な行為領域とすべきです。出会いの音楽療法のコンセプトをつくるなかで、このことが明らかとなったのです。

認知を活性化すること、認知される内容を言語的に描写すること、この両者には密接な関連があります。描写することは、明確化することです。描写する自我自身とともに、他の人間も明確な描写の対象となります。認知される事柄を描写し、これによって認知を活性化すれば、事柄(対象)、他の人々、自分自身、プロセス(たとえば音楽即興のプロセス)、心の状態などが注目され、これらに関心がむけられます。

事柄を認知し描写することは、解釈すること、解明すること、イデオロギー化すること、哲学することではありません。認知する対象を可能な限り言語的に描き出し、この対象を把握しようというのです。「療法的な力」を解放するのは、このやり方だけです。これは、音楽療法実践が確証しているとおりです。こうして、よりうまく現実に接近できます。不安は除去され、いわゆる「なるほど」体験が成立します。さらに、活動と生活の余地が拡大し、安心感が高まります。

三番目の心理学的行為領域は、個人的創造的行為領域です。この領域を定めたときに、本節の最初ですでに暗示された立場が出発点となりました。つまり、療法は、欠損した病的領域を対象とするだけではありません。むしろ、所与の可能性を用い、生活を促進し、生活を豊かにする力を動員するのです。

この医学的療法的原理は、きわめて古くからあります。現代医学はこれを評価しませんでした。あるいは、この原理を見失ってしまいました。私たち音楽療法士は、この原理を発見したのではありません。私たちは、音楽という手段を用い、ただ新たな生命をこれに与えただけです。

この関連では、「個人的創造的」とは何を意味するのでしょう。それは、ひとりひとりの個人にある可能性、それぞれの人間にとって重要な可能性、これを動員することです。療法的性格がほぼ教育学的である方向性から区別されるのは、これによります。後者は目標としての尺度から出発します。この尺度は一般的に定式化され、それに基づいてひとりひとりは行為しなければなりません。ここには「モノサシ」があり、個々人がうまく適応したかを測定します。これは、許容すべき検閲です。

創造性という概念は、よく用いられます。ひとりひとりには、眠っているけれども特徴的な力があります。この力を感じ取り、可能な限りこれを動員すること、この意味で私たちはこの概念を用います。この力を引き出すためには、診断し、適切な治療を定めて行為します。同時に、活性化し、サーヴィスを提供し、促進し、訓練します。

例えば、音楽プログラムとして制作者不明のすでに内容が決まっているサーヴィスが予定されるとしましょう。これは、明らかに音楽療法の領域での個人的創造的行為ではありません。個人的創造的行為の領域で音楽療法的作業がおこなわれるとすれば、個性的な活動が引き出されます。自我が療法の対象となり、創造的に体験し行為する領域を発見するように刺激されます。

ここでは、出会いの音楽療法の心理学的行為領域がきわめて簡単に記述されました。これは方向性を示しただけです。つまり、出会いの音楽療法的行為の基礎にすぎません。

この行為自身、その原理、合法則性、これについては第二章で叙述します。

ここでは、ただ次のことだけを指摘しておきます。行為の三領域は順番に述べられました。しかし、実際に音楽療法的に行為するときには、この行為領域は交錯します。人員配置、診断の視点、適正な治療の発見、行為端緒の他の条件、これらによって交錯の程度が決まります。

さきに「方向性」という言葉を用いました。出会いの音楽療法は、範囲の定まった領域だけでおこなわれます。しかし、行為の領域は明確に区切られていますが、この領域にはかなり大きな実践の余地があります。音楽療法的な学説が既存の心理療法的な学説に適合するほど、実践の余地は広がります（1.3.2.を参照）。同時に、自立的な音楽療法的コンセプトが構築されます。このコンセプトは、一面では、その独立性と独自性を明らかにしようとします。他面では、この音楽療法的コンセプトは既存の心理療法的コンセプト、さらに他の療法的なコンセプトとうまく協力できると考えられます。

1．2．4．出会いの音楽療法の音楽療法的メルクマール

［クリストーフ・シュヴァーベ、ウルリケ・ハーゼ］

出会いの音楽療法の中で、療法的行為として音楽を用いるときには、音楽はきわめて多様な現象形式を有します。さしあたりこれは自明のように思われます。しかし、「きわめて多様な現象形式」を強調するなら、また、音楽がそれ自身のためにではなく成立するのではなく、「利用される」ことによって「機能する」というなら、右に述べたことは自明ではなくなります。

出会いの音楽療法では、音楽は以下の三つの現象形式で応用されます。

・即興として生じる、あるいは即興として生じた直接的な音楽
・すでに存在している音楽構造をおもに歌って直接的に「再現すること」
・音響媒体に録音されている作曲された音楽と直接的に出あうこと、あるいはこれを受容すること

機能に関しては、音楽は社会的現実の中でいつもきわめて具体的に機能します。音楽は、この機能に応じてその時々に特徴的な形で現象します。たとえば、娯楽音楽、ダンス音楽、若者の音楽、民族音楽あるいは民族「固有の」音楽、コンサート音楽、教会音楽、リラクゼーション音楽、さらに多様な形式の音楽活動があります（Schwabe 1986, 1991 参照）。

ここから以下のことが結論されます。音楽の表象、好み、拒否は、決まり切った仕方で広く人間の意識に根付いています。この範囲の外では、出会いの音楽療法は成立しません。患者も含めた人間はすべて、音楽に対して具体的かつ主観的に関わるのです。特定の音楽は求められ、特定の音楽は拒否されま

す。音楽療法、音楽療法士は、音楽へのこの関係を考慮する必要があります。

音楽の使用に関しては、最初から特定の形式の音楽を好むこと、あるいは排除すること、これが広くおこなわれています。しかし、具体的課題に対応し、音楽のすべての多様性を視野に入れなければなりません。また、この多様性からある音楽形式を選択し、最も短期にかつ効果的な方法で音楽療法の行為をおこないます。出会いの音楽療法を他の音楽療法から区別するとすれば、音楽の利用の仕方が重要な指標になります。

最後に、いわゆる療法的音楽について述べましょう。これは、商業メディアが商業的打算からしつこく広めているものです。具体的には、極端に単純な「魂のための音楽」、海のざわめき、鯨の会話、鳥のさえずりです。こうした音響的信号は、幾人かに肯定的感情を生み出すでしょう。しかし、これは「療法的音楽」ではありません。

私たちの確信によれば、音楽療法では、音楽はそれ自体で療法的に作用するわけではありません。療法的な機能は、療法として意図された行為によって成立するのです。

出会いの音楽療法では、たとえば、ダンス運動、運動即興、描画など、他の表現、造形、コミュニケーションの形式ももちいられます。これらすべてについても、同じことが妥当します（2．1．7．参照）。また、出会いの音楽療法の媒体を列挙するなら、言語を忘れてはいけません。言語は、人間の了解手段の一つとして重要です。出会いの音楽療法では、言語が必要とされます。これを放棄する理由はありません。

もちろん、言語と音楽は、人間のコミュニケーション手段として多くの共通性をもつにしても、両者の間には本質的相違があります。そうでないとすれば、音楽を療法的媒体とする必要はないでしょう。

けれども、音楽よりも言語の方がより厳密である場合には、言語を用いるべきです。これは、非言語的なレベルでまず生じる出来事を解明し、説明し、明確化するときです。

ここで出会いの音楽療法の本質的特徴を指摘しておきます。

まず、この音楽療法の治療形式は、きわめて幅広い媒体を用います。この媒体の中で、音楽が多様な現象形式を有するものとして、最も重要なものです。

次に、音楽はさまざまな仕方で現象します。この現象の形式が効果的になるのは、どの形式においてでしょう、あるいはどの機能においてでしょう。これが出会いの音楽療法の第二の本質的メルクマールとなります。

したがって、音楽は多様な仕方で使用されますが、これが本質的ではありません。出会いの音楽療法で音楽は全く特有な仕方で機能します。この機能の多様性が出会いの音楽療法の本質的特徴です[4]。

しかし、まず音楽に固有な二重の機能について示唆しておきましょう。これによって、音楽はたとえば言語から区別されます（少なくともその心理療法的な機能に関して）。

音楽は、一面では行為のための媒体です。他面では、それは人間に向かい合うものという意味での客体です。

この二重の機能は、つねに時間の流れの中で生じ、ここに共通性があります。音楽は、時間の外部、プロセスの外部で固定されません。この点で、絵画と相違します。スコアを別とすれば、「音楽」という客体は、時間の流れとして表現されます。

音楽が人間に（たいていは感情的に）反作用する関係の中で、人間は音楽を捉えます。この時に、音楽それ自身が構造であるとは認識されません。音楽がこのように把握されるのは、音楽が時間構造であるからでしょう。この構造の特徴は、「形を与えられた時間」というあり方にあります。音楽のこの性質は、療法的にも使用されます。もちろん、音楽療法士にとって、この性質の療法的使用は自明ではありません。しかし、時間構造として音楽を用いることも出会いの音楽療法の本質的特徴です。

客体としての音楽は、たとえば即興の間に生み出され、したがって「産出」されます。また、作曲され、音響媒体に録音され、私たちによって使用されます。あるいは、民謡として歌われ、「再現」されます。

形づくられた時間とは別に、音楽の客体的側面の特徴的な構造があります。これは、程度の差はあれ濃縮されており、音響的であり、リズム的韻律的であり、ダイナミックです。この構造は、把握され、描写され、追体験されます。この構造は、人間にとって意味を帯びます。つまり、自分の感情、体験、意味の「担い手」になれるのです。したがって、人間と音楽との間には、ある種のコミュニケーションすら発生できます。このためには、人間は意識的に音楽に向き合わなければなりません（Schwabe, 1979, 1983, 1987）。

この現象自体は、療法に特有とはいえません。しかし、これは本質的に療法的に使用されます。注意を客体へと広げ、音楽の構造へと関心を向け、主観性の不安定性から解き放たれるのです。もちろん、これは診断的なデータに基づいておこなわれます。

ここに、出会いの音楽療法の大きな特徴があります。これはかなりの確信をもっていえます。

音楽は感情の担い手になれる、このように強調されました。青春時代に歌われた民謡、流行歌を例にとりましょう。こうした歌は、全く具体的な感情、体験を長い人生の時期にわたっても「保存」できます。

大脳麻痺患者の実例をとりあげましょう。こうした患者には記憶力の減退があります。大脳の活動はすでに消失したかのようです。これを再び活動させるためには、患者の若い頃の歌をよみがえらせます。これは、よく知られている事実です（Muthesius 1990, Grumme 1997）。

このように音楽の客体としての構造を用いることも音楽療法の特徴です。

今まで音楽の構造について述べました。以下に、媒体としての音楽についてふれましょう。

媒体としての音楽は、意味の担い手であり、さらに意味を媒介します。私たちは、音楽でコミュニケートし、相互に理解しあいます。音楽は、理解しあうための媒体です。これは、言語、言葉に徹底して比較されます。両者には一致点があります。しかし、またそれぞれにすぐれた点があります。音楽と言語は意味の媒体としては根本的に異なっている、このように私は考えていました（Schwabe 1978）。しかし、今はこのように単純化してはいません。むしろ次のように考えています。言語は、その発展の中で明確に表示する意味の担い手へと形成されました。意味を明確にすることが困難であり、意味が情緒的であるときには、音楽がすぐれています。けれども、このように述べても、それほど新しくはありません。作曲家、詩人などは、多様に詩的に表現し、この見方を伝えています。

音楽が意味の担い手として機能するとき、音楽はとりわけ即興の形で現象します。しかし、歌、ダンスという現象の形式も、意味の担い手として機能します。意味を媒介することは、音楽の受容に関してすでに強調されました。

言語に比較すると、音楽はより直接的に情緒的意味を表現できました。音楽は表現媒体であるが、日常生活では言語と同じほどにつかわれません。音楽の位置は特別なものです。言語を介すると、人間は情緒的に重要な事態を隠してしまいます。さらに、表現と出会いの決まり事が使い古され、あまり使用されなくなると、こうした表現や出会いはいっそう言語に結びつけられます。音楽は、表現およびコミュニケーションの媒体としてはあまり使われません。しかし、感情、体験の連関を表現し、明らかにし、許容しようとすれば、はるかにより直接的に機能するのは音楽です。

即興すること、歌うこと、即興的に運動すること、音楽の聴取、これらは異なる意味媒体です。それらは、異なる強調点をともなう行為です（2．1．3．および2．1．7．参照）。ここでは、これについては、ただ示唆しておくにとどめましょう。

楽器即興をする時の行為指針のかなりの部分（2．1．3．参照）は、運動即興に同じようにあてはまります。運動が実行されると、情緒的意味が直接的に表現されます。歌とダンスの場合には、音楽の構造と歌の歌詞が暗号の形で情緒を転送します。歌うときには、歌詞にある象徴と音楽の構造を介して体験の内容が出現します。同じように、音楽聴取も体験内容の意味を伝え媒介します。体験内容の意味が再び活性化されて利用されると、抑圧されたトラウマ的な体験が開示されてきます。

（4）2．1．7で、これから生じる教授法的結論がより詳しく取り扱われます。

1．3．出会いの音楽療法の根源と発展の論理

出会いの音楽療法は、現存し、実践されています。この音楽療法は、首尾一貫して発展してきました。

今日、特色化が求められているにしても、これは「発明」とはいえません。その反対が事実なのです。この音楽療法には、四〇年間にわたる歴史があります。医学および社会的実践からさまざまな要求が生じ、この音楽療法の歴史に刻まれています。しかし、この歴史は、学問的要求によっても規定されています。つまり、この音楽療法は、学問の現実の中に自己を位置づけ、ここで自己の立場を明確化しようとします。もちろん、現実が友好的であろうとも、敵対的であろうとも、この立場を求めるのです。

私たちの専門領域は、真空の空間にあるのではありません。それは多様な仕方で学際的な関係のなかにあります。出会いの音楽療法の発展は、今日の専門的状況に関わっています。同時に、それは音楽療法のコンセプトの多様性にも関連しています。この二つの関連を叙述しましょう。

1. 3. 1. 今日の専門的状況

［クリストーフ・シュヴァーベ］

能動的グループ音楽療法（Schwabe 1983, 1991, 1997）、調整的音楽療法（1979, 1987, 1990, 1993, Schwabe und Rohrborn 1996）、音楽的基礎教育（Schwabe und Rudloff 1997）が歴史的に展開されてきました。出会いの音楽療法は、こうした方法から発展してきました。

七〇年代の後半、私はライプツィヒ大学心理療法診療所の音楽療法士でした。この当時、私は能動的グループ音楽療法を概念化しようとしていました。六〇年代に「コミュニケーション的心理療法」（Kohler C. u. M. 1968）という心理療法コンセプトが同診療所で開発されました。これを実践したのは、私の診療所だけではありません。多数の心理療法診療所が全国に新たに開設され、ここでさまざまに実践されたのです。このコンセプトは、次第に拡張され変容されました。そして、他の心理療法のコンセプトと競合するようになりました。ライプツィヒ大学心理療法診療所の先任の指導者は、クリスタ・コーラーでした。彼女は病のために仕事を続けられなくなりました。そこで、私の診療所もコンセプトの変更に携わるようになりました。七〇年代の半ばには心理療法的行為のさまざまなコンセプトが併存し、敵対的にさえなっていました。たとえば、患者を中心とするコンセプト、グループ・ダイナミックスの方向性のコンセプト、行動療法的なコンセプトがそうした状況にあったのです。

それまで仕事は学際的な開放性を基礎にして行われていました。この競合的状態のために、この開放性は不可能になっていきました。それまで心理療法コンセプトは統一的とされ、音楽療法はこのコンセプトを統合する役割にありました。しかし、音楽療法は、非常に相違する心理療法に仕えなければならなくなりました。診療所でも、全国でも、心理療法的全体状況は、混交的になりました。しかし、この状況が出発点となり、音楽療法はさらに発展し存続しました。さまざまな心理療法的コンセプトに対して、音楽療法のコンセプトは自立的となる必要がありました。そして、音楽療法は、心理療法のコンセプトが異なる状況の中で、統合力を保持し続けなければなりませんでした。

このように、音楽療法には具体的に求められる課題がありました。これは、音楽療法のさらなる存続のために不可欠でした。このときに、因果性原理（Schwabe 1983）が誕生しました。これは、音楽療法的行為の「俯瞰図」でした。心理療法の要求が対立していても、この原理は要求を取り扱う「見通し」を可能にしました。

これが予備作業となり、能動的グループ音楽療法のコンセプト（Schwabe 1983）が成立しました。特に、音楽療法のさまざまな行為原理が定められました。これとともに、因果性原理は、際限のない折衷主義を回避する根本的な行為指針となりました。

このことによって、多様な行為が見通せるようになりました。多様な行為はそれまでは一つの共通の屋根の下で遂行されていました。この屋根というのは、診療所の状況であり、医学的セッティングの専門的状況でした。一九九〇年代の今は、これとは異なります。出会いの音楽療法の屋根は、より大きくなりました。まず、臨床的音楽療法の領域があります。さらに、医学が今まで責任を感じなかった（そして将来も責任を持たない？）多くの社会的領域があります。

出会いの音楽療法の行為領域は拡張されました。臨床医学の中で音楽療法の活動が行われると、音楽療法は診療所の壁の中で保護されると同時に狭隘化されます。診療所の外で行われる音楽療法は、これとは部分的に異なる条件のもとにあります。

診療所の外部で出会いの音楽療法が実践されるときには、その出発点となる条件をつくらなければなりません。これは今までは存在せず、ほぼ完全に新しいものです。さらに、新たな制度的パートナーが必要となります。また、音楽療法的活動の端緒がまだ概念的にさだまっていないかもしれません。しかし、この社会的条件の下でも効果を示さなければなりません。

音楽療法士がこれらの新しい課題をひきうけるときには、勇気と忍耐力が求められます。

このように、出会いの音楽療法の専門の状況は拡張されました。行為端緒は因果性原理（2．2．参照）の構成部分です。専門領域の拡張は、この行為端緒の拡張として理解されます。従来は臨床医学的条件の下で心理療法的行為端緒が記述されました。とりわけ「患者の病理的な状態」が出発点としてこの行為端緒とみなされました。この端緒から、「方法は病的状態に好ましい影響をあたえるようなものでなければならない」（Schwabe 1991, 2.）との結論が引き出されたのです。しかし、今は人的かつ制度的枠組み条件について、特別に配慮しなければなりません。このことが心理療法的な行為端緒の構成部分として付け加わったのです（2．2．参照）。

行為端緒について今述べたことは、当然のことながら臨床医学的条件にもあてはまります。しかし、臨床の外にある社会的条件は高度に複雑です。医学的条件は、臨床外の社会的条件とは異なります。もちろん、医学的条件にも変数があるでしょう。しかし、社会的条件と比較すると、これは臨床医学によってより明確に規定されます。この事態は明らかに広く知られているので、医学的条件の下では行為の意味と目的についてそれほど考えなくてもよいと思えるのです。しかし、社会的条件のもとでは、意味と目的を考察することが不可避となります。

臨床医学的な条件の枠組みはすでにつくられています。出会いの音楽療法がこの枠組みの外で応用されるとしましょう。このときには、出会いの音楽療法は、具体的な適用領域に精通しなければなりません（3．2．参照）。その代表者は、応用のための諸条件を正確に分析しなければなりません。そして「出会いの音楽療法」という専門領域は、その用語も含めて、柔軟であり、戦略的である必要がありま す。つまり、時々の出発条件に順応しなければなりません（1．2．1．参照）。いま最後に述べたことは、教育施設との関わりに特にあてはまります。これについては、私は1．2．1．で叙述しておきました。

因果性原理、特に行為端緒および行為原理について述べました。これは、音楽療法の基本的あり方を決定します。出会いの音楽療法の応用領域は、たしかに拡張されました。しかし、それは、実利主義的な立場へとそれることはありません。その音楽療法的コンセプトは学問的な基礎をもち、見通し可能であり、統一的なのです。

出会いの音楽療法の代表者である私たちには、しばしば非難が繰り返されます。私たちの概念が「独断的」であるとされます。そして、音楽療法士が「リベラルに」考えるとすれば、これを理解して受けいれることなどできないというのです。出会いの音楽療法に関わる専門状況は、この非難に反映されています。

たしかに、このコンセプトには、発展の論理と発展の根元があります。思考様式、方法論、概念性にこの特徴が現れています。私たちは、思考形式、概念性、伝統、社会の歴史の相違を受け入れます。しかし、因果性原理に関しては、基礎的な見解にはただ一つの論理しかありません。つまり、出発条件、目的設定、方法の記述、目標達成の手段、これらは相互に関連し、相互に規定しあうのです。この見解は、社会的な相違に無関係です。私の主張では、これは「原型」なのです。この見解を受容して行為の基礎にすること、あるいはこれを拒否すること、これは可能です。しかし、この見解を独断的であり、誤りであるとみなすことはできません。

因果性原理についての見解はひとつの提案であり、これによってさまざまな音楽療法的コンセプトの本質をより正確に比較できます。因果性原理は、理解するための網の目です。この提案は、他の療法コンセプトの代表者たちによってわずかしか顧みられません。まして、これが採用されることなどありません。ここから、以下の節で論じられる諸問題が生じるのです。

1．3．2．概念の多様性の問題　［クリストーフ・シュヴァーベ］

コンセプトが多様であること、これは問題ではありません。しかし、他の人々から区別するために、概念の多様性が意図されるときがあります。そして、コンセプトの代表者たちが相互に理解しあう要求があるとしましょう。このときには、コンセプトの多様性から問題が発生します。相互理解は要求でありえます。複数主義的な社会条件の下では、この要求は存在しませんでした。あったとしても、これは控えめなものでした。しかし、音楽療法が他の制度から理解され、認められたいのであれば、音楽療法の代表者たちの相互理解は不可欠です。本来の問題が政治的になり始めるのは、ここにおいてです。

概念の多様性に関わる問題は、少なくとも私にとってはドイツの壁がなくなってから存在しています。壁がなくなり、東と西、西と東の音楽療法士と音楽療法概念は、政治的に支障なしに出会うことができます。これは歓迎すべき事です。しかし、多様性の問題は、好ましくない「副産物」なのです。

以下の点が問題であるように思われます。

1．因果性原理を別とすれば、比較を可能とする方法論的モデルがありません。（イメージ的に言えば、私がリンゴ、トマト、カボチャ、キイチゴを比較できるのは、上位概念があるときだけです。これは、たとえば「果実」です。上位概念を設定しないと、正しい比較はできません。たとえば、「果実」ではないマッチをリンゴに比較する危険性があります。たとえば、スメイスタース（Smeijsters 1994）がその例です。）

2．実践では、音楽療法のコンセプトが全く異なる出発点から叙述されます。たとえば、療法の目的、世界観の立場、特有の心理療法コンセプトとの同一性などからコンセプトが述べられます。

3．異なる音楽療法の方向性を代表していても、人々は同じような言葉を話します。たとえば、社会教育学的な音楽療法を代表する人々を考えて下さい。こうしたときでも、概念は明確であると誤解されていますが、その背後には違う意味が隠れています。この誤解はよく起こります。

音楽療法に希望がないわけではありません。いわゆるカッセル会議は、ドイツにおける音楽療法職業団体の代表者たちからつくられた作業グループです。この会議は、音楽療法の共通の立場を示すために、基本テーゼの文書を作成することで合意しました（一九九八年一月三一日の新版）。

壁の崩壊の後にコンセプトの多様性が生じ、これが好ましくない副産物である、このように書きました。この状況の中で、論理的に長期にわたって発展してきたのは、私たちのコンセプトだけです。これとは反対に、きわめて多様な根拠から　ドイツの西では特に七〇年代の後半から多様な見解が開発されました。これらが敵対することもありました。　他方で、東の発展は統一的です。こうした発展の仕方にもたいへん多くの根拠がありました。

今では、取り扱うことが大切な音楽療法のコンセプトが豊富にあります。もちろん、患者が援助を必要とするときに、特にその患者の問題に最もふさわしいと思われる音楽療法を明らかにし、この音楽療法を可能にすること、これが多くのコンセプトを取り扱う時の最大の関心事です。

私の考えでは、これは果たせない夢です。これを実現するには、音楽療法士が利己性から解放されなければなりません。同時に、ひとつひとつの音楽療法コンセプトを可能な限り正確に知っていなければなりません。

異なる音楽療法コンセプトを代表する人々が研修の中でそれぞれの関心を交換すること、これも重要です。こうすれば、相違するコンセプト相互の援助が可能となるでしょう。

他の人々は、その言葉で何を語っているのでしょうか。どのような職業を背景としているのでしょうか。この職業の基礎には、どのような理論的状況があるのでしょうか。こうしたことも、私の関心を引きます。これによって、自分の視野が広がるからです。

私は、自分の関心事だけではなく、他の人々の関心事を知りたいと願っています。そして、このために多くの内面的自由、開放性、時間をもちたいと望んでいます。当然のことですが、私はこうした姿勢をできるだけ多くの同僚に期待しています。もちろん、実践においてはこれをおこなえる状況にありません。また、(自分の)同僚でも、好奇心よりも臆病さ、狭隘さ、自己中心性がしばしばまさっています。

1．3．3．出会いの音楽療法の発展

［クリストーフ・シュヴァーベ、ウルリケ・ハーゼ］

この音楽療法が発展してきた道は、人間としての成長の途でもありました。同時に、この道は、社会秩序の中で数世代の心理療法が辿ってきたものでもあります。したがって、ここでは何を強調すべきでしょうか。どの事実を描写するべきでしょうか。出会いの音楽療法を最初からともに生みだし、ともに作り上げたのは、ウルリケ・ハーゼです。そこで、これについては彼女が述べます。

出会いの音楽療法の構想の源泉は、「コミュニケーション的心理療法」(Kohler u. M. 1968) です。ライプツィヒ大学神経科診療所では、一九五〇年代の終わりに、心理療法部門が新設されました。ここで一〇年にわたる学際的な心理療法研究及び実践がおこなわれ、右の心理療法はその成果でした。この部門は、一九六〇年代初頭から神経科医クリスタ・コーラーが指導していました。クリストーフ・シュヴァーベが音楽療法的研究を開始したのも、この時期です (Schwabe 1995)。

このコミュニケーション的心理療法というコンセプトは、社会心理学的試みに基づいていました。同時に、深層心理学がこの心理療法の基礎となりました。もちろん、イデオロギー的政治的理由から「深

層心理学」の概念を用いることは許されませんでした。

この心理療法コンセプトは、当時の政治状況の中で意味ある試みであり、新たな次元を開くものでした。一九五〇年代の東側全般では、スターリン主義的な正統派的唯物論の立場が支配的であり、これが一般的には心理学、特殊的には心理療法を規定していました。たとえばハンガリーなどの少数は例外です。パヴロフが通俗的に理解され、心的なものは反射論的に解釈されていました。社会心理学的試みも、深層心理学的な思想も、「ブルジョア的観念論的」とみなされていました。心理分析に関して批判的、学問的に討論することも許可されませんでした。

一九六〇年代では、イェーナ大学ではヒープシュとフォアヴェークが社会心理学の研究をおこなっていました（Hiebsch u. Vorweg 1966）。これは、徹底してマルクス主義的なものでした。ライプツィヒ大学では心理療法の研究がなされていました。この二つの大学で、心理療法が独自のしかたで花ひらくことになります。両大学の代表者は、互いに連絡しあいました。この当時、政治的社会的圧力は増大していきます。しかし、診療所の学問的研究は、まだこの圧力によって直接的に影響されませんでした。また想起されるのは、プラハの春が軍事的に粉砕されたことです。この悲劇は、一九六八年、つまり三〇年前のことでした。

私たち心理療法士が診療所で生きて働いたとき、これらすべての出来事と無関係ではありませんでした。私たちの患者は、直接的な社会的現実から逃れて私たちを訪ね、援助を求めたのです。けれども、不可視の天使が政治的差別すべてから私たちの仕事を守ってくれている、このような印象を私はよく抱きました。この差別についていえば、それまでの生活からよくわかっていたのです（Schwabe 1990, 1995）。たとえば、私は公開の場で合唱団とともに歌えませんでした。政治的理由から、これが絶対的に禁じられていたのです。しかし、この時期に臨床心理療法領域でグループ歌唱療法を具体化することができたのです。

「私たちの神経症理論の見解に対応して、社会的コミュニケーションを心理療法の中心的見地と見なす」こと、これがコミュニケーション的心理療法の核心です（Kohler. M. 1968, 35)。私たちがこの命題で何を理解しているのでしょう。私たちの心理療法コンセプトにとって、これは何をもたらすのでしょう。「生命を維持するための課題があります。これは、生きることに直接に関わっています。この課題を解決するためには、それぞれの人間が同胞的関係に入る必要があります。人間の生活活動の中では、協力的関係が発展し、いつも現存しています。この関係は、特定の調整要因によって制御されています。この包括的な協力関係の中で課題が遂行されるとき、社会的コミュニケーションは、調整手段として大きな意味をもちます。コミュニケーションへの社会的要求があり、歴史的に発展し、個人によって獲得されます。私たちにとっては、個人療法的方法およびグループ療法的方法を適用するときに、この要求が座標系として役立ちます」（ebenda, 35)。

このように、コミュニケーション的心理療法は、社会心理学的に構想されていました。ここから生じた心理療法的コンセプトでは、個人別療法的方法とグループ療法的方法が、調和的に統合されていました。音楽療法に関連させると、具体的実践的要求がまずあり、ここから音楽療法のためにこの二つの方法が開発されたのです。

このときに音楽療法の方法体系も生まれました（Schwabe 1969, 1971, 1974)。この段階を経て、音楽療法方法論（Schwabe 1978）が数年後に公表されます。音楽療法に関わる文献全般の中で、この著作は最初の音楽療法方法論でした。

音楽療法のこの方法論は、私たちの音楽療法の理論的立場をよく示しています。同時に、これは音楽療法の心理療法的性格を根拠づけるものでした。音楽療法を心理療法として定義することは、私たちにとって新しいものではありません。音楽療法は、複合的な心理療法の一部として理解されていました。さらに、すでにそうしたものとして実践されていたのです。音楽療法の方法論は、それまでで最も包括的な叙述とみなされました。しかし、すでに一九六〇年代当時、私たちは音楽療法的活動を予防的心理療法として綿密に仕上げていました。これは、特に職場の健康管理に用いられていました（Schwabe, Kohler, Busch 1971）。すでに同じような試みはなされていました。多様な音楽療法の行為形式が実践で実証されていました。これらは結びつけられ、統一的な方法論的関連の中で検証されました。音楽療法では、調整的音楽療法やグループ歌唱音楽療法がその実例です。ここでは、音楽療法の認知心理学的な要素と相互行為的な要素が適用されていました。この関連で、別の観点についてもふれておきます。当時私たちは、音楽療法による予防心理療法の研究を「能動的な健康保護」と呼んでいました。これによって、私たちは臨床医学的な狭い心理療法室から離れ、この「保護域」の外で経験をえようとしました。この成果として、制度的な条件の重要性が判明し、行為端緒としてより強く考慮されます（1．1．2．および1．1．3．参照）。

音楽療法方法論（Schwabe 1978, 1981, 1986）を基礎として、調整的音楽療法（Schwabe 1979, 1987, 1996）と能動的グループ音楽療法（schwabe 1983, 1991, 1996）という音楽療法の標準な方法が生まれました。

この二つの方法はグループ音楽療法の方法です。一九七〇年代の心理療法的実践では、グループ心理療法的方法が個人別療法的方法に対してはっきりと優位に立っていました。東ドイツのこの時代に、心理療法はこうした特殊性の中で発展していました。この発展については、あとでくわしく、批判的な立場からも考察します。

この二つの方法とともに、臨床医学的適用領域で出会いの音楽療法の三行為領域（1．2．3．参照）がすでに分化され、仕上げられていました。つまり、社会的相互行為の領域、認知心理学の領域、個人的創造の領域です。個人的創造の行為領域は、私たちの音楽療法の五つの行為目標あるいは関心の一つとして定義されました（Schwabe 1983, 1991）。「対象に関わる行為活動と体験活動をつくること」、「美的体験をする能力と享受する能力を広げて分化すること」、こうした主題がこの関心を示しています。

私の知る限りでは、他の音楽療法のコンセプトでは、個人的創造的な関心は、心理療法としての音楽療法の正当な対象とされていません。ここでは、音楽療法は、欠損に関わる行為関心ばかりがとりあげられています。

音楽療法の方法論の一九七八年の初版の中で、二つの観点が初めて定式化されました。これについてつぎに紹介します。

1．心理療法あるいは音楽療法の因果性原理（Schwabe 1983, 1991, 1997）がすでに、次のように定式化されていました。「音楽療法的な行為端緒は、音楽療法の行為プロセスの出発点となる条件、原理、方法のすべてを包括します」（Schwabe 1978, 163）。ただし、今日では、行為端緒はこれよりも包括的とされています。

心理療法の因果性原理が方法論的基礎となって、まず能動的グループ音楽療法と調整的音楽療法が成立し、さらに出会いの音楽療法が生みだされます。この方法論的思考が首尾一貫して追求され、出会いの音楽療法のコンセプトが成立したのです。

2．音楽療法方法論の結語において、著者はその願望と意図を明確にしています。「音楽療法の研究と実践の中で意義ある認識を獲得し、この認識が普遍社会的な意義を有することを検証したいと思います」（ebenda, 230)。

著者がこれを実行するとき、彼は政治的危険の中に巻き込まれると予感していました。この関心を具体化しようとすると、政治的大波が予感された以上に高くなりました。これが当時の私たちの生活実践だったのです。政治的「保護空間」と思われたところを離れると、こうした関心すら危険な政治的挑発となったのです。しかし、この関心は、確信的な党員によっても根本的には支持されていたのです（音楽的基礎教育研究プロジェクト)。

グループ音楽活動を用いて「人格を形成する、人格を確立する」という関心、これが具体的に問題であったのです（ebenda, 230)。

グループ音楽療法活動では、療法知識がえられます。私たちは、これを非療法的な実践、したがって社会的な実践へと広げたいと思っていました。私たちが考えていたのは、社会的相互行為のモデルを開発することでした。ここでは、認知を広げて分化するために音楽が即興され、音楽が受容されます。また、創造的プロセスが活性化および再活性化されます。さらに、グループ・プロセスをともなった経験がなされます。私たちがハイリッヒ・ヤコービ（Heinrich Jacoby）の著作を知ったのは、その後数年たってのことでした。この優れた人物は、私たちと同じ課題を追求し、印象深い明瞭さでこれを定式化していました。これは、二〇世紀になってすぐのことです。これを読んだとき、私たちは驚きました。彼の根本思想は、とりわけ音楽教育学を変革して、人間の創造的能力の展開を実現しようというものでした。しかし、音楽教育学の実践において、これは広く無視されていました。

ドイツ民主共和国の一九八〇年代には、ワイマール共和国のハインリッヒ・ヤコービよりもなお悪い手札しかないように思えました。しかし、いわゆる音楽指導センターがますます活発になっていました。この施設は、音楽教育学的活動を広範に提供しました。公的な音楽学校は、ただ音楽の後継者を養成し、成績を中心とするだけでした。この公的な音楽学校とは別に、国家はこれらの施設を程度の差はあれ許容し、地方自治体レベルで援助をおこなったのです。これは、本当の実験の地へと発展しました。ここでは社会的目標が定められ、実現されました。この目標は、純粋な音楽教育学的目標をはるかに超えるものでした（Schwabe 1982, 1983, 1984, 1986, 1990）。

グループ作業の要素は、まず音楽の学生たちのもとで用いられました。これは、後に「音楽的基礎教育」（Schwabe Rudloff 1997）と呼ばれます。これは、「行動と認知の心理学的訓練」として、いわば心理学教育のトロイの木馬として学生たちに知られていました（Schwabe 1984, 1985, 1986）。この研究は、当時の文化省によって認められる研究プロジェクトにつながっていきます。しかし、この実践的な研究は、正統的立場の多くの「芸術家的」大学教員から反対されました。さらに、党指導部と学校指導部は、政治的色彩のより濃い反対を行いました。この研究のおこなわれていた音楽大学の学長は、一九八九年の時点でも研究グループの指導者を解任しました。研究グループを解散させるためです。これが反対キャンペーンの頂点でした。しかし、このコンセプトは発展し、さまざまな社会的適用領域において広範な同意を見いだしたのです。

「音楽的基礎教育」という名称、これはもちろん偽装でした。これは、狭い意味の「教育」ではありません。社会的能力（1. 1. 3. 参照）の形成、人格性の形成、創造的能力の発展、これが私たちにとっての問題であったのです。これらすべては、高度に政治的な目標となります。当時、社会はますますどうしようもなくなっていました。社会の指導者にとっては、私たちの関心はかなり怪しげに思えたのです。これは、後になってからわかったことです。

音楽的基礎教育は、いわゆる音楽早期教育とよく混同されました。これからも、混同されるでしょう。しかし、この両者は同じではありません。音楽早期教育を音楽に早期にとりくむこととしてだけ理解し、音楽の取り扱いが他の音楽教育的意図と相違しないとしても、この両者は同じではないのです。

音楽的基礎教育は、人格に固有な要素を発展させることを目的とし、このために音楽を用います。音楽は、さまざまな形式の現象であり、行為です。音楽性も発展します。しかし、これは一種の「副産物」です。もちろん、音楽性の発展は初歩的な意味では意図されています。「『音楽的基礎教育』は、社会的行動を発展させることが主要な目標です。これは……もちろん『ドイツ民主共和国のうみだしたもの』です」、このように私たちは『音楽的基礎教育』という書物の前書きで書きました（Schwabe und Rudloff 1994, 1997）。しかし、同じ箇所で私たちは次のように続けて書きました。「その関心は、この没落した社会形式に結びついてはいません。……私たちは、音楽的基礎教育を生み出す手助けをしました。これそうしたものとして、私たちは人間の現実に対して生き生きとした仕方で向き合っているのです。これは、博物館を管理するという態度ではありません。高度に発達した産業社会には消費的な順応主義があります。ここで、人間は危険性にさらされています。人間としての存在、その個性、明らかな独自性が失われようとしているのです」(ebenda, 13)。

音楽的基礎教育の根本は、以前に開発されたグループ音楽療法のコンセプトと同じなのです。もちろん、これはさらに展開されてはいます。音楽的基礎教育は、きわめて広い応用領域を有していたし、現在も有しています。この応用領域は、臨床医学的領域、療法に固有な領域の外にも広がっています。もちろん、こうした領域は、それぞれ異なる社会的条件をともなっています。

固有の療法として仕上げられたコンセプトと比較してみましょう。この場合、音楽的基礎教育の意義は、とりわけ人格を安定させる機能のうちにあります。その関心は、病気の予防なのです。

出会いの音楽療法のコンセプトを研究するには、もちろんきっかけがありました。これは、一九九〇年代の社会的現実です。

これは、大きな変動の時代でした。健康制度は、西側の標準への適応が強制され、それまである程度うまく機能していた臨床的施設、総合病院、救急施設が崩壊しました。音楽療法がうまく実践されていた施設もなくなりました。そうでない場合も、全面的に変更されました。音楽療法の教育についていえば、これは発展するどころか、存続することさえ困難となりました。それまで持続的におこなわれていた活動も消滅してしまったのです。

これとは異なる現実にふれましょう。社会的リハビリテーションの領域、教育学、新しく成立しつつあるリハビリテーション診療所、こうしたところから音楽療法への需要が新たに生じました。これは、それまでの音楽療法的コンセプトでは適切に対処できないものでした。活動の範囲はより拡大し、多面化しました。ところが、私たちの音楽療法的方法は、特殊な心理療法的関心に向けられており、きわめて細分化されていたのです。

これがきっかけとなり、学際領域の特徴的な関心は何であるが問われました。医学的リハビリ的領域、社会的リハビリ的領域、予防的な領域の学際領域に属する多くの関心があったのです。同時に、臨床の条件も新しくなり、音楽療法への統合的な要求が生まれました。これに対応するには、音楽療法のコンセプトにもとづいて問いを立てなおす必要がありました。

あの変動状況を通じて、こうしたコンセプトを適切に開発する時間はありませんでした。

クリストーフ・シュヴァーベとヘルムート・ルードロフによって一九九二年にクロッセン応用音楽療法アカデミーが設立されました。このときの状況についていえば、伝統的に履修が多かった能動的グループ音楽療法と調整的音楽療法の教育課程は、ほとんど申し込みがありませんでした。他面では、社会的リハビリ的領域に属する多くの人々が教育を求めていました。しかし、この教育課程はなかったのです。

この教育の状況を考慮すれば、コンセプトをいそいで実践的に開発し、教育のさまざまなコースを組織すべきでした。それまでは先行する実践があり、この実践から音楽療法のコンセプトと教育課程が開発されました。いまの場合には、この余地はありませんでした。

このコンセプトは、受講志望者が職業的に関わっているターゲット・グループに対応するものでした。

そこで一九九四年には「出会いの音楽療法」、「特殊教育学における音楽療法」、「音楽的基礎教育／社会教育的社会療法的グループ作業」の各教育プロセスが存在することになりました。

講座がターゲット・グループに対応していたので、受講者はそれぞれ期待を抱いて集まりました。特別な方法を習得して、それぞれの特殊なクライアント、たとえば知的障害者、学習障害者、行動障害児を治療したいと考えていたのです。

音楽療法文献の中では、通例のこととして、特定のターゲット・グループに関する音楽療法の方法が記述されています。さきの期待は、この方法に完全に合致していました。

受講者が教育学の領域に属していると、音楽療法の方法で訓練法を豊富化し、クライアントの集中力を改善し、成績が良くなるようにとの期待がありました。受講者が社会療法の職業にあると、期待された音楽療法の方法は、患者たちの緊張を緩和し、たいてい治癒不能な根本疾患に影響をあたえるものでした。まず訓練によってこれを実行しようというのでした。

すべての場合に、受講者は処方箋を期待していました。この処方箋は、他の人々によってすでに検証されており、自分のクライアントにうまく応用できるというものです。しかも、この応用は、自分の人格には関わらないというものです。

この思考法によれば、療法の成果はターゲット・グループ別に分割されてしまいます。私たちは、これに別のコンセプトを対置すべきでした。これは、本質的な原則から出発しました。具体的なケースでは、ターゲット・グループ、患者は、それぞれ特有の問題性をもちます。先の原則は、こうした具体的ケースに適用できるように定式化されたのです。したがって、この原則は障害の核心をとらえるだけでは不十分です。基本的障害は同じでも、これはさまざまな形式で現れてきます。この現れを基本的障害の表現として把握することが必要なのです。

このコンセプトのためには、緊張した環境の中で抽象的な作業をおこなう必要があります。具体的な状況への処方箋をいつも新たに求めることではありません。

この抽象的作業は、困難なものでした。しかし、講座参加者たちの具体的な問題に即して、基本的障害の認識がえられました。ターゲット・グループが全く異なり、障害も見かけ上は相違しています。それでも、同じ基本的障害が見いだされます。さらに、この障害は患者の社会的実存から生じていたのです。


これらの障害は以下のレベルにあります。
・自分と他者を認知するレベル
・自己を表現するレベル
・社会的に相互行為するレベル

これらの障害は、身体的疾患および心的疾患とならんで、独立した疾患とみなすことができます。出会いの音楽療法のコンセプトを研究する際に、このことがその全ての範囲においてに意識されました。本書の1．1．2．「行為の端緒としての社会的疾患」がその成果です。

この端緒から出発すると、出会いの音楽療法の作業は「音楽の力」をもちいた訓練、治療ではありません。それは、「今とここ」における出会いです。問題とともに喜びも内包する現実、この現実との出会いです。患者からすれば、自分自身との出会い、他のメンバーとの出会い、療法士との出会いです。

療法的な条件が定められ、そのもとで出会いが提案され、付き添われ、反省されないと、出会いは療法になりません。これについては、すでに1．で詳述しました。音楽療法の媒体として、音楽、身体運動、絵画表現が用いられます。これらの媒体には、長所があります。知力がかなり低下した患者、多重障害の患者は、言語による交流が全くできません。あるいは、これができても、ただ萌芽的にすぎません。こうした患者は、音楽療法の媒体を用いることによって、自己を表現し、認知し、社会的にコミュニケーションできます。

介護士の見解では、しばしば「何にも反応せず」、したがってただ生命があるだけの人々がいます。音楽療法の媒体によって、こうした人々にも周囲の世界と接する可能性が開かれます。健康な状態であっても、私たちは、この出来事をその広がりの中で予感できます。

出会いは、ただ一度だけ生じ、決して反復されません。同じ部屋で、同じ音楽療法の行為の中で、同じ人間が出会うとしても、事態は変わりません。出会いは、こうしたものです。したがって、出会いの音楽療法の作業は、瞬間に対して開かれています。それは、処方箋の利用ではありません。瞬間は不確実であり、推し量ることはできません。これに関わることは、学問的コンセプトを確実な基礎にしてはじめて成功できます。診療所では、療法の条件は相対的に安定し、定まっています。しかし、出会いの音楽療法の作業は、たいていこれの外で行われます、そこで、学問的コンセプトの確実性は、いっそう大切なものとなります。診療所以外の施設で療法をおこなうとき、まず療法の場所を獲得し、これを守らなければなりません。制度的、人的、行政的条件は、かなり多様です。出会いの音楽療法のコンセプトには、根本的で普遍妥当的な内容があります。これを想起しないとすれば、療法作業はできないでしょう。あるいは、実際の必要要件を見過ごすでしょう。

これらの条件をすべて考慮したうえで、行為端緒が細心に検討されるべきです。これは、いわゆる作業の核心です。「何が可能か」、「何が不可能か」、この問いは、この時にようやく答えられます。何が不可能か、これは明確に定義されなければなりません。これを明確にするほど、行為可能な領域は、患者にとってよりうまく実行されます。

これの実例は、さまざまなターゲット・グループと状況に関連づけて、本書の第3部にあります。それぞれの論考は証言です。教育コンセプトがそれぞれの体験と反省を介して伝えられ、これによって受講者は成長します。つまり、受講者は、出会いの音楽療法のコンセプトを基礎にして、自分の責任で、柔軟に、患者に感情移入するかたちで、療法的に作業できるようになります。

2. 出会いの音楽療法の教授法

クリストーフ・シュヴァーベ

教授法は、目的志向的な行為を実行する条件と規則を取り扱います。一般的な言語の使用法では、教授法という言葉はもっぱら教育学的領域に限定されます。しかし、本来の意味では、教授法は、何かが行われるとき、それがどのようになされるか、その時に何が考慮されるべきかを述べます。このかぎりで、教授法では、対象の道具的な側面を取り扱います。ここでは、この対象は出会いの音楽療法です。

2. 1. 手段

楽器を手にしながら教育されるという期待、これが受講希望者にあることはしばしばです。出会いの音楽療法の療法士を育成するプロセスで、私たちはこれを体験しています。苦痛、問題、障害に効果がある特徴的な楽器、音、響き、歌、音楽作品など、これについて紹介してもらえると期待されるのです。出会いの音楽療法の療法士の行為の範囲には、教授法的な手段がさまざまにあります。これは、目的のために音楽を応用することではありません。心理学的な事柄と社会心理学的な事柄が重要な手段となります。出会いの音楽療法の療法士は、これらを意識的に取り扱います。このことが効果的な仕事をする前提です。

ここでは、部分的な領域が個別的に叙述されます。行為するときには、これらは調和しなければなりません。このときはじめて、効果的な仕事ができるのです。ひとつひとつの歯車が互いにかみ合って、時計が時を刻むのに似ています。

2．1．1．出会いの音楽療法士の人格

「私は、医師であることは、ひとつの意識状態であると信じています。つまり、大地を眺めてはこれを理解し、大切なことを感じ取ってはこれを理解するのです」（『アメリカ・インディアンの知恵』スー族ジョン・ファイアー）。

療法士の人格とは、療法士という人間です。特性、強さと弱さ、障害、影響力、性、年齢などが人格にはあります。さらにいえば、見まがうことのない個性、その無類性があります。療法士が療法士として影響を与えるのは、この個性、無類性によります。

人間的な活発さは、個人的な特徴をおびています。これも療法行為の手段となります。そして、音楽療法的な慣例がそれ自体で効果を発揮することはありません。慣例は、療法士の人格によって「屈折されて」はじめて作用するのです。これは、ルービンシュタインが述べているとおりです。

ところで、何が（音楽）療法の状況の中で「作用している」のでしょう。療法士は、患者に出会いま

す。この出会いの中で、この療法士の人格を介して生じるもの、これが作用しているのです。プログラム、仕上げられた方法的準備ではなく、療法士の能力と心の準備が作用するのです。心を開き、他の人々を認知し、行動すること、とくに患者が療法士に合図するとき、これに反応すること、こうした心の準備が重要なのです。この合図が言葉でないことはしばしばです。それは、振る舞いでもあり、沈黙でもあるのです。

アメリカ・インディアンの知恵として、次の言葉もあります。「医師は聖人でないほうがよいでしょう。あちらこちらにあるすべて、民の絶望と喜び、魔術的なものと現実、勇気と不安、これらを医師は経験し、感じるべきでしょう」。

ここで言われているのは、他者に対する感受性です。療法士は、「空虚であること」が必要です。言いかえれば、他の人々からの合図を受け入れる心の余裕がなければなりません。

いま「空虚であること」を指摘しました。これは、すでに準備されたプログラム（「療法」）とは反対のものです。こうしたプログラムにどおりに行為するとしましょう。すると、心を開き他の人々からの合図を知ろうとしても、プログラムによって妨げられてしまいます。

アメリカ・インディアンの知恵は、別のことも述べています。これも、療法士の人格に妥当します。「聖人ではない」と言われています。これは、「血肉を持った」人間を意味します。とくに強調されているのは、他の人々に対する感受性です。しかし、「聖人でない」ことには、別の意味もあります。「療法士という人間」は、それぞれ自分の歴史、要求、問題、感情などをもつのです。療法士が十分に自分を知らないで、療法士の人格が無反省に行為に影響するとしましょう。このときには、「療法士という人格」が療法的な出会いを妨げるでしょう。

ここで、私の体験について述べます。医学的治療を受けたとき、医師は私が音楽療法士であることを知りました。この医師は自分の役割から離れて、同僚としての対話に入りました。この「同僚」は、専門的な要求だけでなく、私的な要求、好奇心を満たしました。私自身は、虐待されたと感じました。そして、患者であるというチャンスを失ってしまいました。患者であれば、自分の問題を軽い気持ちで述べてもよいはずです。

たとえば、療法士が朝起きて妻や子どもに怒りを感じ、自分の患者にこの怒りをうちあけたいとしましょう。これは、同じように療法的な出会いの妨げとなります。患者は、音楽療法士のこうした「サーヴィス」を感謝して受けとるかもしれません。しかし、それでも、療法的な出会いへの妨げが生じます。

ジークムント・フロイトは、心理療法士のために、いわゆる節制規則をつくりました。これは正しいことでした。この規則は、もちろん音楽療法士にもあてはまります。まず、この規則によれば、自分の人格から要求が生じても、療法士は療法的な出会いからこの要求をできるだけ排除しなければならないのです。次に、これがうまくいかない場合があります。そのときには、療法士が節制規則の違反を十分に認識すれば、これによって無害化することができます。最後に、節制の能力は生得のものではありません。療法士の人格に特有な要求をうまく取り扱うためには、このための方法を療法の中で習得する必要があります（自分の経験あるいはスーパーヴィジョンによる習得）。

療法的に効果のある仕方で自分の人格にかかわること、これは教授法の手段の本質的部分です。そして、これは音楽療法の作業のもっとも困難な側面でもあります。例えて言えば、呼吸を意識するようなものです。注意をむけると、これによって注意の対象は刺激されてしまうのです。

自分の人格特性、興奮状態、自分に価値があるとの体験、認められようとの努力、劣等感、成績向上圧力、快、不快、これらについても呼吸と同じことがいえます。

療法的な出会いがおこり、これに自分の人格がかかわるとき、妨げをできるかぎり減らします。そのためには、人格の個人的な特性を知るというプロセスが必要となります。生起していることを私が知っているときだけ、私はこれを意識し、できるだけ妨げのない状態で行為できます。本節のはじめに、心を開くことを行為する能力として指摘しました。この能力があれば、社会的な関係に自分をおき、自己実現にこだわらずに行動します。また、他の人々が自分を開示し、内面を提示するときに、心は開かれています。

最後に付け加えれば、ここであげられた療法的能力をえようと思っても、誰にもできるわけではありません。これには、特定の社会的素質が必要なのです。

しかし、音楽的素質を考えると、素質だけではピアニストにはなれません。当然のことながら、学習があり、練習があるのです。

社会的素質についても、同じことが言えるのです。

2．1．2．出会いの音楽療法の療法士の役割
グループ指導者、共同指導者、一対一関係における療法的パートナーとして

先の節と本節とは密接に関連しています。二つの節の主題が緊密な連関にあるからです。先の節では、

「人格」という主題にかんして、音楽療法の行為にとって不可欠な能力がとりあげられました。本節では、これらの能力を音楽療法で応用することが論じられます。

出会いの音楽療法の療法士は、療法プロセスで三つの基本的役割を果たします。

・刺激する
・方向を与える
・保護する

この三つの役割に対して、これを否定的に妨げるものがあります。音楽用語を用いれば、この両者は対位法的関係にあります。以下のものが、これらの妨げです。

・前もってプログラムが決定されており、しかも指導者を中心として考えられ、行為される。ここで、音楽療法士自身が自分の行為の尺度となる。
・患者の考えと体験を先取りする。
・変化を認識しない、および（あるいは）変化を許容できない。
・自己を表現するために患者を虐待する。
・自分の思想と感情を押しつける。
・成果をあげるように圧力をかける。
・患者の「否定的感情」に不安をいだく。
・距離をとる能力あるいは感情移入する能力に欠ける。
・緊張に耐えられない、あるいはいつも協調しようとする努力する。

・転移と逆転移を認識しない。

効果的療法行為をさまたげるのは、このような思考活動です。これを認識すること、これに気づくたびに克服すること、これは音楽療法士の大切な学習プロセスです。音楽療法士の心身は、この妨げから可能なかぎり「解放されて」いるべきです。このときにはじめて、可能な限り現実的に患者の状況を認知する自由が成立します。そして、これが前提となって、音楽療法士は行為の役割に忠実でありえます。出会いの音楽療法では、薬を処方するような方法を採りません。療法士は、行為するように刺激します。つまり活気づけるのです。

たとえば、響きを用いる音楽療法が適正な治療となる場合があります。最重篤な脳障害の場合がそうです。しかし、出会いの音楽療法の応用領域では、これは必ずしも適正な治療とはなりません。

出会いの音楽療法では、療法士には三つの役割がありました。そして、刺激することが最初の役割でした。これは、さらに三つの課題領域に区分されます。

・行為するように刺激すること。たとえば、関わりを開始すること、関わりを形成すること、役割を引き受けること、制作すること、表現すること。

・認知し体験するように刺激すること。たとえば、対象、仲間、状況、自分自身を認知すること、自分および他の人々の感情を認知すること、プロセスを認知すること。

体験は、認知と同じものに関係します。しかし、体験には強烈な直接性があり、距離はわずかです。この点で、体験は認知から区別されます。

・行為がすでに完了したとき、これに直接に関連する事柄があります。この事柄、目の前にある事柄について反省し、伝達し、認識するように刺激すること、あるいはこの事態を熟考し、描写し、意識するように刺激すること（Vgl. Schwabe und Rudloff 1997, Schwabe und Röhrborn 1996)。

行為、認知、反省は、出会いの音楽療法において刺激されるべき活動です。これらは、音楽療法のプロセスで相互に補い合います。それらは、互いに条件付けあうのです。

行動と体験を変化させ修正したいのであれば、行為のプロセスを意識する必要があります。たとえば、グループ・メンバーとして、私はある役割を引きうけます。この役割は、私自身についてなにごとかを表現します。もしかすれば、私の社会的葛藤を物語るかもしれません。行動と体験を変化させ、修正しようとすれば、この役割を意識するのです。

意識することは、より正確に認知しようとすることです。したがって、私たちのコンセプトの中で、意識することは刺激する活動として重要な役割を果たします。

次に、意識することは描写することに関連しています。つまり、言語との密接な関係があります。とりわけ他の人々もグループに参加しているとき、すでに完了した行為、何かの事態をできるだけ正確に描写すれば、体験した内容がよりよく認識されます。この内容は意識されていたとしても部分的でしかないか、あるいは全く意識されてはいなかったのです。さらに、この内容を熟考すれば療法的効果のある具体的プロセスが成立します。

私たちの音楽療法行為がめざすのは、体験を動機づけることだけではありません。

体験をひきおこしても、これだけでは成熟に不十分です。より正確に認知するように刺激すること、これがはるかに大切なことです。あるいは、患者にとってより大きな助けとなります。というのも、この方途によって、建設的に熟考し、変化できるようになるからです。さもないと、音楽療法の行為は戸惑いを引き起こすだけでしょう。この戸惑いは、直接的体験にすぎません。これには持続性もなく、助けにはなりません。多幸感についても同様です。

戸惑いと多幸感は、理想的な願望とみなされ、しばしば音楽療法と結びつけられます。しかし、まじめな音楽療法士には課題の重さがよくわかっており、こうした願望を用いようとは思いません。

第三の刺激領域は、反省すること、伝達すること、認識することです。これは、私たちが「言語的フィードバック」と呼ぶものを介して実践されます（vgl. Schwabe und Rudolf 1997）。この教授法的な手段には特別の意義があります。これにはひとつの節をわりあて、そこで論じることにします。

方向を与えることは、本節の最初であげられた第二の役割です。出会いの音楽療法の療法士が活動するとき、責任をもってこれを果たさなければいけません。

まず強調したいのは、出会いの音楽療法では療法士の責任がすべての行為を包括することです。この責任を無視してはいけません。この責任は、直接的な行為だけに関わるのではありません。療法士は、動機付けと適切な治療に関して熟考し努力します。療法士の行為のあり方は、この熟考と努力から生じます。療法士の責任は、この行為のすべてを包括するのです。

音楽療法の行為を提案しようとすれば、適正な治療について知っている必要があります。さらに、その時々の行為の刺激の効果を知っていなければなりません。同じように、このプロセスに方向を与えようとすれば、これに不可欠な知識があります。どのような療法的プロセスが引き起こされ、期待されるか、このプロセスでどのような法則性で要素が作用するか、これについて正確に知っている必要があるのです。

出会いの音楽療法の療法士になろうとする人々は、いま述べられたことを学び、これを意識しなければなりません。しかし、これはいつもきわめて困難です。すでに述べたように、出会いの音楽療法の療法士は、その心身が白紙です。これによって受容し認知しようとの心構えが可能になります。けれども、コンセプトが不在なのではありません。白紙であることは、私たちのコンセプトなのです。つまり、実践のあり方を前もって準備し、これにしたがって実践すること、これは私たちのコンセプトにはふさわしくありません。白紙であることによって、患者の現実と健康状態をできるだけ直接に認知し、ここに療法の端緒を見いだすのです。

理論的コンセプトに習熟しないと、この行為端緒は機能しません。しかし、このコンセプトは、ここでも因果性原理によって表現されます（Schwabe 1991, Schwabe und Röhrborn 1987, Röhrborn und Kunz 1997）。

方向を与えることは、療法の中で不可欠な役割をはたします。このかぎりで、保護という第三の療法的役割と同じです。療法のプロセスが開始されると、情緒的な力と社会的コミュニケーション的な力が動員されます。自分で方向を与え自分で保護しようという衝動が一時的に解体すると、右の力は破壊的にもなりえます。このことは、一対一の状況、一対一の療法だけではなく、グループにもあてはまります。方向を与えるという療法的役割として重要な事柄には次のことがあります。すなわち、建設的な程度に情緒的に開放されること、社会的コミュニケーション的に親密な関係を実現すること、このプロセスが正しいテンポで進展すること、できるだけ全員でグループに参加すること、役割の柔軟性が発展すること、情緒的な不安定が消化されることなどです。このプロセスは合法則性があり、質的に発展します。このことは、とくにグループにおいて知られています（Schwabe 1991, Schwabe und Rudloff 1997. 2. 1. 6.）。しかし、合法則的に発展するときでも、それぞれの具体的な経過は具体的な条件によっても特徴を帯びます。たとえば、グループではその構成から経過の特徴が生じます。一対一の関係では、二人は互いに自発的情緒的に共感し、また距離をおき、これによって固有な展開がうまれます。したがって、こうしたプロセスには固有のダイナミックスがあります。そして、出会いの音楽療法では、療法士はこれに方向を与えなければなりません。

ここで方向を与えるとは、規則を与えるという意味ではありません。それは、駆りたてるという意味で理解されます。

それぞれのグループは、プロセスの同じ合法則性に服します。しかし、それぞれのグループは、すでに言われた根拠から独自性を有しています。

方向性を与えるとは、具体的にはいわゆる行為指針（2．1．3．を参照）を適切に選択して目的にあわせて使用することになります。これには以下のものがあります。

・表現的行為指針
・演技的行為指針
・制作的行為指針
・反省的行為指針

出会いの音楽療法士の第三の役割は、保護することです。これは、危険からいつも保護することです。グループあるいは一対一のプロセスが進展すると、社会的コミュニケーション的な衝動、社会的情緒的な衝動が解き放たれます。ここからは当然に危険が生じます。また、音楽療法士が分別を欠いていると、この療法士自身が危険を引き起こします。

出会いの音楽療法のプロセスにある患者は、以下の危険から保護されなければなりません。

・感情と想起の過剰
・破壊的な攻撃
・投影的な衝動によって他の人々から虐待されること
・療法士の誤った目的設定

最初の二つの要素は、過剰と攻撃です。この体験内容は音楽療法作業の対象になります。したがって、これを避けることはできません。この回避は許されません。問題となるのは、この体験を取りあつかえる可能性、この体験の程度です。言いかえれば、療法的に保護することです。出会いの音楽療法では、あるプロセスがエスカレートしそうなとき、療法士が介入し、保護します。したがって、とりわけグループ・ダイナミックスのプロセスで大切なことは、障害とその克服を意識化することであり、情緒を抑制せずにあらわすことではありません。

療法士はどのように実践すべきでしょうか、こうしたことすべてを一人でこなすべきでしょうか、読者はこのように自問するでしょう。これは当然のことです。

こうした理由から、出会いの音楽療法では、療法士は役割を分担します。つまり、グループ指導者と共同指導者に役割が分けられます。グループ療法の療法士は、決まって過大なことが求められます。療法士がチームとなって一つのグループを指導しても、これは決してぜいたくではありません。ここで問われているのは、この必要性を洞察することであり、また作業チームを組織することです。

共同指導者

指導者は単独ではなく、できるかぎりチームとなり、グループ作業を指導しなければいけません。しかし、音楽療法の実践では、これは貫徹されてきませんでした。さまざまな根拠があります。その主要な根拠は、適切な専門家がいないことであり、また無知なことです。専門家は明らかに欠如しています。これを克服することは、近い将来では不可能でしょう。しかし、ひとりの共同指導者と無条件に作業できると想定して、この問題を取り扱いましょう。グループ指導者と共同指導者は、その異なる役割が知られており、実際に用いられています。すぐに判明するように、この作業の形式は、不要なぜいたくではありません。もちろん、指導的立場の人々が必要性を理解しないことはしばしばです。

共同指導者の役割は、まずグループ指導者にとってはパートナーです。そして、グループには模範的な関係を提示します。その役割は、グループ指導者の役割とは本質的に相違します。グループ、ひとりひとりのグループ構成員、グループのプロセス、とりわけグループ指導者の行為に関連させれば、共同指導者の役割は距離を保った観察者にかなり近いものです。グループの中での共同指導者は、ある程度まで支えであり、監督者です。それは、もう一人のグループ指導者として同じ役割をはたすのではありません。

共同指導者の役割がさらに明らかになれば、この相違がはっきりします。グループ指導者とグループは、相互にわかりあえないときがあります。グループ指導者が経験のある人間でも、これはおこります。このときに、共同指導者は仲介の役割を果たし、話を通じさせます。状況によってはグループを支え、時にはグループ指導者の行為から守らなければなりません。グループ指導者が自分の活動に気をとられ、狭い視野でしか現実を見なくなり、「誤った方向に」進み、しかも自分で気づかない、このような場合があるからです。共同指導者は、グループでの出来事に対して比較的大きな距離を保ちます。これによって、より自由な視界が確保されるのです。

グループ指導者と共同指導者の関係は、父親と母親に比較できます。したがって、可能であれば、この関係は男性と女性から構成されるべきなのです。

グループ指導者と共同指導者との役割分担には、別の側面があります。これは、より方法論的性格のものです。グループ指導者は、グループにより多く焦点を当てます。共同指導者は、ひとりひとりのグループメンバー、さらに進行中のグループ・ダイナミックスのプロセスにより多くの注意を向けるのです。

グループ指導者がそれ以上の行為ができない、問題に巻き込まれる、あるいは状況を誤認する、こうしたときがあります。このときには、共同指導者が能動的にならなければいけません。もちろん、グループ指導者がこれによって「力をそがれる」ことがなく、できる限り早く再び能動的となれるようしなければなりません。二人の指導者が互いに張り合うとすれば、それは良くありません。有害ですらあるでしょう。模範を示すこと、これが大切なことです。二人は、最高度の尊敬、直接性、率直性を示しながらグループに接する必要があります。このためには、専門的能力が不可欠です。果たすべき役割は素晴らしいけれども、困難でもあるからです。

グループが発展したときには、あるいはグループの構造ができあがったときには、共同指導者はグループの出来事の中でいっそう能動的になることができます。以前に、グループ指導者の役割の柔軟性に関連して述べたことがあります（Schwabe und Rudloff 1997）。ここでも、役割の柔軟性があてはまります。

共同指導者の役割を実行しようとしても、これはしばしば想定されているよりも困難です。この複雑性は、よく過小評価されています。これは研修の場で決まって経験されることです。研修志望者はいわゆる指導者訓練をうけると、共同指導者の役割の中で「汗まみれになった」と報告します。したがって、療法的実践でこの役割を臨時の人手にわりふるとすれば、愚かでもあります。少しばかり傍観していても大事を引き起こすこともなく、少しは新たに習いおぼえることができる、このように想定されているからです。グループ指導者の作業を補うことは、重要な課題です。しかし、右の想定では、この役割が過小に評価されています。

出会いの音楽療法が一対一の関係で行われるとき、療法的パートナーの役割は三つの役割、すなわち刺激を与えること、方向を与えること、保護することのすべてを包括します。

一対一の関係では、双方が保護されない仕方で接近します。この特徴はよく知られていることです。(次の文献における「社会化形式」を参照：Schwabe und Rudloff 1997)。出会いの音楽療法の療法士は、これに必要な能力を形成しなければなりません(2．1．1．「禁欲規則」のテーマを参照)。

ここでは、より詳しく一対一の関係について論じることはできません。ただ、出会いの音楽療法の作業にとっては、一対一よりはグループのほうが典型的な出発点となります。一対一の関係に関しては、つねに適正な治療の指標を考慮しなければいけません。一対一の関係が適正な治療となるのは、重篤な障害があり、グループ作業に音楽療法的に参加してはいけないときです。

2．1．3．行為指針

行為指針は、私たちの音楽療法コンセプトで重要な用語です。これは、音楽療法士の用いる適切な手引きです。音楽療法士は、これを用いてグループあるいは一対一で生じる出来事を自分の意図する方向へと刺激します。これは特定の目的を述べることと同じではありません。刺激に応じて何が起こるか、これについてはクライアントが決定するからです（Schwabe 1991, 1997）。

行為指針を用いるためには、音楽療法士に特定の内的活動性が必要です。これについては、2．1．5．においてさらに述べましょう。特有な社会的コミュニケーション的プロセス、このプロセスが具体的な療法状況で実現する特有の仕方、これについてのコンセプト的知識が行為指針を実行する中で具体化されます。

教授法的に定式化すれば、次のように言えます。クライアントにとって最も有利あるいは最も効果的に具体的な出来事がおこりうる行為の領域があります。音楽療法士は、この領域について行為指針で決定します。そして、療法でおこなわれることが患者の体験にどれだけ近いか、あるいは離れているか、この問いが決定の基準となります。

たとえば、私が楽器即興でグループ指導者であるとき、行為を実行してどのように介入するかは、本質的な相違をうみだします。

・今一度秋の気候をあなたの楽器で表現してみてください。
・今あるあなたの感情を演奏してください。
・あなたの楽器でクレッシェンドしてください。
・あなたの楽器で他のひとに関わってみてください。
・生じた音楽について述べてください。
・どのように演奏に参加したかを述べてください。あるいは、――「演奏の間にどのように感じていたのですか」。

こうして、行為指針は方向を定式化します。行為指針は要求を示しますが、目的を確定しません。グループ構成員あるいは一対一関係の個人が何かをおこなうとき、目的が決まっていてはいけません。行為指針は療法的行為の出発状況を確定します。これが重要なのです。

目的をともなう要求は、しばしば逆説的に作用します。私たちはヴァッツラヴィック（Watzlawick 1974）の書物を研究し、これを理解しました。そして、このことは、生活実践で何千回と確証されています。ヴァッツラヴィック自身は、「自発的であれ」という要求を古典的実例としてあげています。このように求めても、自発性は決して引き起こされません。

よく考え始めてみると、幼児の頃からこうした要求がたくさんついて回ることに気づきます。実例を示しましょう。

・勇敢でありなさい。
・ゆっくり食べなさい。
・勤勉でありなさい。

あるいは、

・人と関わりなさい。

行為指針が最も助けとなるのは、逆説的に作用しないときなのです。音楽療法士がある行為関心を意図するとき、これが行為指針の定式化ですぐに見いだされるときがあります。このときこそ、逆説的作用が生じる恐れがあるのです。定式化は意図された行為関心を可能とするのであり、直接的に定式化することによってこの関心を妨げてはいけません。

音楽療法の実践から実例を紹介しましょう。

楽器即興でグループ指導者は次の行為指針を与えます。

「今みなさんの楽器をひいてください。みなさんはひとと関わりたいのか、聴きとってください、そして見てください」

演奏の後にふり返って問います。

「何が起こりましたか」

グループ指導者の言葉が続きます。

「関わるために誰か見つかるか、私は緊張しました。そうあってほしかったのです。それを望んでいました。わたしは言われることを全て正しくおこなおうとします。これが私の問題なのです」。「ひととどのように関わるのでしょうか、この問題がわたしにはありました。他の人びとに近づくのでしょうか、待つのでしょうか」。「私はほんとうに気楽でした。何が起こるか見ましょう。私たちには音律がありました。そのとき、リラックスしてみんなを見回しました。けれども、ありがとう、もう関わりは十分です、このようにはなかなか言えません。私は別の所へ行きます」。「私にはますますはっきりしてきたことがあります。他の人びとに期待できますか、他の人びとは私と関わりたいのですか、このひとは私を好いてくれますか、このように考えるとき、私は自分を妨げ、不安を投影します」。「私はあなたの方を見て、あなたが私のリズムを受け入れてほしいと思いました」。「私はこれに気づきました。しかし、そのときあなたはやめてしまいました。残念です、彼女は今私と演奏してくれません、このように私は考えました」。「私は自分のリズムをやめようと思いました。しかし、一人ではやめたくないとの感情があり、あなたの方に向きました。しかし、あなたはこれに気づかず、このリズムのままでした。私はまねしたくありませんでした」。「私は何かをしたいと思います。でもどういうわけか、そうはいきません。私は自分からは行動しません。私は他の人に任せてしまいます。私は自分のことをおこなうとともに、他の人びとを通じて豊かになりたいと思います。しかし、自分の声が大きすぎる、他の人びとの言うことが聞こえない、私はこうした感情をもってしまうのです」。

この実例では、関わりたい願望と決定する困難さとの相反状況があります。これは典型的な社会的障害の症状です。

しかし、グループ構成員が抱いている問題、行為指示への逆説的反応がもたらす結果、これらは不明のままです。

こうしたグループの状況では、近さと距離に関する決定が困難です。こうした状況でのより自由な行為指針を考えてみましょう。次がその実例です。

「一緒に演奏するように試みてください」

ここでは全てが未決定です。どのような方向で決定するかも不明確です。これによって、外部から圧力をかけられることなく、自分で決定することが可能となります。

しかし、たとえば「関わるように試みなさい」のように、目的のはっきりした行為を定式化しても、これがすべて逆説的な行為指針となるのではありません。

具体的に行為指針を定式化するのであれば、これはグループが発展している程度、グループ構成員のもつ意識状態、相反に耐えるグループの潜在力の程度などを基礎としなければいけません。

行為指針を定式化するとき、グループに役立つ決定をできるだけ下します。これは、それぞれのグループ指導者の経験、熟練、幸運に依存します。一面ではこの指導者今述べた関連を知っていること、他面では具体的な療法状況の中でこれを取り扱うこと、これが重要です。できるだけ正しい行為指針をグループ指導者はどのように考えつくか、これが2.1.5.の「教授法的予知」のテーマで叙述されます。

さまざまな内容の行為指針があります。私たちは行為指針を内容的に整理しています。以前に因果性原理の中でいわゆる行為手段（Schwabe und Röhrborn 1996, Röhrborn und Kunz 1997）について叙述しました。この行為手段に即して行為指針は整理されるのです。これは、次のようになります。

・描写に関わる行為指針
・行為に関わる行為指針
・制作に関わる行為指針
・反省に関する行為指針

描写に関わる行為指針は、事態あるいは精神状態に注意を向けます。事態の描写は、たとえばグループへの受け入れを描きます。精神状態の描写は、たとえばそのときの感情を描きます。

行為に関わる行為指針は、役割、関係、立場などに直接、間接に関わります。

描写に関わる行為指針では、状態、つまり静態的なものが問題でした。行為に関わる行為指針では力動的なものに注意を向けます。これは、行為指針によって生じうるプロセス、その経過がまだ不明確なプロセスのことです。

制作に関わる行為指針は、音楽的な行為、制作的な行為を対象にします。これにはコミュニケーション的プロセスが結びついており、とりわけこれが重要です。この限りで、この形式の行為指針は、「音楽的な装いで関わりをめざす行為指針」（Schwabe 1991）といわれます。

反省に関わる行為指針は、熟考、記述、明確化、認識に注意を向けます。そこで、言語に結びついています。これは、私が言語的フィードバックと名付けるものを介して行われます。

私たちは、先にあげた行為指針に等しい役割を言語的フィードバックに与えます。そこで、次の節を「行為の実行と行為の反省」と題して、この二つの異なる行為形式の相互関係、さらにフィードバック行為の特殊な意義を叙述したいと思います。

描写に関わる行為指針、行為に関わる行為指針とともに、制作に関わる行為指針は、音楽即興、私たちが楽器即興と呼ぶものに向けられます。わたしは、一九八三年に初めてこの概念を音楽療法の用語として導入しました（Schwabe 1991, 2. 1. 8. 参照）。「楽器即興」という行為形式は、出会いの音楽療法の行為形式で最も重要な形式です。この即興という形式のもとで、ここで記述されている行為指針が効果的となるのです。

音楽療法文献では「自由即興」の概念がよく用いられます。私たちの見解によれば、この呼称は正しくありません。即興が療法士の決定によって意識的に刺激され、方向付けられるとすれば、この行為は「自由な」即興とはいえません。

このことは、行為端緒と経過についても同じです。これも「自由」ではありません。グループの中ではプロセスが展開し、このプロセスの程度によって行為端緒と経過が規定されます。いままで、行為指針について述べました。ただし、楽器即興の中で行為の実行は個別的に狭く限定されていました。

楽器即興は中心的な応用領域です。しかし、これと並んで比較的複雑な性格を持つ行為指針があります。たとえば、クラシック音楽をともなう運動即興、音楽をともなう造形制作、療法的歌唱という行為形式にかんする行為指針です。

もちろん行為指針の役割は、ここでも同じです。これまで、行為指針の重要な内容についていくつか述べました。これからは、形式について論じます。行為指針を定式化するとき、できるかぎり簡明であるべきです。これをおこなうことは、明らかに生得の才能ではありません。そこで、音楽療法士はこれを意識的に訓練しなければいけません。行為指針の明晰性によってグループの行為能力がきまります。同じことは、一対一の状況にも妥当します。

行為指針があいまいに考えられて定式化されると、音楽療法士は無自覚にグループの行為能力を妨げます。確信をもって言語を使用しようとすれば、音楽療法士は規則的に自分の仕事のスーパーヴィジョンをうけるべきです。不明確な行為指針について述べたことは、スーパーヴィジョンをうけるひとつの理由となります。

声の大きさと分節化も同じように重要です。音楽療法士が自分を開放して緊張しないときに、明晰さが生じます。これもスーパーヴィジョンの対象となります。

ある主題について語るとき、次第に緊張すると私の声は弱くなっていきます。私はこれに全く気づきませんでした。いま私はこれをわかっています。他の人が私に指摘してくれたのです。私はこうした状況でも自分をより正確に認知し、コントロールし、修正できるようになったのです。

音楽療法士は、行為指針を介して患者と関わります。これはきわめてコントロールされた形式です。この形式を習熟するためには、関係を開始し形成することに関しての「節制」が求められます。これについては、別の関連（2．1．参照）ですでに言及しました。

「節制」とは、きわめて厳格で簡素に見えます。しかし、患者の幸福は、私たちにとって空疎な公式を意味しません。また、私たちの療法的な手仕事を実行できることも重要です。そうだとすれば、節制は厳格で簡素を意味するのではありません。たとえば、指物師の弟子は、道具の使い方、かんなの使用法を切磋琢磨し、道具の使用法が「血肉」となり、考えることなくこれを取り扱えるとき、指物師になることができます。音楽療法士としての私たちは、自分の手仕事に同じことを求めてもよいのです。

2．1．4．行為の実行と行為の反省との関係

「実行」は「前に向かう」行為であり、「反省」は「後ろに向かう」行為です。このふたつはプロセスであり、発展でもあります。私たちの音楽療法のコンセプトによれば、ふたつは密接に一体であり、相互に補完しあいます。

出会いの音楽療法には、出来事の因果連鎖があります。これを定式化すれば、以下のようになります。行為すること―体験すること―熟考すること―打ち明けること、あるいは話しかけること―明確化すること―認識すること。

行為だけでは行動と体験は変化しない、この経験が私たちの立場の出発点です。極端な場合、行為以

外になにもなければ、体験が制約されてしまいます。活動的であり、このために自分の行いの意味を考慮できない人々がいます。このような人たちについて考えてみればよいでしょう。

音楽療法的行為には、大きな体験能力が潜在しています。この能力は、熟考すること、打ち明けること、話しかけることに限定されません。このかぎりで、音楽療法は対話療法以上のものです。これがここでの出発点です。しかし、完了した行為について語らないとすれば、行為の意味あるいは内容は意識されません。

出会いの音楽療法のコンセプトでは、熟考は特有の意味をもちます。行為では、自分の役割（2．1．6．参照）、他の人々に対する共感または反感、近さと距離などが体験されます。行為が完了すると、この行為および体験を熟考することになります。

ある音楽療法の立場は、療法的作用をもっぱら音楽だけに還元します。音楽療法のプロセスでは、言語、さらに言えば言語的反省は放棄されてよいというのです。私たちは、この立場を受けいれません。これについては、すでに述べたことです。ここでは紙面と時間の関係から、右の立場を批判的に論じることはしないでおきます。

熟考は完了した出来事に即して具体化します。さもないと、熟考が普遍的な生活哲学へと逸脱するかもしれません。経験的には、こうした一般的な哲学には療法的価値はありません。したがって、音楽療法士は、責任を持ってこのプロセスをコントロールする必要があります（2．1．2．参照）。

「行為すること―体験すること」という側面は、いわゆる行為手段に教授法的に結びついています。これは、因果性原理の一部となります。これについては、先の節ですでに詳論しました。

私たちの教授法では、「行為手段」の概念は行為を遂行することの呼称であり、内容的に異なる特徴的な行為遂行があります。個別的には、これらについて行為指針との関連の中でふれておきました。

「熟考すること―打ち明けること、あるいは話しかけること―明確化すること―認識することの側面も、因果性原理のいわゆる行為手段に教授法的に結びついています。この行為手段は、言語的フィードバックを介して実行されます（Schwabe und Rudloff 1997）。

フィードバック(5)は、行為遂行としてすでに生じたことに直接に関連します。たとえば、楽器即興において完了した行為を描写すれば―特にこれをグループにおいておこなえば―、個々人がこの行為に参加したことを洞察させます。これによって、その時々の役割分担、これと結びついた体験、出来事での他の人々への立場、こうした事柄が参加したグループ構成員に明確化されます。

私たちは「打ち明けること」と「話しかけること」という言葉を用います。打ち明けるとは、体験された事柄を自分で描写することです。これに対して、話しかけるとは、他の人々からも認知されることを描写します。これは、行為でも、すでに打ち明けられたことでもよいのです。後者は聞いた事柄の「反映」とも呼ばれます。

教授法的には、三つのフィードバックの水準が区別されます。

発生した形態の描写。たとえば音楽即興の構造を描写します。次のような行為指針が考えられます。「あなたの演奏で生み出された音楽を言葉で描写するように、一度やってみてください」。

行為で引き受ける社会的役割についての描写。次の行為指針が実例です。

「即興が個人のどの行為を介して発生したかを記述するようにしてください」。

感情、気分、状態の描写。次の行為指針が実例です。

「あなたは今どのように感じていますか」。

音楽療法士が言語的フィードバックを実行するためには、ここでも、描写は可能なかぎり明断であるべきです。しかし、ある療法的セッティングを想定し、言語的フィードバックをおこなう時期、これの程度について述べようとしても、これは簡単ではありません。音楽療法士はその時々の目標設定にもとづいて決定します。この場合に、規則を処方することは困難なことです。

ここでは規則ではなくて、研修現場からの経験を紹介しましょう。グループ指導者を訓練するとき、指導者になろうとするものはフィードバック的な問いをたてようとします。フィードバックを求めることは、困惑の行為であるとの印象を与えます。他面では、フィードバックを求めることは、推論によるまとめへと変質します。これも誤りです。

言語的反省は、最初「後ろに向かう行為」として特徴づけられました。しかし、これには前を指し示す機能が内在しています。グループの構成員は、おこなわれたばかりの行動について何かを表現します。同時に、構成員がまだ言おうとしないこと、あるいは彼らに意識されていないことがあるかもしれません。療法士はこれらの事柄から、次に取り扱うべき問題について決定します。療法士は、次の行動指針の内容のいわば材料を入手するのです。そして、次のプロセスをどの領域へと向けるかについて、責任をもって決定しなければいけません。療法士は、行動と反省の中で生じることを認知できる必要があります。そして、これが可能であるほど、ここでも決定はそれだけ明確となり、療法的に効果的となるのです。

行動を遂行することと行動を反省することとの関係について、教授法的にこれまで叙述されました。音楽療法の実践でこの関係を取り扱うためには、音楽療法士が適切に開発された能力を備えていなければいけません。しかし、これとは別の要素が実践に本質的影響を与えます。ここで問題なのは、治療されるべき患者の病的状態です。出会いの音楽療法は、きわめて幅広く応用できます（3．参照）。したがって、患者の病的状態に注意を払う必要があります。音楽療法には、その都度に前提となる条件がありま す。ここでは病的状態がとりわけ重要であり、これを教授法的に考慮しなければいけません。これは行為端緒（1．1．と2．2．参照）に関わっています。内容的に言えば、教授法的言明の具体的な実行は、その時々の具体的な病的状態によって決まるのです。

ここでは次のように一般的に言えます。病的障害が社会的、相互行為的、情緒的な行為能力の領域であるとしましょう。この障害の程度が著しいほど、療法の中で行為の遂行と行為の反省は明確に補い合います。

脳器質性の多面的な病的根本障害があり、ここから著しい制約が生じているときに、療法として行為を提供することがあります。このときには、行為の反省は放棄されないにしても、減少します。この結果、療法は行為の遂行へとかなり制限されてしまいます。けれども、音楽療法としての行為の提供は、社会的コミュニケーション的でありつづけます。それは、音楽的音響的刺激をもっぱら「薬物のように」消化することへと還元されはしません。

このコンセプトからは、帰結が生じます。音楽療法では、療法士は常に自分と患者との人間関係を継続的に形成する必要があります。患者に関していえば、社会的コミュニケーション的人格領域が病的に損なわれていて、これを療法的に取り扱うときがあります。あるいは、激しい脳器質性障害があり、最も基本的生活機能が様々な程度に損傷していて、この生活機能を促進させるときがあります。いずれにしても、人間関係の形成に関しては、この相違は関係ありません。

(5) フィードバックとは英語であり、ドイツ語では"Verbale Rueckkopplung"といいます。これはすでに書物に書かれていることです。これは、私たちの音楽療法のコンセプトにおいては単に行為がなされる(たとえば音楽を生み出す)だけではなく、後になってこの行為について反省を行い、グループで話すことです。この意味で、出来事、行動のあり方、すでに体験された感情は、意識の水準へともたらされます。これは、自分および他者の体験と行動に関する重要な事柄を認識するためです。「行動―体験―認識―発話―新たな行動」という途をたどって、全人格(身体、精神、心)に関わる発展のプロセスが生じます。

行動に続く対話(フィードバック)には、三つの異なる方向性があります。

1. 生み出される共通の「産物」の考察、たとえば一緒に作り出したばかりの音楽の描写。患者はここではまだ自分の人格について、たとえばその感情について語る必要はありません。患者は、自分の外部の病的ではない現実に向き合うことができ、この現実において現実認知の訓練をすることができます。この能力は、患者が自分の内的現実を認知するときに役に立ちます。したがって、すぐに自分の人格に関与する必要がないという意味で、「客体」の記述は保護を提供します。さらに、それは制約されている認知の地平をしばしば拡張します。

2. たとえば共同の音楽をつくるプロセス、あるいは音を受け渡すプロセス、あるいは室内で音楽に合わせて即興的に運動するために、参加者の間でおこなわれたばかりのプロセスの考察。ここでは人格が焦点となります。つまり、参加者はどの役割を引き受けたか、近さと距離はどうであったのか、どのように支配的あるいは抑制的であったのか、これらが問題となります。これは「誰が何をしたのか」と短く定式できるでしょう。

3．行動の中で発生し、自分あるいは他者において認知される感情の考察。すなわち、感情がどのように行動を規定したか、あるいはそれらはたとえば何を妨げたのかなどです。

療法士は、適切な治療とそのプロセスに基づいて、三つの方向のどれが適しているかを決定しなければなりません。療法士はこの際に過剰に求めても過小に求めてもいけません。療法士は対話（フィードバック）を行い、このあり方から次の行動がどの方向においてなされるかの情報を獲得し、次の行動指針を定式化します。（ハーゼ）

2．1．5．教授法的予測

スーパーヴィジョンでは、音楽療法士はよく嘆きます。ある音楽療法士は、中毒患者を治療するリハビリテーション診療所でグループ音楽療法を行いました。しかし、自分がコンセプト的に正しいと考える仕方では、また自分が学習したようには、音楽療法を実行できないというのです。上司は音楽療法の手段を用いて葛藤を取り扱うことを禁止し、「より気楽なコミュニケーション」で満足するように求めました。さらに、多くのグループを作れというのです。これでは、徹底的に作業すると消耗してしまいます。

別のスーパーヴィジョンでは、特殊学校で働く音楽療法士が報告を行いました。そのグループ作業では、いつも上司が座って子どもたちをしつけようとします。このために、音楽療法士は、音楽療法のコンセプトを実現できないというのです。

グループ指導者を訓練することもふくめ、土曜日の午後に音楽療法の学習がもたれ、ここでグループ指導者志望者が活性化の訓練を行いました。そのグループは、午前中にあまりにも不活発だったからです。この志望者は、このグループが土曜日の午後にはいつも疲労に陥っていたことに気づきませんでした。自分がきわめて活動的だったからです。こうして、この志望者とグループの間には緊張関係が発生し、これが増大します。

教授法的予測とは、音楽療法士がコンセプトを先取りすることを意味します。すでに三つの場合を紹介しました。このすべてにおいて先取りがおこなわれていると想定されるかもしれません。しかし、いっそう正確に考察してみましょう。すると、例外なしに音楽療法士の行為は結果的に制約されています。最初の場合には、条件にもとづいて適切な治療となること、そしてこのコンセプトが許容すること、これらは、音楽療法士が正しいと見なすことに矛盾しています。二番目の場合には、音楽療法士と上司との関係が妨げとなっています。けれども、音楽療法士は働きたいのでこの関係を無視しています。他方で、音楽療法士は、これが本来おかしいこと、したがって関係の問題を明確にしなければいけないこと、これを回避してはならないこと、これを感じています。第三の場合には、グループ指導者は自分がグループ状況と一体であると感じていません。そして、この状態を方針にしたがって変化させせようしています。しかし、状況を思い通りに変えようと駆り立てられるほど、この指導者はいっそう激しくグループ状況に矛盾します。

ここで、次のことをさしあたり指摘しておきます。右のスーパーヴィジョンの状況は、音楽療法士が実践において出会う作業実態の典型的な状況を反映しています。作業を試みる最初の段階では、行為の可能性を解明しこれを調整しなければいけません。将来の音楽療法士は、このことを知っておくべきです。このときに、何が実行可能であり、何が実行不能であるか、これをを見いださなければいけません。

そして、実行可能なことをおこなうのです。

現実の条件下で可能なかぎり効果的な作業条件を見いだすこと、共同作業者と指導者が十分に理解し合える条件を発見すること、作業関係と一体化すること、これらが初期の重要な作業段階の関心事です。自分の人格と関わらせれば、この一体化はできるかぎり「一時的停戦」以上のものであるべきです。

このプロセスでは、音楽療法士は自分の専門について他の人々に教えます。他の人々がすべてを知っていると期待すれば、これは誤りです。教える必要性を音楽療法士がわかっていれば、よい教育を受けた証拠です。

今、理解しあう作業にふれました。これは、教授法的予測ではありません。同様に、実践されるべき行為の段階を概念的に整えるとしても、これも教授法的予測ではありません。これは、学校教師が授業の準備として普通よくおこなうことではあります。

教授法的予測は、次の二つの事柄を可能なかぎり正確に認知し考量します。まず、グループの中で実際に発生する情緒的な事柄があります。これはグループだけはなく、一対一の関係でも同じです。次に、療法士の人格の内部で生じる事柄があります。これは、グループあるいは個人、そして別の体験領域と関連しています。

こうした感情を許容することが出発点となり、これが次におこなうことの基礎となります。音楽療法士が具体的な指導的立場を引き受けるとき、この立場に対して心を開放し、行為することに備えます。このときには、グループ指導者が実際にまず「空白」となり、その時に発生する出会いの状況から最初の行為を正しく引き出すことができます。これは、2．1．1．ですでに書きました。この状況は、「それ自体から行為が生じる」と特徴づけられます。

一面では、この行為能力は、習得されるべき精神的備えにもとづきます。この備えは、多くの訓練を通じて獲得されます。他面では、この行為能力は理論的知識から生じます。この知識は、実践で試される経験によって内面化されます。知識が内面化されると、それほど考えることなしに精神的備えと協調し、行為でいかされます。

これを実現すること、これは長く困難な道であり、最終的には幸運とも言える道です。この道は、音楽療法士を変え、より自由にします。音楽療法士は、自分と自分の課題に対して、よりリラックスし、確信を抱いて関わるようになります。

2．1．6．社会的実験室としてのグループあるいは一対一の関係

社会的プロセスとしてのグループ、さらに一対一の関係は、典型的な社会化の形式です。これについては、別の箇所（Schwabe und Rudolff 1997）で詳細に報告しておきました。読者に関心があれば、この文献を参照してください。すでに論じたことは反復しません。

ここでは、「グループ」あるいは「一対一の関係」は、出会いの音楽療法の教授法的手段として考察されます。そして、この手段の本質的なメルクマールを明らかにします。このために右の基礎文献を指示しておけば、基礎と理解の深化に役立つでしょう。

個人は、グループの中で自分の存在の本質的側面を実現します。このかぎりで、「グループ」という存在形式は、個人の実存を条件づけ、個人にとって運命的に不可欠なものです。願望と意志に関わりな

しに、人間にはグループの中の存在が割りあてられます。意識されているか否かは関わりなしに、これが生活の前提なのです。一対一の関係も同様です。グループと同じように、これは個人の生活現実にとって基本的意義を有しています。この二つの人間関係にとって共通なことは、高度な濃密さあるいは強度のコミュニケーションです。これはよく知られています。もちろん、グループに比べると、一対一の関係では実際にわずかしか距離がとれません。このために、一対一の関係では、変化はきわめて少しです。フロイトは、転移と逆転移の概念を導入し、この現象を分析し、説明しました。個人のアイデンティティは、願望、欲求、感情などに関わっています。こうした事柄に関して、一対一関係にあるパートナーは、程度の差はあれ相互に依存しています。

グループでは、願望、欲求、感情に多様な程度があっても、これらが様々な個人に向けられます。そこで、個人は関係の拘束から自分を解放し、社会的コミュニケーションを介して個性を発展させることができます。したがって、社会的コミュニケーション的な訓練手段としては、一対一の関係よりもグループに長所があります。グループにあるときに、個人はより確実に成熟します。

ところで、社会的実験室として有効であるためには、グループはどのような性格であるべきでしょうか。

音楽療法グループは、人工的に作り出された共同体という性格をもちます。この中では、意図的なプロセス、すなわち療法的なプロセスが引き起こされます。そして、個人の精神状態と行為能力に良い影響が与えられます。

音楽療法のグループが社会的実験室として理解されるなら、その性格は人為的につくられた共同体として理解されます。グループは時間的に限定されています。その目的は能力の習得にあります。そして、この能力は療法的に意図されたコミュニケーションの外部でも有用なものです。音楽療法グループとは別の社会構成体でも有用な能力を習得するのです。したがって、音楽療法グループの外で社会的コミュニケーションが欠如している、あるいは退化していても、このグループはその代償という方向へと歪められてはいけません。これをすれば、患者が生活を形成するための自己活動性、自己責任性が制約されてしまうでしょう。

音楽療法グループは、社会的実験室の訓練の端緒となります。

・グループに守られる中で情緒の活動性や他の活動性を確かめる。
・自分および他の人々の情緒を取り扱うこと。自分を他者に開放し、あるいは抵抗を減少させ、情緒的開放性を試す。
・自分および他者への距離を取り扱うこと。不安なしに、明確に、正直に、情緒を安定させて客観的に、距離を保とうと試みる。
・他者と協力すること。行為の柔軟性と役割の柔軟性を試す。
・自分の弱さと強さ、相互関係における自分の体験と行為を認識しながら受容する。

グループに関連づけてここであげられた訓練を実行するとき、グループ・プロセスの法則があり、これを教授法的に考慮しなければいけません。つまり、コミュニケーションの濃度と強度に関しては様々な個別的段階があるとともに、これをこえる発展があります。訓練の実行は、この発展に依存しています（Vgl. Schwabe und Rudloff 1997）。

グループ・プロセスの開始、いわゆる最初の時期は、グループ構成員は見かけの調和、グループ指導者への広範な依存、保護と健康への希望を求めようとします。

グループ指導者による行為の指示は、活動を引き起こします。この活動は、匿名性を確保することによって、ひとりひとりにグループの保護を与えます。ある種の安心を獲得すること、信頼すること、新しい、たいていは未知の手段を使う活動を試すこと、他のグループ構成員と初めて関わること、不確実性、失敗への不安を許容すること、これらが焦点となります。

ところで、この「私たちがともに行為する」状態は、偽りの調和状態として認識され、グループ構成員によって問題とされます。このときに、グループ・プロセスの本来の発展が導入されるのです。これがグループ・プロセスの第二の局面であり、グループ構成員は開放的になり始めます。接近を試みること、弱さを示すこと、自分のままであること、信頼状況を疑うことも含めて信頼を試すこと、開放性、純粋性、共感あるいは反感を許容すること、こうしたことが起こります。

グループの構成員は、しばしば指導者あるいは他の構成員と激しく対決します。これは、この時期のよく知られた特徴です。

これはグループ指導者によって許容されるか、あるいは方向づけられるかです。このプロセスは厳しく、グループ指導者には多くの力が求められます。しかしこの局面は、「規律を与える」という形でグループ指導者によって妨げられてはいけません。この局面には体験と経験の能力が関与しており、この能力がグループ構成員に伝わるためには、この局面が必要なのです。さもないと、情緒的に開放的であり真正であるという経験、しかもこうしても傷つけられないという経験が不可能となるでしょう。結果として、人々は「未成熟」なままです。

グループ指導者による行為指示にもとづき、グループの中では個人の匿名性をなくす活動が比重を増していきます。情緒性、建設性を試すこと、一緒にものを取り扱うように試みること[6]、傾向、役割、不足を知ること、これらが重要です。そして、これ以外に大切な事柄を指摘しておきます。近さと距離を直接的に体験すること、弱さと強さを示せること、「自我」を認識し表明すること、安定性を生み出すこと、「君」と「私たち」を受容すること、これらです。この「君」と「私たち」は、見かけの調和ではなく、柔軟で建設的な相互関係のことを意味します。

この相互関係は、第三の局面を示しています。ここでの特徴は、情緒的開放性あるいは防御的態度に関する取り組みではありません。むしろ、建設的協力を試すことが焦点となります。つまり、行為の限界を認識し、それまでは存在しなかった新たな役割を経験し、行為範囲を拡張し、認知を分化するのです。もちろん、これは、自分の感情と他者の感情に関わり、グループの出来事のなかで共通の課題を解決するについての活動の配分、役割の引き受け、責任の引き受けに関連しています。

グループ指導者が行為指示をおこなうとき、一人一人のグループ構成員が他者との協力の中で、あるいは協力によって、自分の個性を試し体験できるのでなければいけません。このことは、とりわけ行動的で生産的な行為を介して行われます。これは、言語的フィードバックに関連しています（2．1．3．参照）。最後に、グループ構成員がこの局面にあると、行為指示の作成と定式化に自ら参加できます。

社会的実験室としてのグループでは、常に出来事は完結すべきです。しかし、グループ共同体が内部的に解体するとき、療法の制度的条件によって終了するとき、こうしたときに療法が終わるとは限りません。

しかし、制度的に条件づけられた終了は、グループの出来事の終了とある程度一致するべきです。グループ指導者は、グループのプロセスがこのように展開するように、可能な限り努めなければなりません。このために、グループ指導者がグループ・プロセスを速めることがあります。本来なら特定の対決を集中的に取り扱い深めるべき場合でも、プロセスの短縮はしばしば必要です。いずれにしても、グループ・プロセスが制度的理由から終結しても、内容が第二の局面の対決のままあるということは、避けなければいけません。

時には、制度的にあまりにわずかな全体時間しか見込めないときがあります。この場合に、グループ指導者は状況に縛られてしまい、グループ・プロセスに反するきわめて困難な決定を下さなければなりません。これについては、ここで指摘しておきます。


グループ・プロセスのいわゆる第四の局面は、別れの体験です。別れ、他の人々、習慣から離れることは、悲しみと結びついています。悲しめるのは、生きることができるからです。悲しむことを常に避ける人間は、生きることを避けています。心理療法的なグループ経験の中では、これは至る所で観察されます。悲しみの体験を排除すれば、情緒的に不自由となります。抑圧されて未消化な体験があると、特定の音楽を聴いて体験がよみがえるときなどに、この体験がくりかえし現れます。

したがって、さまざまな感情をともなう別れを体験することは、グループ作業の一部です。グループの中でこうした活動を意識的に受け入れるとしても、悲しい、あるいは憂鬱な長い体験と同じではありません。

たとえば、療法の最後の時間に、「別れの交響曲」を楽器即興で演奏します。グループ指導者の行為指示は、別れることだけに向けられません。新たな体験と行動の仕方がえられたのですから、今のグループでの出来事を超える形でこの体験と行動の仕方を試すのです。これを実現するには能動的な行為指示をおこない、演奏あるいは即興の内容が具体的なグループの出来事を超えるようにします。「私は四人のお客さんを招待する」は、この意味で典型的な演奏です。

一対一の関係あるいはカップルも出会いの音楽療法では「社会的実験室」と見なされます。社会形式は複雑です。これについては、接近の問題性という視角から、したがって個人のアイデンティティ喪失の危険性という視角から、指摘しておきました。そこで、適正な治療という観点からすると、一対一の関係を音楽療法的作業の基礎とするときは限られています。つまり、グループが音楽療法の行為の場所として可能ではないとき、あるいはまだ可能ではないときです。

患者に最も重篤な身体的障害、とりわけ神経学的障害があり、ここから明確な心的障害が生じているとき、あるいは患者に明確な発達障害があるとき、グループではなくて、一対一の関係が適正な治療となります。発達障害の患者について言えば、まだグループ能力が欠けているといえます。あるいは、特定の発達の局面では、グループと並行して個別のケアを必要とします。

いずれにしても、ここでは音楽療法士の決定が求められます。そして、音楽療法士が単独ではなくケア・チームの中でこの決定を下すとき、これはより確実に実行されます。

一面では、一対一の関係での音楽療法は、すでに述べたこの関係の合法則性に左右されます。他面では、それぞれの患者の病的条件から影響されます。この関係は、出会いの音楽療法の本来の領域ではありません。この本来の領域はグループなのです。

(6) この関連において、「もの (Objekt)」は自分の人格の外部にあるものを意味します。したがって、事物の世界に属すものであり、人間の世界に属すものではありません。人間が生活において人間とだけではなく、事物、ものと関わらなければならないこと、これが負担を軽減します。人はいつも自分の人格あるいは他の人間への関係に向かうだけではいけません。人は注意を「生きていない」現実へと向けることができます。

もちろん、これは人間よりも事物、特に物質的なものと多く関わるという危険性をともないます。世界の多くの不幸は、多くの人間が過剰にふるまうことから生じます。

しかし、ものとの関わりは、特に以下の人々で療法的に重要です。すなわち、第一に、きわめて不安定な自我をもち、したがって多くの不安と攻撃性を自分の中に抱いている人間、たとえばボーダーライン障害の人間です。あるいは第二に、自分自身と症状だけに病的に目を向け、認知がきわめて制約されている人間、たとえば心身症の人間です。最初の場合には、ものとの関わりは負荷の軽減と保護を提供し、不安を減少させ信頼することへの道を開きます。後の場合では、ものとの関わりはとりわけ認知を拡張し、症状に対する別の見方を意味します。

音楽療法では、もちろんとりわけ「音楽」がものとして提供されます。音楽は物質的なものではないが、いわゆる「観念的な」ものです。調整的音楽療法（RMT）では、音楽を認知し、記述することへの刺激によって認知の発展が可能となります。能動的即興（ともに音楽を作ること）のときには、人は注意を音楽するプロセスに向けることができます。この音楽することにおいて、「観念的なもの」が発生します。このプロセスでは、協力すること、相互に注意しあうこと、建設的に共同すること、共同に行動すること、これらがグループの内部で成立するのです。そして同時に、上で記述されたように、自我の負担が軽減されます。

どのような時に、注意をものに向けるのがよいのでしょう。どのような時に、注意が葛藤をともなう人間（相互）のテーマからそれてしまうために、よくないのでしょう。これは常に診断、療法プロセス、具体的状況に依存します。ここでは療法士の決定が問われます。

たとえば、対話療法は、はるかに直接的に人間相互の関係にとりくみます。音楽療法は、行為を用いる療法形式として、ものとの関わりの機会を用いる可能性を対話療法よりも多く有します。シュヴァーベのコンセプトでは、「もの」の代わりに「作品」、たとえば「音楽作品」について語られます。これらは同じ意味を持ちます。（ハーゼ）

2．1．7．行為と意思疎通の手段としての音楽および他のメディア

出会いの音楽療法で、表現、コミュニケーション、造形のメディアとして効果的なのは、音楽と並んで、運動と作画です。作画に関して言えば、とりわけ絵を描くこととスケッチが有効です。音楽、運動そして作画は、人間の表現と意思疎通の力の三つの形式です。このすべては、原始の時代から人間によって用いられ発展させられている活動形式です。また、人間は、これらを用いて自分にとって実存的に意味あるメッセージを表現し、形作り、これによって他の人間と関わり、何らかのとりきめを作ります。この出来事は、直接におこなわれます。しかし、こうした表現手段あるいは意思疎通手段が使用されるときには、習得された取り決め、文化がすでに存在しています。これらの手段が直接に使用されるのは、文化として身についているからです。これらの手段は積み重ねられ、社会的に使用される規則となります。歴史の発展プロセスでは、この使用規則が表現手段の直接的使用を妨げることがくりかえし生じます。すると、この規則は放棄あるいは変更されることになります。これは、文化的とりきめの包括的変化、様式の変化としても、また個人的意味においてもおこります。個人的な形で規則の変化あるいは放棄が行われるのは、たとえば次の場合です。音楽療法における作曲された音楽、いわゆるクラシック音楽への関係を考えてみましょう。これは、学校で習得した知識とはもはや無関係に

現れます。これは新たな体験に基づいて、直接的な表現力と直接的な造形力をえるのです。

音楽療法の中では、音楽、運動、造形が表現と意思疎通の手段として使用されます。これは、いつもその時々の文化的歴史的コンテクストに結びついています。私たちの文化は、ますますマルチカルチャー的性格を帯びるように思われます。しかし、私たちの領域、出会いの音楽療法が音楽、運動、造形を用いるのは、他の文化的関連の中でこれら音楽、運動、造形のすべてが療法的であるかもしれないからではありません。特有のメディアを用いることは、内面化された自分の文化的伝統にある程度まで結びついています。音楽療法士が半年間ブラジルに行き、そこで治療儀式に感激するかもしれません。しかし、ヨーロッパ人の患者にアメリカ先住民の治療歌唱を用いようとしても、これはそれほど簡単にできることでも、意味のあることでもありません。

意思疎通は、交流によって意味が学習されたメディアだけで可能です。そうではなくて、メディアが別の文化に由来しているとき、これは他の不明確な意味をもちます。とくに、メディアは、薬物のように、自然な治癒力をもつと思われてしまいます。最後に、さらに別の危険があります。インドのゴング、アメリカ先住民の歌唱、「緊張を緩和させるグレゴリオ聖歌」などを用いて患者を別の遠い（見かけ上健康な）世界へとさらっていくこと、これは音楽療法の課題ではありません。これは、患者をだますことになるでしょう。少なくとも、これが私の理解です。

むしろ、この世界において、つまり患者が生きており、生きなければならない世界において、信頼してくれている患者の生きる力を高めること、これが音楽療法の関心事一般です。

この場合に、たとえばインドのゴングが響きの特性から有効な役割を果たせるならば、ゴングを用いなければなりません。しかし、このときにゴングは先の例とは別のように機能します。これは、別の世界を「完全な世界」として信じ込ませることではありません。

音楽、運動、造形的制作は、どのようにして表現と意思疎通のメディアとなれるのでしょう。この問いには多くの答えがあります。音楽療法文献の中では、心理療法的コンセプトあるいは世界観的な性格をもつコンセプトを基礎として、答えが与えられています。

ジャズ、歌唱、民衆舞踊において今日国際的にみられるように、共通の基本的な音楽活動をおこなえば、基本要求の一致が生じます。これは事実上の経験として認められています。この要求は、言語に結びついていません。楽しみ、ある程度の近い関係、平和、快の感情、安全、アイデンティティという直接的な意味がここにはあります。

（フォーク・フェスティヴァルやデキシーランドの会合におけるほど、平和的で友好的な大衆的催しはありません。）

さて、音楽療法士の間にある二番目の合意に話題を変えましょう。音楽、運動、造形的制作は、形となった意味要素の担い手であること、これがその合意です。これらには基本的意味内容があり、この意味内容は意識および下意識に一種のコードとして深く根ざしています。そこで、この意味内容はすぐに構造の特徴としても意識されます。ユングにならって、このメルクマールはいわゆる元型と呼んでいいでしょう。

音楽、運動、造形的制作というメディアはさまざまな現れ方をします。これらは、表現と意思疎通の手段としてさまざまな機能をもちます。

音楽は、時間的経過に結びついた出来事です。こうしたものとして、音楽は以下のような形で現れます。

・即興される直接的な作品
・既存の構造を使う直接的な再現
・技術的媒体に記録され、作曲されている構造の直接的受容

即興される音楽について、より詳しく述べましょう。音楽の即興は、行為、音楽を媒介とする社会的相互行為です。しかし、音楽の即興からは、常に観念的産物もうみだされます。即興がおこなわれると、音響的物理的構造から一つの心象が発生します。この限りで、フィードバックがおこなわれるときには、行為、この行為の時におこなわれた社会的相互行為、行為する人に生まれる精神状態、発生した音楽の形態、これらが考察の対象となりえます。

即興される音楽行為は、高度に直接的な行為です。この直接性のために、音楽療法の多くの著作家は誤った仮定に導かれます。つまり、ここある直接的な表現が言葉の言語よりも「本物」である、あるいは「真正」であるというのです。これを根拠にして、実際の音楽療法の中で音楽即興が優先されています。

しかし、この仮定は誤りです。音楽療法でグループ即興をおこなえば、この誤りはいつも確かめられます。

音楽即興が「真正」であるか、とりわけ感情的に開放されているか、これはグループ・プロセスに依存しています。あるグループ・プロセスの最初の局面では、見かけの調和が重要です。このときに音楽的即興的に生み出される心象は、よくリズム的に同期した流れとなります。この流れでは、個人はリズ

ム的全体へと組み入れられます。音楽構造が個人の明確な可塑性を獲得し始めるのは、対決の局面においてです。

現存する感情は、言語だけではなく、音楽によっても覆い隠されるのです。

音楽を使用すれば、これに未経験なクライアントには新たな経験領域が開かれます。そして、新しい、まだ未定着な表現と伝達の機会が与えられます。これは、行為手段として音楽という媒体を用いることの根拠となります。

音楽の二番目の現象形式は、すでに存在する構造の再生です。これは歌、ダンス、あるいは方向性を与える形態に関与します。特定のダンス形式、ポリフォニー形式、たとえばカノン、器楽曲形式、たとえばロンド、コンチェルト、コンチェルト・グロッシは、こうした第二の形式の特徴を備えています。

このような音楽構造の機能は、二つの方向性をとります。第一に、音楽構造を追体験すると、音楽的ゲシュタルト（歌詞も含む）へと一体化されます。これは自分の自我に直接的に関与しないように、したがって、直接的な関係をもたないように思えます。しかし、たとえば、民謡というゲシュタルトを提供するとしましょう。この民謡が旋律的および歌詞的に内的精神状態に近づくとすれば、あるいはこれに対応さえするとすれば、自我への通路が成立します。第二に、音楽構造は、方向性を与えるものとなります。これは取り扱い可能です。

たとえば、あるロンド形式を即興的に追体験するとしましょう。このとき、私たちは行為を反復できます。同時に、新たなものへと向かうこと、したがって慣れ親しんだものから離れ、変化への方向性をとることも可能となります。

このように、既存の構造を再現することは、療法的に意図されたサーヴィスとなります。ここでは、特徴的な社会的コミュニケーションのプロセスが追体験されます。行為が実行されるときに、音楽に特徴的である適切な構造は、社会的コミュニケーションの特徴を直接に示します。

ただ音楽即興だけを重視し、構造の再現という音楽療法的行為を無視するとすれば、これは愚かなことはないでしょうか。

音楽は表現と意思疎通の手段ですが、その三番目の現象形式は、作曲された音楽を直接的に受容することです。

この形式の音楽も、客体（もの）です。この音楽は、作曲され、録音され、その後に再生されます。この音楽は、構造化された時間として客観的に存在し、その特徴は認識され、記述されます。今述べたことは、一方では自我に対する音楽効果に、他方では自我から独立に存在して生起する出来事、自我が向き合える客体に妥当します。そして、自我がただ音楽に効果だけを期待するのであれば、音楽の客観的認識と記述は不可能になります。

向かい合う客体として音楽を体験することは、たいていの人間にとって、つまり患者にとっても、ほとんど未知の新たなことです。これは、しばしば幸福感を抱かせる新しい経験となります。というのも、従来は作曲された音楽が日常的に使用されるとき、時々の音楽の効果の程度に応じて選ばれたり拒否されました。つまり、評価あるいは非難の根拠は効果の程度にあったのです。

ここでは、音楽は向かい合う客体とされ、音楽への新しい関わりが叙述されます。この叙述は、音楽療法的な見方と意図からおこなわれます。しかし、音楽へのこの関わりは、音楽療法的な立場にとどまりません。これは、それ以上のものです。新しいもの、未知のもの、不慣れなもの、もしかすれば不安を引き起こすもの、脅威となるものが提供されます。「君」、「君たち」、他の人々に対して、自分を開くからです。ますます狭くなりつつある世界の中で、人間の実存に関わるものが提供されるのです。

音楽の聴取は、音楽の効果と結びついています。ここでは、この根拠をあらためて説明しません。この説明は、別の箇所できわめて詳細に行いました。(Schwabe 1987, Schwabe 1991, Schwabe und Röhrborn 1996)。もちろん、音楽を聴取すると、既存の感情が明らかとなり、強められます。忘却された体験あるいは抑圧された体験が再活性化され、この体験が明らかになり、浄化されます。この限りで、音楽聴取には直接的に活気づける効果があります。

しかし、音楽聴取は情緒を引き起こすことができます。そして、この情緒は、この音楽に向けられます。あるいは、音楽を演奏することに責任を負う人間、あるいはこの責任を問われる人間に向けられます。求めていないのに音楽を聴かなければならないとき、またこの状況から抜け出せないとき、音楽は「いらいら」させます。百貨店、公共トイレ、飲食店の経験から、これはよく知られています。多くの人々は音楽をこうした場所で望むように思われています。しかし、これは喫煙に似ています。喫煙は、喫煙したい人間には邪魔とはなりません。しかし、喫煙しない人間には苦痛なのです。

私たちは、有害か、有益か、良いかに関わりなしに、程度の差こそあれ音楽を聴きます。したがって音楽療法士は、この事情を考慮する必要があります。特定の音楽を聴取すると、患者がどのように影響されるか、どのような経験がなされるのか、これについて音楽療法士は知らなければなりません。習慣になっていない音楽聴取を療法で用いるときには、音楽療法士は患者と話します。音楽療法士が患者の音楽経験について質問をし、知るとしても、これだけでは不十分です。音楽療法士は、音楽経験を理解し、受け入れなければなりません。もちろん、患者と音楽習慣を共有するわけではありません。別の音楽聴取を提案し、これを療法的に効果的にしたいのであれば、今述べた姿勢が不可欠なことです。

出会いの音楽療法の二番目の媒体を私は「運動」と名付けました。具体的には、まずダンスとしての運動、次に運動即興における身体表現としての運動のことです。これらは、自分の身体の直接的参加を介しておこなわれる表現あるいは意思疎通手段です。すでに音楽による理解と意思疎通の手段については述べました。運動はこれよりも親密性の高いものです。運動の使用には、適正な治療という意味があります。グループは、いつ、どのような発展条件の下で、運動という媒体によって支援されるべきでしょう。過剰な要求という危険性は、いつ生じるのでしょう。音楽療法士は、これについて適切に熟慮しなければなりません。

「ダンス」という運動形式には親密性があります。しかし、運動即興と比較すれば、ダンスでは前もって運動が形作られています。このかぎりで、ダンスの親密性は相対化されます。

ダンスは運動の流れであり、こうしたものとしてのダンスは定まっており、前もって決められています。ダンスにともなう人間相互のコミュニケーションは、同じく定まっており、ほとんどは様式化しています。このコミュニケーションは、ペア、グループ、さらにこれらの混合した編成でおこなわれます。親密性は、この前もって定められた儀式に保護されて生じます。

さらにダンスは、社会的取り決めに結びついています。ダンスは特定の慣習と習慣の表現であり、したがって規範の表現です。同時に、ダンスは硬直した社会的規範や特定の社会層の特権への抗議をも表現します。

ダンスが音楽療法的媒体であるとき、遊戯的な形で社会的に共同する体験を伝えます。とくにグループ・ダンスは、どんな形式であっても、共同するこの体験に関連します。この意味では、ダンスという出来事は単なる生活の喜びではありません。この複雑な出来事では、自己中心性の克服、他者との関わり、固定した苦痛からの解放、身体認知への刺激、遊び一般への刺激などが体験されるのです。

ここでは、ダンスは音楽療法的な意味で考察されています。こうしたダンスは、常に即興される行為としておこなわれます。この点で、他のすべて形式の実践とは逆です。いわゆるスポーツ・ダンスでは、完成されたダンス技術がスポーツ的な異常性にまで高められて披露されます。しかし、音楽療法の場合には、これは関心事でも目的でもありません。むしろ、グループ構成員にとって重要なのは、プロセス自体であり、このプロセスを体験することなのです。この時に「美しい形態」が結果あるいは「作品」として生じるでしょう。これは良いことですが、それだけのことです。

ここでは、即興される行為について語られています。このときに、行為の流れ自体とこの運動の流れの使用法の両者が考えられています。この運動の流れは、グループとともに発展し、定着します。運動の流れは「習得されて」完全になるのではありません。それは即興される遊戯として、グループの中で共通に展開されます。これを可能とするためには、グループ指導者は、高度の協調能力を必要とします。つまり、グループ構成員に表現の提案をしてもらい、これを受け入れ、合意へともたらす必要があります。他方では、出来事は単なる遊戯になってはいけません。出来事とこれに結ぶついたプロセスはグループ構成員によって意識的に認知されることが大切であり、この力をつけるように支援することがグループ指導者の課題です。ここでも、体験の伝達だけでは音楽療法的関心としては不十分です。体験されるものを認識し理解すること、これが付け加わらなければなりません。

運動の流れとして運動即興は直接的な、まさに即興的な運動の実行です。この特徴は、ダンスとは逆です。

音楽が聞こえてくると、この直接的な運動が開始します。この音楽はダンス音楽あるは類似の音楽ではなく、自由な器楽音楽です。内面的に動かされること、あるいは内面的に動かされていること、さらにグループ・プロセスにおける社会的相互行為、これによって運動は始まります。

前もって定められた運動の儀式として、ダンスには親密性があります。ダンスに特徴的な保護も、即興運動では欠落します。これとともに、身体は意識的な表現手段となります。自我は、この出来事の中で身体体験を意識します。

この表現と意思疎通手段を使用するためには、グループ指導者の適切な治療に関する責任がかなり高いものとなります。これは当然のことです。

運動即興の療法的性格についていえば、「身体言語」について知られていることがかなり当てはまります。つまり、感情、思い、体験が身体を介して多様な仕方で表現されます。顔の表情だけではありません。ほとんどの場合、表情は無意識的に生起します。これに対して、運動即興では身体が表現手段として発見され、使用されます。同時に、現存の制約との対決がされます。この制約は、自我がその身体に多様な仕方で与えています。文明によって身体が規格化されています。病による抑制があります。そして、身体の信号を身体的に認知することも制約されます。この身体信号は、身体で体験されるものとしては抑圧あるいは拒否され、身体的に体験されません。したがって、情緒的なものは、その身体的現実から乖離してしまいます。

出会いの音楽療法が使う手段の中で、運動即興が最も爆発力があります。その取り扱いと療法的応用については、特別の慎重さが必要です。音楽療法士がこの爆発力を知ること、これは不可欠の前提です。

出会いの音楽療法の三番目の手段を私は「造形」と呼びました。これは音楽の聴取と通例結びつけられます。

色、鉛筆、絵筆、筆を用い、粘土あるいは他の素材を使う造形制作は、文化的歴史的コンテクストと密に関連しています。これは、音楽あるいは運動の取り扱いと同様です。

造形は、評価される経験に結びついています。特に、造形で作品を制作すると、低い評価をされます。学校で能力主義的態度が形作られるのが原因です。こうした媒体を用いる音楽療法実践からは、驚くほど多くの証言があります。たくさんの人間は、才能がない、描けないというトラウマに取り憑かれています。これは不幸なことです

造形は、芸術的基準に結びついています。こうした造形は、直接的に創造的表現をする造形とは関係しません。たとえば、歌唱でもそうです。これは私たちの文化的伝統にとって特徴的なことです。同じことは、学校についても言えます。しかし、造形は創造的活動であり、ここで多くのことが発展します。個性、その可動性、行動力、協調的態度、論理、造形の責任などです。造形は、情報伝達にかかわるかけ

がえのないものとなるでしょう。

本書の著者は、幼年時代に村の学校ですごしました。そして、六年生の時に週六時間の「芸術教育」を体験しました。これは、信じがたいほど幸福なことでした。第二次世界大戦が終結して二年後のことです。彼は、これについて今日も物語っています。

造形とは、素材を用いて即興的に、したがって直接的に色、形、表現形態を紙などの素材に描くことことです。この活動は、テーマを前もって決めてもよいし、そうでなくてもよいのです。オブジェの共同作業としてグループで造形がおこなわれ、社会的相互行為が前面にあるときには、テーマなしにおこなうことを優先します。

音楽聴取を意図して使用すれば、体験のプロセスが引き起こされます。「意図して」とは、その選択が目的をもっていることを意味します。しかし、この音楽受容は背景的です。音楽を選択するためには、また造形に必要な行為を選択するためには、グループ指導者は適正な治療に基づいて熟考しなければなりません。これは、他の媒体の使用と同様です。

音楽をともなう造形にある療法的性格は、造形へと刺激することにあります。一面では個人あるいはグループの精神状態、他面では造形媒体を介したグループ内での相互行為、これらが造形のきっかけとなります。

右の二つのきっかけの中で、自分の人格について何かが明らかとなります。これは、障害、葛藤、圧迫、願望などです。しかし、造形作品は、病的事実を直接的に映像として映し出しません。考察すべき対象が発生しても、造形作品は診断に関わりません。造形の療法的性格は、造形すること自体に重点があります。

ここで体験と行為のプロセスが遂行され、これが患者にとって重要なものとなります。このプロセスは、能力評価に関する劣等感の克服に寄与します。また、造形的構成は、自我および私たちの体験の背後に関連しています。患者は、造形においてこの背後との関連を直接に体験します。ある心的内容は個人の体験世界と密接に関連し、造形を介して形となります。造形するひとは、しばしばこの形式を意識していません。この形式は、言語的に定式化される意識レベルの彼方にあります。

ここで問題となる体験内容は、抑圧され、忘却されているか、あるいは意識されています。この体験内容は、克服されるべき現実と関連しています。これは、不安、攻撃、願望、実現されない要求などです。

造形では、心が暗号化されて表現されます。その意味に関しては、夢に比べられます。ここで、自分の体験は暗号化されて私たち自身に近づいてきます。この暗号化の形式は、程度の差はあれ意識され、多かれ少なかれ克服されています。

実例として能動的グループ音楽療法の研修グループをを紹介しましょう。グループ構成員に与えられた課題は、シベリウス第七交響曲の音楽から印象をえながら絵を描くことでした。このときに、「樹木としての私」というテーマが与えられました。

優しく知的な男性は、力強い樹木を描きました。彼は楽器即興ではたいてい小さな木製打楽器を選びました。そして、この愛用の楽器の上でかなり前屈みとなり演奏していました。その彼の描いた樹木は、キャンバスからあらゆる方向に飛び出そうでした。それは巨大な樹冠、力強い根、太い幹を有していました。

「樹木としての私」がテーマでした。この描写は、心の表現でしょうか。ここで何が表現されていたのでしょう。願望でしょうか、あこがれでしょうか、隠れていた本来の偉大さでしょうか、あるいは自己欺瞞でしょうか。

次は第二の実例です。

別の研修グループには、別の課題が与えられました。まずモーツァルトのニ短調のピアノ・コンチェルト第一楽章を聴き、次に自由に描くのです。テーマは前もって指示されません。

一人の若い女性は、静かな森の草地で平和に草を食べている二頭のノロジカを描きます。隅は暗く描かれ、そこには人間の姿があって、動物に銃を向けています。

描画の後に対話がもたれ、グループ参加者は平和な生き物が暴力で脅かされている様子を見ました。この女性は自分の体験を質問され、自分は善と悪の対立を描いたと述べました。彼女はにこやかであり、不安あるいは脅威を何も表しませんでした。

この若い女性の人格は、コースの作業開始時には拒否的で表面的であるように思えました。これは意識の前景からの理解です。しかし、学習プロセスが経過すると、しだいにどのような人物であるかが明らかになりました。この女性の人格は徹底的であり、正確に熟考し、綿密であり、参加的であったのです。

この絵では、何が表現されたのでしょう。自我と脅威なのでしょうか。脅かされた世界でしょうか。脅威を与えるものでしょうか。

絵を説明するときに、グループ構成員と絵を描いた女性との対立が目立ちました。一方では明確な体験、生き物が脅かされる体験があり、他方では客観的な距離、気楽で無関心とも思える言葉があるからです。

この二つの実例では、現象の形式あるいは言語的見解と絵画描写自体が分裂しています。この分裂については、療法的な意図から介入し、あるいは正当化されうる方法で介入し、この分裂を解消、あるいは少なくとも説明すべきだと思われるかもしれません。これはすぐに思いつくことであり、あたりまえに思えます。しかし、これは、私たちのコンセプトには属しません。この分裂は、自己認識プロセスを開始する手がかりとなります。分裂を解消する介入をおこなえば、このプロセスが阻害される可能性があります。

音楽のグループ即興を考えてみましょう。すでに完了した即興を想起し、即興の流れを可能な限り正確に描き出せば、この時におこなわれた相互行為、グループ構成員の参加、果たした役割がかなり正確にイメージされます。ある絵を客観的に記述すれば、これと同じことになります。

制作された絵の上にグループ構成員が認知するもの、あるいは見るもの、これを可能な限り正確に描写することが核心です。ありうる背景について思弁すること、意味を説明すること、これらはどんなに魅惑的に思えても排除されます。

さまざまな心理療法の学派は、それぞれの人格の問題との密接な関連のうちで、ありうる意味内容を探求します。こうした思弁は、きわめて当たり前の実践です。しかし、私たちは、こうした思弁的方法を拒否します。

私たちのアプローチは、こうした方法とは反対です。絵で看取されるものを詳細に描写すれば、分析のプロセスを導入できるのです。

2．1．8．出会いの音楽療法の行為形式

行為形式とは、方法であり、技法であり、さらにこれらの組み合わせです。これらは、枠組みとなる条件に基づいて用いられます。

能動的グループ音楽療法（Schwabe 1991, 1997）の方法。

・楽器即興
・グループ歌唱療法
・ダンス音楽療法
・「クラシック音楽」による運動即興

音楽をともなう造形

調整的音楽訓練、調整的音楽療法の領域に属する要素（Schwabe 1991, Schwabe und Röhrborn 1996）。

こうした方法、技法、これらの組み合わせは、以下のレベルで療法的意図を実現する手段です（1．2．参照）。

・社会的相互行為

・認知を拡張し分化すること
・個人的創造的力を展開すること

楽器即興

楽器即興は、出会いの音楽療法と能動的グループ音楽療法（Schwabe 1991, 1997）の要です。このグループ音楽療法の方法では、オルフの楽器や演奏の容易な他の楽器を用います。そして、さまざまな形式の音楽即興がおこなわれ、これによって社会的相互行為が刺激され、実践されます。

もちろん、出会いの音楽療法の目標領域に対応して、楽器即興の重要性は異なります。たとえば、老人医学の応用領域では、グループ歌唱療法やダンス音楽療法が楽器即興よりも重要です（以下3．1．1．参照）。

楽器即興の本質的特徴は、社会的コミュニケーションにあり、これは直接的演奏を介して遂行されます。プロセスが発展していくと、このコミュニケーションは社会的相互行為になります。ここで、社会的相互行為とは、社会的コミュニケーションへの衝動を意識的に取り扱うことです。

私たちは、リーマン音楽事典で「即興」の項を調べてみました。そこにある定義は、音楽療法的な意図の即興にとっても適切であり、私たちを驚かすものでした。即興は、「課題とされるものを介して、直接的に生産的となります……即興では、自発的な着想とたてられた課題との対決が生じ、これが音の出来事として音楽的に現れます。与えられたもの、模範となるものの客観性は、自発的制作の主観性と緊張関係にあります。これが即興の本質です」（Riemann-Lexikon 1967, 390）。

音楽療法文献では「自由な」即興の概念が至る所で論争されています。しかし、ここではこれにはふれないでおきます。この即興が「自由」ではないことの根拠は、私たちは別の箇所であげておきました(以下2．1．3．参照)。課題とされる対象は、右の定義で念頭におかれている芸術的即興だけではなく、楽器即興にも、したがって音楽療法的即興にもあてはまります。グループ指導者は、グループ即興への刺激を与えます。この刺激の機能については、本章の2．1．3．で詳細に述べておきました。グループ指導者によるグループへの刺激の与え方は、いわゆる行為指針によって詳しく論じておきました。

グループで自由な直接的行為として即興するためには、とくに療法的な出発点と目的設定をともなって即興するためには、これに責任を負う音楽療法士が指導的な形で誘導します。

即興的な活動には相互行為の直接性があり、これが特徴です。これは、楽器即興の本質的メルクマールであり、大きな行為能力です。これが解放されると、強力な力が展開されます。しかし、音楽療法室で即興的活動がなされるとき、これは「魔法使いの弟子の力の発揮」とされてはいけません。即興には潜在的可能性があるにしても、これを肯定的に用いるには条件があります。即興によって力が解放されるとき、これはグループ指導者の責任ある行為によって監視され、保護される必要があります。さらに、適切な指導がなされ、グループ参加者の個人的発展が促進されなければなりません。

グループ指導者は、グループの即興的行為に加わりません。これは、私たちの理解の前提です。指導者が参加すれば、その責任、役割(2．1．2．参照)を果たせなくなります。グループの中の即興的出来事をよりよく認知し理解するためには、自分自身即興のプロセスに熱心に参加しなければいけない、このようにしばしば仮定されます。よくある主張であるにしても、これは誤りです。実際はこの反対です。私が指導者として活動するとき、自分の衝動に焦点を合わせるほど、自分の周りでの生起を認知する内的自由が失われます。

私たちは、まず楽器即興をその潜在的可能性において叙述しました。同時に、潜在的可能性を過小評価しないように警告しました。グループ即興の時には、一緒に行いたくないとの気持ちが生じます。過小評価があると、この気持ちが制御されなくなります。もちろん、音楽療法士は、自分の楽しみを満足させるでしょう。あるいは、援助者の役割を果たしていると思うでしょう。しかし、これは、自分の行為をイデオロギーに変えています。これについては、すでに述べておきました。

もちろん、簡素な音楽療法実践で楽器即興が行われるとき、音楽療法士も簡素な課題実現を引き受ける必要があります。この課題実現は、臨床的あるいは社会的枠組みによって決まります。また、その時々の診断から特有な注文が生じ、これによって規定されます。この出発条件は、正確に認識され、考慮されなければいけません。効果的な音楽療法的行為をおこなうためには、これは最も重要な前提の一つです。

自分の表現要求の犠牲になってはいけないこと、これについてはすでに述べました。これに加えて、音楽療法的行為のコンテクストが簡素であり、問題をはらんでいても、音楽療法士として生気を失わないこと、状況について思いめぐらすばかりではなく、行為できること、これも問題となります。

私は、自分が何を語っているか分かっています。私は、この困難の犠牲となった多くの同僚を身近に見ています。音楽療法士になろうとしても、これは容易な職業ではありません。この仕事の喜びは、援助者症候群を直接に満たすことではありません。あるいは、音楽的発散をすることでもありません。これは、音楽療法士になろうとする人々への「約束」です。喜びは、むしろこれらの制約を克服することにあります。これは、禁欲に関わっています。フロイトは、これを「節制」と呼びました。

グループ音楽療法として楽器即興を実行するためには、特有のグループ条件が行為の手がかりとして必要です（2．1．6．参照）。これがなければ、楽器即興は二人でおこなわれます。

一対一が療法的手段として適切な治療となるのは、グループ状況が不可能なときです。その原因としては、障害の深刻さ、あるいはそれぞれの特殊な条件があります。これについては、2．1．6．ですでに述べました。

一対一の組み合わせでは、社会的関わりの可能性が減少します。これが大切なことです。楽器即興によって音楽療法的に一対一の組み合わせに介入するとしましょう。具体的な適正治療は、音楽的手段による刺激を減少させることです。このときに、病的に条件づけられた共感能力あるいは患者の活性のレベルにあわせて刺激を減らします。たとえば、事故患者に重篤な頭蓋・脳・トラウマ障害がある場合です。この時には、楽器即興を手段として用い、再活性化の初歩的刺激を与えます。まさにここで、言語あるいは他の関わりの手段にくらべて、音楽的手段による刺激が特別に役に立つと証明されるのです。

グループ歌唱療法

再現的音楽形式を用いることは、装いを凝らした「自我メッセージ」として特徴付けられました（2．1．7．参照）。これは、とりわけ民謡あるいは民謡に近い歌唱形式にあてはまります。

この本質的要素が、グループ歌唱療法を際だったものとします。グループ歌唱療法は、この要素を目的として用いるのです。たとえば、体験する潜在能力が病的に押さえこまれているとき、あるいは抑圧されているとき、これを再活性化させる場合です（たとえば、まず痴呆患者、次に依存症患者です）。

さらに、グループ歌唱療法をおこなうと、呼吸、血行などの身体反応が活性化するだけではなく、感情が理想的に機能します。

とりわけグループでの療法的歌唱が行われると、共同的な行為と体験を遊ぶようにして組織する刺激が生じ、この体験が実現します。

この時に、グループ構成員は、社会的結びつきの一部として自分を体験します。日常生活では、この社会的結びつきはほとんど体験されません。こうした社会的な体験の不在は、社会に障害があることを表し、人間を社会的障害へと導きます。

グループ歌唱療法は、歌のような再現的表現形式だけを用いるのではありません。声が即興的表現手段として用いられます。口ずさみ、歌唱、他の音響的表現など、声の表出は「表現すること」だけを意味しません。声を表出することは、身体の中にある「自我」を突き止め、認知することを意味します。これは次の行為指針に妥当します。「瞬時に自分が一体化できる音を思い浮かべてください。音が自分の体の中にあると思い浮かべ、そこに音をおいてください」。

療法的歌唱という再現的形式は、儀式、作品の中で個人的なもの、親密なものを保護します。しかし、声楽的即興の形式は、身体的に親密な表現形式です。これは直接的であり、したがって「保護されていない」のです。

音楽療法の用い方に関しては、いま述べたことは、音楽療法士による具体的な適正治療の決定に結びついています。

教授法的観点からすると、グループ歌唱療法には、二つのヴァリエーションがあります。ひとつは、いわゆる指導者中心の表現形式です。この表現形式は、音楽療法士が適正な治療の基準にもとづいて行います。他は、いわゆるグループの方向性をとる表現形式です。

指導者を中心とすれば、ほとんど、または全ての刺激が指導者から与えられます。グループの方向性をとれば、グループ指導者は表現の形式を提案しますが、表現のアイデアはグループ構成員から直接に生じます。


表現の形式が参加者にとって直接的な体験となること、これが二つの形式の療法的歌唱の特徴です。これは、この直接的体験の外部には関与しません。合唱の練習のようなものです。

音楽療法士の表現形式も、この特徴によって条件付けられます。グループ構成員は、この表現形式の中で共に直接的に実行して制作します。


この表現形式は、見かけでは遊戯的な性格を持ちます。ここでは、表現が楽しい体験となるプロセスが必要です。これが特にあてはまるのは、カノンの歌唱です。ここでは「稽古」は重視されません。カノンの構造が前提としてあり、これが多様な形で歌われます。このときに、社会的コミュニケーション、共におこなうこと、互いに聴きあうこと、助け合うことなどが遊ぶ形で実現されます。

この形式の音楽活動を実行しようとしても、簡単ではありません。音楽療法士は、熱心かつ持続的に訓練を与える必要があります。


グループ歌唱療法と楽器演奏には、二つの接点があるでしょう。まず、伴奏楽器による歌唱伴奏です。次に、歌唱を旋律楽器あるいはリズム楽器で補います。

たとえば、ギターと（あるいは）ピアノで歌唱を伴奏することがあります。これは、決まりごとではなく例外なのです。これらの伴奏楽器で伴奏すると、歌唱を支えるだけではなく、歌唱のあり方を決定します。表現の可能性の余地、つまり歌い出し、音の高さ、テンポなどは固定されるか、あるいは制限されもします。

歌唱伴奏が用いられるとすれば、なかなか歌い始められないときだけです。

これに対して、旋律楽器と（あるいは）リズム楽器を用いれば、療法的歌唱は本質的に拡大します。これは、療法的に大きな効果があります。もちろん、これには条件があります。楽器の使用は、歌唱を補いながら、できるかぎり即興的に遂行されるのです。

歌唱の響きを豊かにすること、あるいはその響きを補うこと、これだけが大切なのではありません。どのような理由からであれ、歌うことを拒否する患者がいます。楽器を利用すれば、共同で行為する可能性がこうした患者に開かれます。

楽器の利用は、ここでは徹底して「仲介するもの」の機能を果たしています。これは、ベネンソンが一九七三年に定式化しています。

同じことは、表現のアイデアに関して言えます。これは、カノンの歌唱についてすでに定式化したことです。

一人一人のグループで構成員が表現に参加するとき、そして音楽療法士が様々な表現を提案するとき、楽しい体験が大切です。様々な表現とは、詩節のある歌の特定の箇所で楽器を用いること、特定の歌詞を楽器で強調すること、間奏を作ることなどです。遊びの形で社会的コミュニケーションへと刺激すること、共同で行為すること、互いに聴きあうこと、一緒に支え合うことなど、これらがつねに本来の関心事となります。

グループ歌唱療法では、共同療法士は必ずしも必要ではありません（2．1．2．）。言語的フィードバックについても同じです（2．1．4．および2．1．5．参照）。しかし、このフィードバックをおこなうこともあります。もちろん、療法としての歌唱では、行為のプロセス、この出来事を体験することが重要なことです。

グループ歌唱療法は、本来の音楽療法コンセプトが形成される中での長い伝統があります。しかし、今日その有効性が完全に展開されるなら、グループ歌唱療法は以前と同じほど生命力があります（Schwabe 1964, 1966, 1969, 1986, 1991）。

ダンス音楽療法

グループ歌唱療法と同じように、ここでも再現的な音楽形式、すなわちダンスあるいはダンスの要素が用いられます。

ダンス音楽療法においても、身体的機能が活性化されるとともに、社会的コミュニケーションが刺激され、実現されます。これは、グループ歌唱療法と同様です。

グループ歌唱療法とダンス音楽療法では、楽しさが強調されます。楽しさが基礎となって行為のアイデアが生じます。

また、どんな種類の練習もやらないないようにして、優先的に遊びの即興演奏をするべきです。

ダンス音楽療法は、老齢の人々の身体を活性化する効果があり、これを過小評価してはいけません。しかし、社会的コミュニケーション的表現、さらに儀式的表現の要素を体験すること、これがダンス音楽療法の本来の意義です。この力は、ダンスの中で何百年以上も発展させられ、形作られました。とりわけ、多様な形式的グループ・ダンスとして成立しています。

社会的コミュニケーション的、さらに儀式的表現要素は、意識的に音楽療法的機能として用いられます。これは、生きるに必要な人間的コミュニケーションの形式です。個人は、表現、情緒的開放、関わり、性、保護などを求めています。このコミュニケーション形式を用いれば、この要求が多様な人間文化の中で実現されます。もちろん、それぞれのダンスには、動作の流れの儀式的形式と連携する形式の規則があり、これが保護を与えます。

現代の産業社会では、生きた儀式的表現形式がますます少なくなり、官僚的で操作的かつ流行的な商品提供がますます主流となっています。これは社会病理的危機を拡大し、個人主義的孤独化と生活の意味喪失を深刻化させています。うつ的な不調が多くの年配者の基本感情となっています。若い人々においてもこの傾向がより強まっています。これは、いま述べた傾向からの帰結です。

人間的な表現の生成と人間的な共同存在、これらを表現する形式は生きるに必要です。この表現の形式は、社会的な生活の質として価値を奪われ、失われようとしています。ダンス音楽療法は音楽療法を介してこれを生活に取り戻します。これは、グループ歌唱音楽療法と同じです。とくにダンス音楽療法が実行されるのは、指導者を中心とするグループ音楽療法です（2．1．2．参照）。音楽療法士は、行為端緒の条件を基礎として行為を提供します。

その時々で効果を見込める刺激を与えるためには、適正な治療のコンセプトに基づいて決定します。このときの本質的基準は、出発点としての病理的な状況です。どの程度まで社会的コミュニケーション的、儀式的表現要素を体験させる方向に進むべきか、身体的に活性化させる刺激にとどまるべきか、これは病理の状況から決まります。たとえば、老年医学的音楽療法では、身体的かつ精神的衰退が病的レベルに達しているときがあります。このときには、身体を活性化させる刺激にとどめるべきです。ここでは、いわゆる座りながらのダンスを優先させます。これと反対なのが特に社会的コミュニケーション的、儀式的表現な場合です。ここでは、全ての形式の簡単なグループ・ダンスあるいはダンス要素を用います。さらに、カノンの歌唱ダンスを幅広く利用します。もちろん、うまくおこなうようにとの圧力を加えてはいけません。この応用領域（3．3．参照）は非常に範囲が広く、ここでは実例は省きます。

ダンス音楽療法についてのより詳しい、あるいは補足的な報告は、シュヴァーベがおこなっています(Schwabe 1969, 1987, 1991)。

「クラシック」音楽による運動即興

これは、ダンスではありません。ダンスは、前もって作られている運動儀式です。音楽を体験し、あるいは耳にし、音楽を直接的に、したがって即興的に表現すること、これがここのテーマです。この表現は、身体的に実行されます。つまり、身体運動となります。そして、この運動はグループの中でおこなわれます。個人的な表現あるいは相互的な出会いは、音楽療法士による具体的な求めに応じて、どちらかが前面に出ることがあります。

「クラシック」音楽による運動即興をダンス音楽療法と比較します。「クラシック」音楽による運動即興では、保護空間が提供されて、ここで個人が社会的、協力的に自己を展開できるというのではありません。むしろ、かなり開かれており、身体表現を介して個人的直接的な体験が明らかになります。

これは比較的危険なイベントであり、高度に個人を挑発することです。個人は、身体生活に現れる個人的抑制に直面します。しかし、能動的に行為し、身体表現との関連で自分をより意識し、この行為に自信を獲得します。「クラシック」音楽による運動即興は、こうした重要な音楽療法的開始点です。

音楽の選択としては、技術的に録音された音楽を利用します。当然のこととして、この利用には特別の注意が必要です。音楽療法士は、広範な音楽知識をもたなければいけません。これがまず基礎となります。そして、最も重要な選択基準は、以下の問いです。グループの精神状態と発展はどうであるか。グループをどの方向に刺激すべきか。グループが発展するとき、発展の限界と危険性はどうであり、どこにあるか。こうした問いを考慮した結果として、音楽が選ばれるのです。

今述べたことに対応して、音楽構造を考慮し、これに関連する事柄を決定します。ある音楽を選択するとして、この音楽にあるどの特性を用いるか、これが何を促進するか、何を促進しないか、これについて答えるのです。

できるだけダンス音楽の様式をもたない器楽音楽を優先します。ダンスの運動を連想させないとの配慮です。

「クラシック」音楽による運動即興の療法には、終了した体験について反省する対話があります。ここで問題となるのは、比較的微妙な心理的経過です。ここで、個人は固有の防衛機制に直面し、心的不安定が生じます。対話は不安定にするトラウマを明らかにし、これを封じる役割を果たします。

いま述べたことは、病的に固定された防衛を処理することです。しかし、「クラシック」音楽による運動即興は、これだけを目指しません。この形式の音楽療法は、個人にある潜在能力を活性化し、展開し、意識化します。これはすでに経験が示しています。防衛に関与するか、潜在能力に関与するか、これはこの形式の音楽療法が用いられる状況全体に依存します。より詳しい文献としてシュヴァーベのものがあります（Schwabe 1987,1991）。

音楽をともなう描画

ここで取り扱うのは、自立的な音楽療法的方法ではありません。音楽療法的作業方法とゲシュタルト（形態）療法的な作業方法との組み合わせが論じられます。この組み合わせは、私たちのコンセプトでは近年ますます重みを増しています。

本質的な療法的特徴は、すでに先の節において述べておきました。

描画は、行為の可能性を拡大することを意味します。これは、小グループあるいは大グループという関係の中で行われます。さらに、描画には二つの方向性があります。内的な状態の個人的表現と社会的相互行為です。具象的な制作形式は、美などを自己目的にせず、媒介的に機能します。この点では、楽器即興において対象物を生み出す機能に比較されます。ベネンソン（１９７３）の言う「媒介的客体」です。

精神動力学的プロセスに関して、楽器即興と音楽をともなう造形の微妙な相違は、あまりにわずかしか知られていません。したがって、ここでこの相違は述べられません。しかし、この異なる方法を用いれば、行為のレパートリーが拡張されます。そして、どちらかの形式によって、患者によりうまく関わりをもてるでしょう。

描画では二つの事柄が成立します。まず、色、線、さらに他の素材を用い、自己表現が開始されます。

そして、一対一あるいはグループで、したがって共通の制作場所において、人との関わりが形成され始めます。

この二つは、最初に主題を定めておいて生起することもありますし、その時の精神状態から結果することもあります。これについては、音楽療法士が決定を下します。そして、この決定は適正な治療に関する熟考を必要とします（2．1．5．参照）。

描画と音楽を同時に用いることは、音楽を聴取しながら描画することを意味します。ここで音楽は情緒的刺激にすぎず、背景として機能しています。音楽の選択も、適正な治療のコンセプトにもとづきます。

患者の活動は、対象に向けられるべきでしょうか。個人の情緒的プロセスの表現をめざすのでしょうか。グループ構成員の相互行為を刺激するべきでしょうか。これらについては、療法士が決定を下さなければなりません。この時の手がかりは、個人あるいはグループの状況です。

行為指針が個人の自己表現に向けられるときは、テーマに結びついていてもよいし（実例：樹木としての私）、あるいは「未決定に」されてもよいのです（音楽に合わせて描いてください。あなたを内側から動かすものについて絵筆をはこんでください）。

グループ構成員の相互行為を成立させようとするのであれば、テーマと結びついた行為指針（グループの樹を描いてください）を用いることもできます。また、グループ構成員の幾人かは主題もなく一つの絵皿を用いて描きます、このとき、会話しないで相互に関わります。これも行為指針のひとつです。ここで開始されるプロセスは興味深いものです。絵を描く人々は、何を相互にするのでしょうか。人々は、どのように互いに反応するのでしょうか。どれだけのスペースを取るのでしょうか。どれほど他者に譲歩するのでしょうか。造形でも相互行為が可能です。付き添うこと、支えること、補足すること、変化させること、継続すること、アクセントをつけること、装飾すること、破壊することなどです。これは、即興的音楽活動に類似しています。

絵を描いた後に、いま述べたこと全ては対話の対象です。音楽をともなう描画は、つねに言語的反省と結びついています。描画の中に見て取れるものは、できる限り正確に言語で描写します。これによって、反省がおこなわれるのです。したがって、絵を描写すれば、認知訓練につながります。絵の内容を解釈することは、意識的に避けます。経験的に言えば、解釈は思弁になる危険性があります。

描画の中には、創作者の精神力学的あるいは社会力学的状態が現れます。可能な限り正確に絵を言語で描写すれば、解釈よりもはるかに直接的にこの状態が明らかになります。イメージ内容を解釈しないなら、描画の形態は個人にとって持続的な意味をもちます。グループは、私の制作した絵をどのように描写するのでしょうか。何を見て、何を見ないのでしょうか、絵は他の人々にどのように影響するのでしょうか。こうしたことを耳にすると、持続的な思考刺激になります。これは、出来事の生起した時間を超えています。さらに、患者が絵を制作したとき、絵は美的な評価にさらされません。絵は描かれたままで意味をもちます。患者はこれを体験すると、解放と激励を経験します。この解放と激励は、過小評価されてはいけません。

描画する刺激を与えるとき、私たちは患者の最大のためらいにであいます。これは歌唱の場合に類似しています。描画の制作物が連続して不幸な評価にさらされると、患者はしだいに意気阻喪し、「私は描けない」との結論に達します。

音楽をともなう描画を手がかりとすれば、以下のことが明確になります。音楽療法士が音楽療法のプロセスに刺激を与えるとき、これはどれも形を作り出すプロセスです。したがって、これはある程度は創造的プロセスです。音楽療法士がこのプロセスに関与しようと思うなら、本章にある教授法的な予備的考察は、概説として知っている必要があります。このプロセスを実現するためには、音楽療法士はプロセスを創造的に見通さなければなりません。これを見通し、療法プロセスを可能にし、コントロールするのです。しかし、音楽をともなった描画を実行するために、行為処方箋を集めようとしてはいけません。これによって事柄は容易になるかもしれません。しかし、それは形式的なレベルのことです。描画のプロセスが大切であり、ここで内心的および（あるいは）相互行為的対決が生じます。さらに、音楽療法士は、適正な治療コンセプトに基づいて、このプロセスをコントロールします。行為処方箋の方法では、これがおこなわれない危険性、あるいはこれが不可能となる危険性が生まれます。

調整的音楽訓練あるいは調整的音楽療法

調整的音楽訓練と調整的音楽療法は、次のことを引き起こすことから始まります。まず、音楽、自分の身体、精神状態を直接的に、可能なかぎり言語内容をぬきにして認知します。そして、認知を分化し、ここで何が生起しているかを訓練として深めます。

調整的音楽療法は、最初に作り出された方法です。調整的音楽訓練は、この方法のヴァリエーションです。

調整的音楽療法では、とりわけ心身症の患者を治療します。抑圧あるいは防御機制に対抗し、開放性を増加させること、これがこのアプローチの意図です。体験はよりよく消化され、拡張されます。調整的音楽訓練では、認知レベルを拡張し、分化することが行為端緒となります。自分の人格との関わりでは、認知が拡張され、分化されます。もっとも、調整的音楽訓練は、防御機制という深層心理学的端緒を用いません。調整的音楽療法とはこの点で異なります。調整的音楽訓練は、出会いの音楽療法における効果のある行為形式です。まず認知の拡張、認知の分化が療法的行為の主要な端緒であるとき、この訓練は方法として適用されます。現実の認知、つまり人格的、社会的、事物的現実を認知するように促すとき、調整的音楽訓練が技法として用いられます。もちろん、これは、程度の差はあれ、変容した形で適用されます。一般的には、認知が病的に萎縮し、健全な生活展開が妨られるときに、この音楽訓練が適切な治療となります。こうしたケースは、一般的に想定されるよりも多くあります。

音楽療法士は音楽を選択して処方します。この音楽が認知されるとき、二つの本質的機能があります。作曲された音楽は、それぞれの特有の構造で現実を描写しています。より関心をいだいて現実を認知すれば、自分の人格は別のように認知されます。いわば、自我の立場が変わります。これと共に、体験と行動に肯定的な影響が与えられます。音楽を認知することは、他の客体を認知することの代わりとなります。したがって、音楽の認知を訓練すれば、体験、行動が肯定的に変化します。

音楽聴取は、一面では感情を解放します。これによって、体験が再活性化されます。これはよく知られていることです。同時に、音楽聴取は別の療法的行為にとっても重要です。たとえば、心が硬直性から解放される場合、情緒が活性化される場合です。

調整的音楽訓練をおこなうとき、音楽の選択は複雑です。したがって、音楽療法士には特別な注文がなされます。この基準は、別の箇所（Schwabe und Röhrborn 1996, Schwabe 1991 参照）で詳細に記述しておきました。

ここでは、若干の基本的視点のみをあげておきましょう。

作曲された音楽が聴取される場合、音楽は関係から成り立っています。つまり、働きかける対象という側面は背景に退いています。時々の具体的関係の中には、実際に様々な要素があります。音楽を選択するには、できるだけすべての要素を考慮しなければいけません。

これらの要素として、音楽形式の特有性、患者の既存の聴取経験、習得された聴取経験があります。それぞれの具体的な療法的関心、実際に存在するグループの状況、したがって精神状態などもそうです。音楽療法士が音楽を選ぶとき、選んだ音楽への自分の関わりも要素の一つです。療法士は音楽を正確に知っていなければいけません。同時に、この音楽への関係は、すでに客観的になっている必要があります。

したがって、音楽を選択する本質的な基準は、音楽が肯定的な事柄をひきおこすことにはありません。むしろ、音楽が肯定的な事柄を活性化することです。調整的音楽療法あるいは調整的音楽訓練は、活性化する方法です。これは音楽をともなう緊張緩和、あるいは音楽による緊張緩和であるとよく思われますし、そうしたものとして期待されます。しかし、これにはとどまらないのです。

本節では、出会いの音楽療法の行為形式を叙述しました。出会いの音楽療法のコンセプトは、極めて包括的な仕方で音楽療法の方法に手がかりを求めます。行為の端緒は、全く具体的です。それは、適正な治療のコンセプトに基づき、効果的に用いられます。これは折衷的に実行されるのではありません。むしろ、基本的なコンセプト全体と合致して行われます。

2．2．行為端緒と行為原理との教授法的関係

シュヴァーベ（1991）の因果性原理によれば、行為端緒は、療法の前提となるものであり、これは分析によって明らかにされなければいけません。また、行為原理は、療法プロセスにあるアプローチの特有性です。

行為端緒は、患者の診断的側面のみを対象としてはいけません。これは出会いの音楽療法の実践が示しています。制度上のコンテクストから由来する制約があります。これが音楽療法的処置を可能あるいは不可能にします。これは、診断的側面と同じ意義と射程をもちます。患者にはそれぞれ該当する診断がなされますが、音楽療法的行為はこの結論だけに依存しません。同様に様々なコンテクストが音楽療法に制約を与えます。このコンテクストとしては、医学的、社会的、時代的、コンセプト的なコンテクストがあり、さらに音楽療法が実行される制度的コンテクストがあります。（2．3．参照）。

研修修了者はくりかえしスーパーヴィジョンを訪れ、研修で学んだ事柄が実践では実行不能であると嘆きます。実践に制約があり、音楽療法の構想は阻まれるからです。

目の前にある実践が適切な活動によって変更されないときには、次の二者択一しかありません。ひとつは、与えられた状況の下で音楽療法的作業を拒否することです。他は、何が実行可能であり、何が実行不能であるかを見いだし、実行可能なものだけをおこなうことです。本書の著者は、大学付属精神療法クリニックで自分の音楽療法実践がきわめて困難であった時代を想起します。それ以前には、音楽療

法的行為はある程度発展させられ、クリニックに統合されて成功裏に遂行されていました。しかし、スタッフの入れ替えが行われ、コンセプトも変更されて、こうした音楽療法的行為が不可能となったのです。このことの帰結は、自分を新しい条件へと切り替えることでした。これと並んで、他の条件において何が音楽療法的に実行可能であるか、現在の条件では何が実行可能であるか、これを思想において分析しました。このやり方は限られた力しかもたず、音楽療法士が診療所を去る結果となりました。もちろん、著者は、今日の認識からは、別の過去を思い描けるかもしれません。つまり、条件が変化しても、ある音楽療法の行為形式を発見してその後も仕事を行い、自分の仕事の有効性に満足したという物語です。私たち音楽療法士が好もうと好まないと、私たちの仕事は枠組みとなる条件に高度に依存しています。この条件が望ましい場合、あるいは望ましい方向へと変更できる場合は、きわめてまれです。枠組みとなる条件が妨げとなるときには、自分の側の柔軟性を発展させるしかありません。この柔軟性によって、満足できる仕事を可能とするわけです。

これによって、「行為端緒と行為原理との教授法的関係」について本質的な言明がなされました。音楽療法的行為が成功すること、行為原理をうまく適用することは、行為の前提を全体として可能な限り正確に分析することです。これには、患者のもつ診断上の問題、音楽療法的行為が依存する治療条件があります。

つぎのことも、これに劣らず重要です。音楽療法のプロセスは行為原理にしたがいます。この原理は、行為の端緒によって方向性を与えられなければなりません。これとは、別の方向をとってはいけないのです。

最初の印象では、これは陳腐に思われるかもしれません。しかし、実はそうではないのです。この背後には、音楽療法に関する認識があります。療法的行為を目的的に定義し、あるいは目的を目指すものとして定義し、これを適正な治療とすることは誤りです。療法的行為の目的あるいは結果を療法プロセスの開始時に先取り的に説明することも、同様です。音楽療法の理論が形成される中で、この思考方法は今日に至るまでかなり広まっています。

条件となる領域、すなわち現にある病的状況と制度的状況、これらが治療の前提としてあります。この前提は、療法的行為を開始する基礎として理解されます。

この思考方法によって、療法士から目的をめざす圧力が取り去られます。療法士は、進むべき道に対してより開放的になれます。療法士と患者が可能性あるいは不可能性に開かれていること、これは大切なことです。療法の目的がどこにあるかを知る役割が療法士に与えられないとき、あるいは療法士がこの役割を引き受けないとき、責任と活動性は強まります。療法士と患者は療法の道に赴き、一緒になって道を切り開くのです。

2．2．1．行為端緒としての基本的障害あるいは結果的障害

医学の歴史には古くて長い論争があります。ある病気では何が治療対象にされるのでしょうか、あるいは治療の対象にされるべきなのでしょうか。また、何が治療の対象にされてはいけないのでしょうか、あるいは治療の対象にできないのでしょうか。この問いをともないながら、論争は今日に至るまで続い

ています。

ここで、障害の原因、さらに障害が現われる形式、つまり症候に関して問います。また既存の障害がどのような結果的障害を引き起こすかを問います。

療法士がどこで始めるべきでしょうか。心理療法の歴史では、対立する心理療法学派の間でこれをめぐる論争があります。一方には、いわゆる深層心理学的端緒を用いる学派を含めて心理分析があります。他方では、いわゆる行動療法があります。

心理分析の本来の主張では、障害の原因が治癒しなければ、症候の「治癒」は役に立ちません。行動療法の少なくとも本来の立場では、障害として観察されるものが障害です。これは除去しなければならず、障害はこれとともに消失します。この双方の立場は極端です。これら二つの立場は、その発展の中でますます接近しました。これは、患者の関心からすれば歓迎されます。しかし、何が治療されるべきか、この問いへの答えは音楽療法の学派の中でも相違があります。

この箇所では、基本的障害かあるいは結果的障害かについて、その現象学的側面ではなく、教授法的側面を取り扱います。したがって、障害の分析からある療法的方向性を導入すれば、どのような結果が生じるか、あるいは生じないか、これが問題となります。

出会いの音楽療法は、極めて広範な応用領域をもちます。これは、この音楽療法の本質に対応しています。そして、この音楽療法は、基本的障害にも、結果的障害にも応用されます。このとき、音楽療法のアプローチが本質的に相互に異なってはいけないと言われるでしょう。これは皮相的な見解です。これは誤りなのです。どの障害形式からどの行為端緒が生じるか、音楽療法士にとって大切なのはこのことです。

基本的障害は、病的損傷です。これは直接的原因にさかのぼれます。ここで言う原因とは、器質的なものでも、心的なものでもありえます。さらに、なくすことのできない障害も、あるいはとりかえしのつかない障害という特徴も基本的障害に属します。たとえば、幼児期の脳障害がこれに該当します。他方で、多かれ少なかれ慢性化し、ある程度は長期にわたって展開してきたけれども、適切な療法的措置によって治療可能であり、可逆的である障害があります。これも、基本的障害と見なされます。たとえば、心身症的障害がこれにあたります。

結果的障害という病的損傷は、すでにある障害、つまり基本的障害から帰結します。この基本的障害が生活の質と生活の範囲に制約を与え、これの十全な展開を妨げ、これによって結果的障害が生成します。

結果的障害は、心的、社会的、器質的領域で現れます。たとえば、横断麻痺障害患者が車いすを余儀なくされているとき、その情緒に損傷があります。つまり、情緒が攻撃的あるいはうつ的になっています。また、手術後の患者の、したがって長期に寝ていた患者の運動筋の損傷を考えてください。

当然のことながら、極めて複雑な形式の障害像があります。ここでは、基本的障害と結果的障害が緊密な相互関係の中で現れます。療法的な行為の端緒を可能な限り正確に考量すること、これはいつも必要です。もちろん、これは困難なことではあります。

療法的な行為の端緒とは、まず療法的措置の全体を意味します。さらに、音楽療法的な措置を含めて、さまざまな療法を意味ある仕方で組み合わせて配置することです。

音楽療法的な行為の端緒が具体的に明らかになるのは、療法的な行為の端緒に関して、以下の問いへの答え方によります。

療法的行為が開始されるべきは、

・基本的障害に療法を施すときの、複合的な治療プログラムの中にある部分的課題であるか。

・結果的障害の除去あるいは緩和であるか。

・健康な生活領域の活性化であるか。

・なおざりにされた、あるいは傷つけられた生活領域であるか。

・特定の能力、技能、行動様式を訓練すること、あるいは促進することであるか。

音楽療法的行為を具体化するためには、個別に処理すべき行為領域を可能な限り明らかにします。また、療法士が療法作業に参加するためには、共同作業者が必要です。この共同作業者と事前の打ち合わせと事前の考察をおこないます。このようにすれば、結果が不十分でも、幻滅や緊張は完全になくならないにしても減少はします。

取り扱うべき音楽療法の行為領域は、具体的療法状況の中で可能な限り正確に明らかにします。このときに個々の行為領域は結びつけられます。これは経験が教えていることです。これらの行為領域は概観できるし、実現可能な領域にあります。そのためには、具体的に実現できる機会について前もって考量しておくことです。

他方では、特殊な結果的障害を音楽療法によって取り扱うために、行為領域を制限することがあります。経験によれば、この制限は逆説的な効果と結びついています。たとえば、訓練することを意識的に放棄し、体験の幅を広げることを目的にすると、基本的障害の症候が減少します。

現象学的視点からすると、病的なレベルの障害は、原因、結果、現れ方、プロセスに関して、つねに複雑な性格を有し、人間全体に関わります。他方、教授法的視点からすると、療法活動によって対処すべき障害は、それぞれの出発条件（行為の端緒）の可能な限り正確な分析を前提とします。できる限り効果的に療法的関係へとはいるためには、この分析が不可欠なのです。

2. 2. 2. 行為端緒としての制度的条件

障害のあり方だけではなく、療法がおこなわれる制度的条件も、療法として行いうること、放棄すべきことに影響を与えます。

本書の著者は、これによって一九九一年および一九九七年の言明を拡張しなければなりません。これは、行為端緒が「患者の病的状態」に関わるとしていたからです（Sschwabe 1991, 27）。「従来の認識」(ebenda) は、行為端緒を明確に作業の基礎として規定するためには不十分です。むしろ、患者の病的な状態がはっきりと定義される時でも、これだけからは確実な作業の基礎は導き出せません。当時の認識は、このように広げられるべきです。というのも、病的な状態だけからは適正な治療とされても、制度的条件が禁忌を意味することもあるからです。もちろん、これは極端な場合です。

私の実践から、ひとつの例を紹介しましょう。本書の著者は、グループ歌唱療法が老人精神医学における最も重要な方法であると書きました（Schwabe 1991, 204f）。しかし、著者は、老人精神医学部門で実践する中で、この音楽療法的作業を放棄する必要がありました。というのも、当時の病棟の条件では、この療法が責任をとれない反応を引き起こしたからです。

グループ歌唱療法は、責任ある指導的医師の依頼に応じる形で始められました。この指導者によれば、これ以外の方法では病棟では何もおこなえません。患者が週に少なくとも一度歌えば、活性化するというのでした。

実際、病棟では社会療法的および心理療法的なことは、おこなわれませんでした。病棟の人員が不足しており、さらにこの病棟は低く評価されていたからです。おこなわれていたのは、医学的、看護的作業だけでした。グループ歌唱療法は、実際にただ一つの社会的コミュニケーション的な要素だったのです。

老人医学的な基本的障害から孤独化、受動性、情緒的変調の増大が結果的障害として生じます。情緒的領域を活性化すること、社会的コミュニケーションに関する活動性を刺激すること、情緒過剰にならないようにして記憶を活性化すること、歌う関係の中で心身の機能を活性化すること、これらは今述べた結果的障害に効果があります。これが「患者の病に関わる開始点」です。

この「病に関わる開始点」は正しいものでしたし、今も正しいと言えます。

しかし、先の場合、つまり不十分な制度的条件の下でグループ歌唱療法がおこなわれた場合を取り上げましょう。歌唱はたいしたものとは思われていませんでした。しかし、歌唱は情緒を活性化しました。ところが、特別なレベルの記憶がともない、喪失体験が加わっていました。音楽療法士には時間的制約があり、こうした情緒は抑止されませんでした。他の社会的精神医学的措置はありません。患者は保護されず、自分の感情におぼれるままでした。これとともに、刺激的な安定化とは反対の事態が生じました。

このジレンマは、「愉快な」歌によっても阻止されません。音楽療法士がこれに助けを求めようとしても、この歌は逆説的な効果を持つでしょう。そして、すでにある惨めさは、よりいっそう強力に体験されることになるでしょう。

この実例から次のことがいえます。制度的条件という行為端緒がかわらないとすれば、音楽療法はあきらめなければならないのです。また、グループ歌唱療法が誤解されています。この音楽療法は、比較的問題となる方法ではなく、いずれにしても「喜びと気分の高揚」を広げるとしばしば受け止められます。しかし、今の実例は、流布しているこの想定に警鐘を鳴らしています。

音楽療法の行為端緒としての制度的条件は、療法的イベントを組織する形式です。もちろん、背景にある社会の組織、さらに影響を与える全ての組織も制度的条件に含まれます。

音楽療法の行為端緒としての制度的条件は、行為のコンセプトであると同時に組織の形式でもあります。したがって、療法のコンセプトであるとともに、既存のチームの具体的な協力形式をふくめ、スタッフにかかわる条件でもあります。

これらの要素にどのような意味を与えても良いのでしょうか。これについて別の実例で明らかにしましょう。

音楽療法士は、リハビリテーション病棟で依存症患者との音楽療法をおこなっています。彼女は、おこなうべき療法時間があまりに長いと嘆いていました。この条件の下では、心的葛藤に関わる作業を音楽療法的に行おうとしても、実行できないというのです。医師による指導も、この作業を許可しませんでした。彼女によれば、教育で培った音楽療法的能力を十分に使いこなせないし、この能力を実現できません。

音楽療法士がコンセプト的、時間的決定に関与できないとき、音楽療法として何が実行可能であり、意味があるのでしょう。スーパーヴィジョンの対話では、これが明らかになりました。

音楽療法の作業は、グループ音楽療法として実行できます。その焦点は、鬱積した情緒を活性化し、方向付けること、感情を解放すること、また、協力的態度におきます。方法としては楽器即興およびグループ歌唱療法を用い、社会的コミュニケーションを成立させます。さらに、調整的音楽訓練の領域に属する要素を用いてもよいのです。この訓練によって、もの、人間、主観に関する認知が訓練されます。この主観に関する認知訓練は、現実を感覚的に認知し、これを受け入れさせます。

これらは、依存症患者の音楽療法の作業にとって重要であり、与えられた条件の下でおこなえる端緒です。音楽療法で実現できそうな繊細な目標を設定しても、実行できないことがあります。これよりは、与えられた条件の下で可能な作業をするほうが良いに決まっています。

具体的な制度的条件は、音楽療法的行為にとって、行為の端緒になります。しかし、これは、とんでもない作業条件を仕方なく受け入れることではありません。音楽療法は、現実と対決し、可能な限り効果的な療法の端緒を見いだし、可能なもっとも効果的なコンセプトを明らかにします。むしろ、現実と対決するのです。これら全ては、音楽療法士の意識における優先事項です。

高邁な意図とコンセプトがあっても、わなに落ちて、自ら定式化した目的が実現されないのではいけません。

たとえば、エルゴセラピー、運動療法のように、医学的であり、医療保険から承認され、国家助成がなされている行為形式があります。音楽療法がこれよりも遙かに根拠があり効果的であるコンセプトを明示すべきだ、このように断定しても、音楽療法と音楽療法を代表する人々にとっては何の役にも立ちません。

医学的診療で実行できる簡単な音楽療法の方が、実現不能な「すばらしい」プログラムよりも良いのではないでしょうか。音楽療法の可能な療法的方法は、実際に使い尽くされなければいけません。このためには、コンセプトは可能な限り明確に、説得力ある形で定式化します。同時に、音楽療法サーヴィスがおこなわれる医学的現実に建設的に反応します。

2.2.3. 認知をめざす行為原理、社会的相互行為的な行為原理、創造的個人的な行為原理

出会いの音楽療法は、この三つの行為原則に根本的な意義を与えます。ここでは、教授法的観点のもとで、行為端緒との関連において、これらの原則について叙述します。

音楽療法のコンセプトを叙述するとき、現象学的側面と教授法的側面がよく混同されます。この混同によって、概念の形成、さらに音楽療法コンセプトの理解が不明確になります。

そこで、認知心理学的な認識（現象学的側面）は、たとえば調整的音楽療法の六段階プログラムにおける認知心理学的法則の応用（Schawabe und Röhrborn 1996）（教授法的側面）とは異なります。同じように、グループの相互行為プロセスの合法則性は、グループ音楽療法的視角のもとでこの合法則性を具体的に応用することと同じではありません。同様のことは、ここで初めて叙述される創造的個人的な行為原理にも妥当します。

この指摘は、わかりきった事柄です。しかし、理論的にある程度訓練された音楽療法士もこれを理解していないので、この区別を強調する必要があります。

ここで問題なのは三つの行為原理の教授法的側面です。ここでは、内容的側面は論じません。そこで、この三つの行為原理の本質の詳細については、第一章を参照してください。

この三つの行為原理は、出会いの音楽療法の全ての行為形式（2．1．8．参照）において、さまざまなアクセントを帯びます。それぞれの療法状況の中で、もっとも療法効果のある行為原理が単独あるいは複数で意識的に応用されます。音楽療法士にとって、これは適切な治療に関わる課題です。

行為原理を意識的に取り扱えば、療法プロセスがコントロールされます。そして、音楽療法の効果に関して、何がより確実かが見通せます。

認知をめざす行為原理は、調整的音楽療法（Schwabe und Röhrborn 1996）とともに、そしてこの音楽療法に即して、開発されました。そして、この音楽療法で高度に独立的なものにされました。しかし、認知をめざす行為原理は、この調整的音楽療法の方法に限定されません。それは、出会いの音楽療法の本質的構成部分です。

音楽療法プロセスで現実の認知をめざせば、現実への関わりは広がり、さらに分化します。これは、主観と客観との関係を活性化します。主観に疾病から生じる制約があるとき、認知は限定、あるいは歪曲されます。この主観の制約を減少あるいは解消すること、これがここにある意図です。

症候を中心とすることを行為端緒とし、認知を動員する形で症候体験に取り組むことがあります（Schwabe 1991, 1997）。認知を拡張すること、あるいは分化することは、今述べた意味での直接的体験レベルだけに関わるのではありません。

認知の拡張あるいは分化は、本来の症候体験を越える多くの現実領域に関わります。ここで理解されている認知は、症候の体験から気分をそらさずに、症候の体験を越えるのです。現実への関わりの拡張と分化が対象とするのは、主観の領域です。感じること、考えること、身体性、全ての使用可能な感覚器官の動員、また主観を取り巻く現実、空間、時間、社会性、行為などが対象となります。

行為端緒では、基本的障害あるいは結果的障害という問題性が把握されます。音楽療法の行為として認知範囲を拡張し分化させるとき、この障害のありかたの評価に密接に関連しています。

どのような認知の拡張と（あるいは）分化をめざすべきでしょうか、あるいはめざしうるのでしょうか。これは、行為端緒で定義される最初の状況に依存しています。

たとえば、障害の程度に差はあっても、顕著な意識の狭隘化がある場合、認知をめざす行為原理が第一義的意味を持ちます。

以下に認知対象の様々なレベルを指摘しておきます。もちろん、独断的に実行すべき行為指針を処方する意図はありません。このレベルは、主観の認知する範囲を反映しています。ここにある認知の次元で主観は程度の差はあれ意識的に動き、実存的意味をえます。しかし、教授法的視角からは、療法の対象として訴えかけられる、あるいは活性化される認知の次元が示されています。これらの認知の次元は、ときどきの音楽療法的な可能性および（あるいは）必然性に依存して療法対象となります。

・周囲空間の認知
・空間の境界、内部空間と外部空間の認知

・空間の内外における音響的信号の認知
・対象を認知すること
・人間を認知すること
・目の前にいる人間の可能な行為を認知すること
・人間への反応（関係、近さと距離、感情など）を認知すること
・音響的実在としての音楽を認知すること
・音楽聴取への反応を認知すること
・音楽聴取への他者の反応を認知すること
・自分の人格を認知すること

認知の方向性をとる行為原理を取り扱い、現実を感覚的に把握するとすれば、現実の範囲が拡張され分化されます。これに加えて、現実が意識される、あるいは意識させられます。つまり、認識が成立します。ここで「現実」とは、主観を取り囲む現実、さらに主観自身に関わる現実です。主観は自分をも対象とするのです。

この限りで、認識のこの側面は、音楽療法的関心事として、言語的フィードバックと密接に関わっています（2. 1. 4. 参照）。

認知内容を記述することによって、体験の関連はより正確に把握されます。また、力が活性化し、病的に条件付けられた制約が減少あるいは克服されます。認知障害があり、これによって特定の生活領域が使用されない場合、よりよい生活の質のためにこの生活領域が用いられない場合があります。こうした

場合にも、認知内容を記述すれば、この生活領域が認識され取り扱われます。
音楽療法は、音楽の本質に基づいて、使われていない生活領域あるいは体験領域を開拓します。そして、これによって、患者あるいは障害者の生活の質が改善されます。これが私たちの音楽療法の基本的把握です。病的に生じた制約だけに音楽を療法的媒体として用いるとすれば、これは短絡に過ぎます。

社会的相互行為の合法則性は私たちに知られています。社会的相互行為的な原理は、音楽療法として目的的に使用されます。音楽療法的介入を構想し、実行するとき、社会的相互行為の合法則性が意図的な仕方で効果的されます。
人間は社会的に実存します。したがって、人間の生活は社会的に規定されており、ここから病的レベルにある最も重要な障害のひとつが生じます。そして、社会的相互行為的な合法則性を基礎にして、方法的介入を目的的におこなえば、社会的実存の領域の機能障害は音楽療法によって治療可能となります。

このときに、音楽療法を遂行するときに、自我の社会的関わりがとくに重要な行為上の論点となります。
・「私たち」というグループの匿名性の中で自我を保護する。
・「私たち」というグループの保護の中で自我の能力を試す。
・「私たち」というグループから自我が外に出る、あるいは浮かび上がる。
・他の人々との関わりを開始する。
・他の人々と対決する。

・他の人々との同一性を試す、あるいは他の人々から意識的に距離を置く。
・他の人々と協力する中で役割を試す。
・他の人々に対する感情と意見を表明する。

近さと距離を試すこと、あるいは他の人々との協力の中で自信を得ること、これが社会的相互行為の行為レベルで核心となります。同時に、これは一時的に他の人々に対して距離をとる能力を意味します。この時には、隠れていようと、および（あるいは）公然とあろうと、攻撃性、気後れ、良心の呵責、あるいは負担となる他の感情はあってはいけません。

出会いの音楽療法は、病的に重要な障害を緩和し、可能であればこれを除去します。しかし、これだけが開始点ではありません。病気あるいは他の根拠から今まで用いられなかった生命衝動、造形力、個人的活動性があるかもしれません。これらを喚起することが適正な治療となるところで、この喚起が可能または必要であると示されるところで、出会いの音楽療法は始まります。これは出会いの音楽療法の本質に属することです。

ここに個人的創造的な行為原理の端緒があります。この行為端緒は初めてここで導入され、叙述されます。

体験の内容と行為したいとの衝動を活性化することが療法的に必要であり、求められるとき、この活性化が個人的創造的な行為原理の目的となります。これらの体験内容と行為衝動は、既存の障害にかかわってはいけません。あるいは障害を知り、受容する必要があります。さらに言えば、「障害があるにもかかわらず」、刺激されなければならないのです。

この理由から、既存の可能性と障害は、最初に行為の端緒において、可能な限り正確に分析します。これは、具体的な場合に、患者に受け入れられる刺激を選ぶためです。

個人的創造的な行為原理の基礎となる音楽療法的アイデアを得るために、可能な限り正確な状況分析がおこなわれます。この場合に適正な治療が行われるのは、次の場合です。まず、障害の特有性のために、病的に損傷を受けた人格領域が療法的に取り扱えない場合です。さらに、創造的衝動を活性化すれば、間接的または直接的に障害が減少あるいは除去される場合、あるいは少なくともこれに役立つ場合です。個人的創造的行為の原理は、ここで初めて音楽療法的または心理療法的な措置方法となります。この原理は、何も新しいものではなく、療法実践のさまざまな関連の中で多様な形式で実証されています。この行為原理にかかわる世界では、特に正統派の心理療法理論家は、これが心理療法ではなく教育学だと主張します。これは、よく知られていますが、この論争は無意味です。

個人的創造的衝動を促進することは、教育学にとって重要であるとしましょう。このときにすら、この行為原理は音楽療法のコンテクストで心理療法的意味があります。もっとも、療法的効果が確実だから心理療法的だというのではありません。

さらに、心理療法的な行為原理としての個人的創造的な行為原理には、「先人」がいます。自然科学的に方向付けられている医学も療法的行為原理です。しかし、医学は健康な身体的（防御）力の活性化もよく理解せず、障害への医学的に根拠ある介入をうまくおこなえません。いわゆる健康な身体的力を強化すれば、ここから病的損傷の緩和が明らかに期待できるでしょう。

出会いの音楽療法の実践において音楽療法の行為原理を使用すると、音楽療法士は自分のアプローチをより容易に洞察し、これによって自分の行為を容易にします。このためには、何を、どこで、何故おこなうか、これについて可能な限り明確に評価します。このかぎりで、行為原理は音楽療法の実践の手段です。

2. 2. 4. 行為の前提としての状況分析、自己反省、スーパーヴィジョン

前もって概念をつくらずに、療法状況にいわば「空の手で」行きなさい。これは、研修中の未来の音楽療法士への私の助言です。自分の意図によって負荷を与えられないで、心を開いて患者を認知する心づもりをもてということです。これはコンセプトの欠如とよく誤解されます。しかし、患者の状況に心を開くことは、私たちの音楽療法コンセプトの本質的構成部分です。

この「状況に対して心を開くこと」は、もちろんこれだけではありません。ここで、以下の三つの事柄は弁証法的に密接に結びつけられます。もちろん、基本となる理論と仕事をマスターすることが基礎となります。

・状況分析
・自己反省
・スーパーヴィジョン

状況分析には三つの重点があります。

第一に、最近の療法で音楽療法士が患者を体験した状況、その間に患者に起こりえたこと、これらを意識化することです。患者に起こりえたことは、音楽療法士によって制約された形でしか認知されません。療法士が制度的なプロセス全体に関与するほど、起こりえたことの認知は制約されます。

第二に、療法が始まる前と開始時の直接的状況をできる限り正確に認知することです。

第三に、療法士が最初の療法刺激を与えたとき、これに対する患者の反応を可能な限り生き生きと関心を持って認知することです。療法のその後の歩みは、これから生じます。

自己反省は、音楽療法士自身の直接的な精神状態に関わります。この状況については、すでに叙述しました。

別の深刻な印象に妨げられないほど、自己反省は切実な関係に向かうことができます。効果的な療法状況という観点からすると、これは促進すべきです。しかし、わたしは夢想家ではありません。音楽療法士が患者に接する時、しばしば多くの出来事による負担を背負っています。これは良くないし、、正しくありません。療法士の精神衛生を求めることは、いつも焦眉のことです。そして、この要求が見かけ上無視されるときにこそ、切実に必要なのです。

療法士は、資料とコンセプトに関与します。療法状況は、この資料とコンセプトによって作られる、あるいは作られるべきであると考えられています。しかし、資料とコンセプトへの関与は療法を制約します。さらに、期待および成果の圧力が加わることによって、患者の本来の状況を認知するために心を開くことがかなり制約されてしまいます。

スーパーヴィジョンは、距離を置くことができることを意味します。さらに、行為を考察すること、この考察に関連する体験を意味します。このために療法士は相方、経験豊富で枯れた「スーパーヴァイザー」を必要とします。

確実な療法活動をするためには、スーパーヴィジョンはいつも必要です。療法の現実を認知することは、能動的行為と体験によって特徴付けられ、また制約されています。療法の現実についての認知の制約と療法士による現実認知は、スーパーヴィジョンによってかなり正確に把握されます。また、できる限り情緒から解放されて、この認知を取り扱えることになります。また、スーパーヴィジョンは、精神衛生の意味で療法士の情緒的負荷を軽減し、同時に実行能力を強化します。この限りで、スーパーヴィジョンは療法士の精神的健康管理に役立ちます。そして、患者の療法状況に直接肯定的に影響を与えるのです。

療法士のスーパーヴィジョンは不可欠であり、恒常的な作業上の基礎です。この理解は重要であり、スーパーヴィジョンを実現する必要があります。しかし、実践においてこれが不可能であるときでも、この機能が実践に属することは可能です。このためには、意識が高められなければいけません。スーパーヴィジョンについては、誤った見方があります。つまり、これは音楽療法士育成を長引かせるための必要悪であり、可能な限り早く終わるべきであるというのです。これは誤りとしなければなりません。

スーパーヴィジョンは、音楽療法についての効果的な考え方、感じ方、行為のあり方の教授法的な構成部分です。これなしには、状況分析、自己反省、スーパーヴィジョンという三つの本質的構成部分が欠如してしまいます。

2．3．音楽療法的行為からの例

この節では、可能な行為関心に関して教授法的な考え方、行為端緒の条件の考慮、この条件から引き出される結論について、個別的実践例に即して叙述されます。

この時に、全く異なる次元の実践例が取り上げられます。教授法的考え方が必要とされ実行される緊張領域を明らかにするためです。様々な実践領域で、音楽療法的行為を応用する条件に関して、また、細部にわたる個別の関心とコンセプト的熟考について叙述されます。

これらの実例を用いるのは、教授法的関心からだけではありません。出会いの音楽療法は、実践が関与する現実に対処しようとします。このとき、この音楽療法は困難に直面し、これを処理しなければなりません。この困難についても実例から明らかにされるのです。

音楽療法士は、もちろん自分の仕事にとって望ましい労働条件を見いだそうとします。しかし、これは、実践においてほとんど見込みがありません。抵抗と困難に満ちている現実、これが通常です。ただ外的な条件だけが変更可能です。そして、この変更が可能であるのは、音楽療法士の関与を通じてです。しかし、次のことが適切である場合の方がより多くあります。すなわち、現実を可能な限り正確に理解し、この現実を行為端緒の一部として理解します。さらに、この了解についてそれぞれの療法的関心から定式化するのです。

以下の実例は、出会いの音楽療法の極めて相違する領域から集められました。これを作製したのは、一九九五年から一九九七年にかけての講義参加者です。出会いの音楽療法の実践は、多層的です。実例はこの多層性を具体的に明らかにしています。

現実にはさまざまな条件があり、音楽療法士はこれによってしばしば限界が与えられます。わずかな例外は別として、音楽療法はこの限界の中で可能なのです。それぞれの論考は、限界内での音楽療法の実現について解明しています。

〈一九九七年プロジェクト作業への前文〉

幼児施設における多重障害児の個別的支援

アストリート・レンツ

子供の最初の状態

パウル、三歳九ヶ月（名前は仮名）は、この一年幼児施設で私たちのもとにいます。子どもたちは、さまざまな問題状態を抱えて私たちの所にきます。子どもたちの訪問は週に一度一時間です。子どもたちとの作業とは別に、両親へのアドヴァイスと他の施設との協力が必要です。

パウルは一歳で白血病になりました。治療（化学療法）の間、彼は半年間病院に入院しました。免疫システムが弱ってしまい、二歳の時になった麻疹がひどくなりました。パウルはこれの結果として髄膜炎になったのです。治療担当の医師たちは、彼に生き延びるチャンスをわずかしか与えませんでした。

今パウルは認知能力がかなり制約され、どの程度まで以前の能力を回復できるかは不明確です。彼には視覚障害があります。これは自律神経的に条件付けられています。この視覚障害はさしあたり治療不可能であり、これがパウルにとって最大の問題となっています。

パウルは、攻撃的な態度を示します。自分の意思が分かってもらえないとき、自分の周りに対して手足をばたばたさせ、床にひっくり返り、大声を出しました。パウルに関わろうとしても妨げられ、コミュニケーションは極めて困難です。

周りからの目的要求と期待

音楽療法は初期支援の一部で、可能な限り早期に現実的な治療を始める手段を見いだすこと、これが求められました。どのようにすればパウルは自分の能力と人格性を（彼の障害の程度にかかわらず）発展させられるのでしょう。私はこの可能性を発見しなければなりませんでした。私の課題は、専門的に、謙虚に、首尾一貫して、彼をサポートすることでした。

両親の目的と期待は、施設のそれよりも遙かに高いところにあります。両親は障害を受け入れる途上にあります。夢と願望がここで大きな役割を果たします。どんな小さな進歩も、パウルが再び健康となり、以前と同じになる印と思われます。

実際の行為状況と体験状況、実践に即した推論

パウルは、きわめて制約されてしか自分の身体を認知できません。彼は私たちと同じように見ることはできません。彼の空間認知は、ほとんど形成されていない状態です。運動は高度に不安定です（彼はしばしばつまづきます）。自分の周囲の世界との関わりは成立しません。彼の身体は、今まで常に管理されてきました（病院での固定）。その結果、彼は今どのような形での接触にも激しく抵抗します。仲間とのコミュニケーションは、行動によって困難となっています。

パウルと作業するためには、さまざまな考慮と問いが重要です。

・両親は子どもの障害を受け入れるプロセスにあります。子どもの環境についてのイメージを得るために、次の段階として家庭を訪問し、両親と対話します。

両親と子どもにとっては、親しめる雰囲気が重要です。

・私たちに残された時間の中で何が可能でしょうか（支援の終結が一九九七年八月）。

・特別のグループ（幼稚園）への入園が迫っています。両親はそれに大きな不安を抱いています。パウルがここに入園するほどの障害ではないので、両親は自分たちの決定に自身がないからです（心の整理）。幼稚園と連絡。場合によっては午後の訪問。

パウルには、私からの情報がえられる感覚領域がありました。行為端緒について考慮し、これを出発点にしました。この感覚領域には障害がありません。私はこの領域を介して、彼とコミュニケーションできます。パウルは、自分と自分の身体のイメージを再び得る必要があります。パウルは、まず全く基礎的な関連を自分のために切り開かなければいけません。これが基礎となって、その後の学習と認知のプロセス全てが展開します。次の段階の目標はいつも新たに定められます。

パウルでは、認知をめざす行為目標が前面に出ます。すでに述べた行動様式が認知の制約から生じ、周囲世界とのコミュニケーションを困難としているからです。

行為の手段としては、制作をめざす活動が選択されます。私によって何かが求められるとの不安をパウルから除くために、鏡の上に泡で描画することを選ぶことにします（方法）。

一九九七年二月十一日の経過

パウルはまず私を長く見つめ、その後やってきて泡を試そうとした。最初は泡（ひげそり用の泡）の匂いをかぎました。その後に、泡を手に取り、全く集中して両手で感じていました（彼は泡遊びをしました。基礎的刺激）。彼はおずおずと鏡の所に来て、ゆっくりと片手で描き始めました。

この時間の体験

パウルとの今後の作業ついて、私はよい感触を得ています。これがパウルにとって正しい道です。これは私が前もって熟考したことからわかります。もちろん、彼には多くの時間が必要です。

多動性の子どもとの音楽療法
プロジェクト作業「じゃま者ローベルト」

イングリッド・ヴォールゲムート

制度的条件

・地域健康保険組合のプログラムにおける健康コース「緑の側から」
・コースのコンセプトと名称（落ち着きのない男の子　別のこともできる！　子どもたちの多動性をなくす）を私は引き受けなければなりません。
・健康保険組合が組合員のためにコースのコストを負担します。
・コースへの申し込みは、中央管理部門を介します。

人的条件

・私は有給職員です。コース開始以前には、子どもたちの参加を申し込んだ両親に接していません。
・七歳から十一歳までの五人の子どもたちがコースの初日に参加します。私は子どもたちを知りません。
・きわめて多様な理由から両親が子どもたちのコース参加を申し込みました。この理由については、私は知りません。
・ローベルトは、もっとも年長です。また、もっとも背が高い子どもです。
・良き市民家庭における落伍者。家庭では厳格な秩序、規律、時間厳守があります。
・きわめて厳しい父親、愛情に満ち心配性の母親、成人した姉、全員がローベルトに注意を払っています。

時間構造

・コース期間は一〇週間、週に一度、一時間、夕刻十七時より。

要求

・地域健康保険組合　「落ち着きのない男の子」は変化できるにちがいありません（そしてこれをまわりに証明しなければいけません）。

・両親　ローベルトがコースの後に今までとは違うように振る舞い、否定的な形で目立つことが少なくなってほしいと望んでいます。

・私自身　子どもたちがより落ち着くようにして、最終的に成功したとわかる形で成果を上げようと思います。これはプレッシャーになっています。

このように、条件は考えられる限り不都合です。こうした条件一般の下で、ローベルトのような子どものために、私は何ができるのでしょうか。

まず、私自身の要求を取り下げます。これは実現できません。情報提供のために、コースを開始する前に、父母の夕べを開催すべきだったかもしれません（このコースで何が可能であり、何が求められるかを互いに理解するためです。この目的のためには、父母の夕べをユース開始前におこなわなければいけません。場合によっては、健康保険組合の担当者も参加します）。

ローベルトの多動性は、周囲の世界への一つの反応です。「ローベルト、おまえは私たちのじゃまになっています。ローベルト、静かにしてください」。このように、彼はいつも言われているのです。家あるいは学校など、どこでもそうです。この周囲の世界も変化すべきでしょう。騒いでは文句を言われ、そしてまた騒ぐという循環があります。この循環は、外部から中断されるべきでしょう。ローベルト自身だけからは、どんな変化も期待できません。両親は無関心です（両親はローベルトをコースに連れてくるとき、決して自動車から降りません）。ローベルトとその教育者を一緒にした行動療法は、現実的ではありません。

何かをおこなうとき、誰が行為すればよいのでしょうか。

このこと全てが、私の出発する端緒となります。

結論

週に一度、私はローベルトのために別の環境をつくることができました。ここで彼は評価にさらされません。やかましく監督されません。規則も与えられません。彼は思う存分にやかましく、不正常であってよいのです。そして、この状態を意識的に認知することを学べます。楽器即興がこれにふさわしい手段です。フィードバックのときに、彼はおなじみの反応を受けるかもしれません。しかし、適切な演奏の中では、私は彼に可能性を開くことができます。彼は、自分が別の役割、静かな人間の役割にあることを体験し、これを認知するのです。そして、この役割を果たせるか、自分がそれを望むかについてもはっきりさせるでしょう。他の子どもたちがフィードバックすれば、これも彼には役立つでしょう。そして、私は、演奏の中でグループ全体が互いに出会う余地を与えられます。この演奏は物語と結びつけられています。この物語の中で、子どもたちは自分自身でありながら、今までとは異なる交流ができます。子どもたちはその瞬間にある役割を演奏し、これによって新しい交流が可能になります。このようにすれば、ローベルトに新たな体験のしかたが開かれます。これができれば、私はローベルトのために多くをおこなったことになるでしょう。

「個人的な生活克服」特殊学校での出会いの音楽療法　ハイケ・カッスーベ

知的かつ身体的に障害のある青少年のための特殊学校で、私は五ヶ月見習いとして働きました。最初のクラスで、私は音楽療法を実行しました。

七歳から十七歳まで九人の子どもたちが私のクラスにいます。子どもたちは、知的かつ身体的発達に関して大きく相違しています。症状の像は、重篤な多重障害、学習障害、発達遅滞、知的障害、行為障害です。

八時に子どもたちのための授業が始まります。授業は、さまざまな生活実践の領域のものです。これとは別に、多種の療法が提供されます。

グループ音楽療法は、金曜日の最初のクラスでおこなわれます。クラスの二人の子どもたちは、私が個人別療法でも担当しています。

問題の叙述

子どもたちの障害には相違がありました。この理由から、共通の行為をおこなう基礎の発見は困難でした。多動性がある一方で、行動能力の欠如があります。さらに、明確な探索欲求と並んで高度の知的障害があります。私はどんな子どもも除外したくありませんでした。そして、全ての子どもたちを療法イヴェントに組み込む方法を探しました。子どもたち相互の関わり方は、常に変化します。この変化が状況を困難にします。病気によって、子どもたちはやってこなかったり、遅れてきたりします。グループの性格は、これによって不明確になります。私は全てを「調和」させたいと願いました。しかし、これはますます困難となり、私は不満足に陥ったのです。

この状況を変化させようと思い、二つの重点を考えました。一つは、子どもたちの多様な反応を正確に認知することです。他方は、共通の行為という関心を批判的に吟味することです。

解決の端緒

子どもたちは、自分の衝動から何を明かしたのでしょうか。私はこれをかなり正確に記録しました。自発的な物まね、身振り、気分などの多くの表出があり、さらにさまざまな形式の身体的接触、願望の提示、感情の表現などがありました。私がこれらの反応を取り扱った一例は、マティアスです。グループの時間は、挨拶の歌で始まります。この歌の間にマティアス（多重障害があり、個人別音楽療法で治療されています）が立ち上がり、私の所までやってきました。私と踊りたいというのです。マティアスは外の世界とほとんど関わりませんでした。踊ることは異例なことです。私はふさわしい音楽を提示しました。そして、彼とともに円を描くように動き、他の子どもたちも運動即興をおこなうように励ましました。

全てを「調和」させたいとの考えはどうでしょう。

行為の端緒と行為の関心をよく考える必要がありました。極端に異なる個性と障害のある子どもたち、さらに変化する関わりの状況がひとつのグループにあります。この状況で「共通の体験」が重要なのでしょうか。私は全員に公正であろうとする願います。この願望が子どもたちの発達をどの程度まで妨げているのでしょうか。

結論

子どもたちは、さまざまな関心と欲求を持っています。これが端緒です。そして、子どもたちの反応を細かく認知して受容することが療法活動の基礎となります。具体的な状況に対応して、子どもの個性を促進し安定化します。この個性が体験可能となり、発展させられることが有効です。

子どもと青少年にかかわる精神医学での私の音楽療法作業の開始について

アンドレア・クヴェンツェル

私は知的障害のある子どもと青少年のための学校で働いています。私は音楽療法士として経験を積もうと思い、子どもと青少年の精神医学の領域で音楽療法をおこなおうと同僚とともに決めました。子どもと青少年からひとつのグループつくり、週に一度音楽療法的に治療するのです。私たちは出会いの音楽療法を研究していました。この体験活動は、研究を補足するものとして価値があり、必要であると考えられました。自分の研修において体験したことを子どもと青少年との作業で実行したい、とりわけこれが私の希望でした。

外部から、すなわち療法チームに所属しないで子どもたちにアプローチしようとしても、たいへん困難です。病棟の指導的な主任医師は、患者に音楽療法を応用することに強い関心がありました。子どもおよび青少年と作業したいと私たちは希望し、これは聞き入れられました。音楽療法は、一九九六年一月から火曜日の十五時から十六時までおこなわれました。それは開かれたグループで、三人から五人の子どもと青少年からできていました。主任医師またはその同僚が私たちに参加者を提案し、編成しました。私たち二人はつねに一緒に作業し、グループ指導者と共同療法士の役割を週ごとに交替しました。

私たちは、規則的に開催されるケース検討に参加できませんでした。これは職業上の根拠からです。病棟の他の職員との関わりはわずかです。一人一人の子どもおよび青少年について、その必要な背景的情報は、主任医師との話し合いからえられました。

背景的知識なしに新しい患者と作業すること、これはありえます。私にとって、これは必ずしも不都合ではありませんでした。とらわれをもたずに開始するという長所があるからです。

主任医師は経験を積んでいました。「療法的要求」をそれほど高くしないようにと彼は指摘し、この言葉は私たちの耳に残っていたはずです。そして、子どもと青少年には、部分的ではあれ顕著な精神的、情緒的、社会的困難がありました。これもよく分かっていました。しかし、このような子どもおよび青少年との作業がどれほど困難でしょうか。私自身にある妨げから来る限界がこの作業によってどの程度まで示されるのでしょうか。こうしたことについて、私は意識していなかったのです。もちろん、今日の時点からの反省です。

不安よりは好奇心をもって、私は最初の時間を始めました。療法の時間は、グループ構成の相違によって、同時にその時々の気分によって、様子が大きく異なりました。

療法の時間後の私自身の精神状態は、状況に対応していました。予期したほど子どもたちに手が届かなかったとの印象があり、私はたいそう不安になり、困り果て、ふさぎ込みました。何を間違ったのでしょうか。どの行為指針を用いれば、期待された反応が生じたのでしょうか。グループの状況から時間の課題を正しく見抜けなかったのでしょうか。私はこのようにいつも自問しました。その後、子どもたちとの大変すばらしい時間がありました。今日は「これほどうまくいった」と満足し、本当に幸福でした。こうした困難な子どもと青少年との音楽療法に私たち二人ではじめてとりくんだこと、これについても私はつねにうれしく思いました。

このようなことがなければ、これほど長期に療法が継続したのでしょうか。今日（ほぼ一年半後）、私はこれには答えられません。

療法後には、対話が行われました。私が力と新たな勇気をえたのは、とくにこの対話からです。私たちは、グループ指導者として相互に行動を検討しました。課題あるいは実践は、グループの状況にふさわしいのでしょうか。子どもあるいは青少年は、どのように反応したのでしょうか。私たちはどのように反応したのでしょうか。それはなぜなのでしょうか。私たちは、これらについて分析しようとしました。また、子どもたちは、どのように私に反応したのでしょう。グループ構成員相互の拒否と攻撃はしばしば言葉で終わりませんでした。これは私には極めて耐え難いことでした。対話の瞬間には、こうした気持を表明できました。これも、私にとって大きな助けとなりました。さらに、心配事についても話すことができました。私の療法の時間に生じていることを誰かが外で聞いているかもしれない、これが心配だったのです。

私が何かを提供しても、一人あるいは複数のグループ構成員がこれを全て拒否したとき、何をすべきでしょうか。私は、この問いに答えられませんでした。答えを見出せないことが私にとって音楽療法開始時の主要な問題でした。

私たちは、その後（一九九六年十一月末、十二月はじめでした）四人の少女のグループで、この拒否こそが主要問題になると気づきました。

私の印象では、私が思っていたものを「提供」できるはずでした。しかし、少女たちは何も一緒に行おうとしません。少女たちは拒否し、ある時はまったく人間関係から離れ、騒ぎ回りました。この時期には、私はグループの指導者あるいは共同指導者として腹痛を感じながら療法の時間へと通いました。その後、私たちの研究の範囲内にあるスーパーヴィジョンの時間にこの問題を述べることができました。これは大変にうれしいことでした。

研究グループの他の構成員が私を援助してくれました。これは思いもしないことでした。研究グループの別の構成員は状況を描写し、私の行動を映し出しました。このとき、私は自分の行動と青少年の反応にある関連を認識したのです。

ようやく事態がわかりました。私たちが準備し、「提供するサーヴィス」を考慮したとき、グループの状況を十分に把握しませんでした。これによって、より柔軟な反応ができなくなったのです。「適切な」瞬間に「適切な考え」がないとの不安が私にありました。また、コンセプトによって成功のプレッシャーに曝されていると感じていました。このように、私は自分を二重に妨げていました。このために、この四人の少女の状態をそれほど細心に観察できなかったのです。もちろん、自分では観察をうまくできると考えてはいたのです。

私の療法上の要求は、高いものでした。また、私は青少年の反応を簡単に受け入れられませんでした。精神状態の認知、受容、許容が十分にできなかったからです。スーパーヴィジョンはこれを明らかにしました。

このスーパーヴィジョンは、私が考え直すための転換点になりました。

私に明らかになってきたことがあります。この四人の状況では、心理療法の方法はより無条件的で、より受容的で、はるかに細心に認知的であるべきです。そして、自分を疑う形で評価してはいけません。

スーパーヴィジョンがすんだ後に、療法の時間に何が起こるかを見ようと努めました。正しい端緒を見いだそうと思い、そのための関係をつくろうとしたのです。再びより自由な気持で私は療法の時間に行けるようになりました。前もって想定したのと別のことがおこなわれたときにも、気が滅入ることもそれほどありませんでした。私はこれに気づいたのです。この結果、私はよりリラックスして即興演奏し、反応するようになりました。私たちは、四人の少女との作業でほんのわずか前進したのです。残念なことに、この直後にグループは解散しました。病棟での私たちの活動が終了したのです。

もう一つ重要な点は、患者と療法チームとの人間関係です。この関係は複雑ですぐに機能しなくなります。

一面では、私たち二人には時間的拘束がありました。他の療法士や同僚と協議する時間はわずかでした。また、ここでも他の人間に歩み寄ることの困難を感じました。子どもと青少年との作業が今日は大変に困難であったと語れませんでした。また、この患者たちが別の療法であればどのように振る舞ったかを問うこともできませんでした。

ここでは、ある療法士との対話が役立ちました。クリスマスまえに共通の企画を準備する中で、この対話は偶然になされました。私は、チームの対話、共同作業の重要性を感じました。これは共通のやり方を確保するためだけではありません。エネルギーを獲得し、ここからさらなる作業の力をえるためです。

ある施設における障害者たち

アストリート・オライスベック

対象グループ

さまざまな原因から生じた中程度の知的障害を持つ成人たち

環境

・知的障害と精神病をもつ六人から十人のグループの住む施設
・主に個室
・全ての障害者は障害者の作業所で働いています。

見通し

・療法士は補助的な手段を使えません。
・私はグループ構成員の面倒を見、同僚の負担を軽減しなければなりません。
・施設長は、私が場合によっては病気の経過に影響を与えられると期待しています。
・重要なことは、事柄をよく教えこみ、処方を正しく用いることです。

最初の状況　療法士

・全てのグループ構成員、その家族状況を知ります。
・担当者であり、信頼できる人物になります。
・全ての世話を実行します。

クライアント

・施設内で可能な限り多くの有益な仕事をするように求められています。
・自立的な行動と自立性は施設内ではわざわざ求められません。これは「機能」しなければならないのです。
・両親との別れ、あるいはその死が極めて苦痛に体験されます。
・両親の過保護からグループ生活が重荷となる成人が生じます。
・施設外あるいは親戚との関わりはわずかです。

・自分の性を意識すると、しばしば生きる楽しみがなくなります。
・グループ構成員と関わることが困難です。

私に何ができるか

・「障害者の」欲求を発散させます。あるいは、この欲求を取り上げます。
・パートナーとしての関わりを試してみます。
・グループの他の構成員と関わることができます。
・子ども時代と両親を思い出します。
・一緒にいることを肯定的に体験します。
・障害者をそのまま認めます。

私に何ができないか

・施設におけるクライアントの作業あるいは生活に対立することはおこなえません。

時間配分

事前の時間　二つの部分からなるダンス。
　第一部　音楽に合わせて各人が運動します。
第二部　手を握り、輪になって共に進みます。

今の時間

第一部　再び輪になって共に進みます。

第二部　パートナーを探し、手をつないで共にダンスします（最大三人のパートナーが可能です）。

フィードバック

あなたたちは誰とダンスをしましたか。あなたたちはとりわけ誰を思い出しますか。

答え

・モーナからエアハルトへ。エアハルトは両手で私にくるように合図したからです。

・ザビーネは言います、「私はゲスタを探しました。私は彼とうまくやれるからです」。

・エレンは言います、「私はエックハルトをさがしました。私は彼といたいからです」（彼女は他の点では人見知りをし、ほとんどしゃべりません）。

・ハイデローゼはテーマについて答えません。パートナーと一緒に回転し、お辞儀をしたようすを彼女は示します。これが楽しかったからです。

老人施設における音楽療法（三週間の実践）

カトリン・ヴォルフとウーテ・ヘスナー

1. クライアントについての説明

・参加者の年齢は七〇歳以上
・十八人の定例参加者

病像

・多様な程度の老人性認知症
・軽度から重度までの身体的障害

結果としての社会的障害

・障害に由来する大きな不満
・情緒的心遣いの欠如による孤独化
・個性喪失
・受動性、要求の欠如（いずれにしても老齢で病気）
・多くの防御行動（古い行動パターンへの固執）

2. 条件の領域

2.1.制度的条件

時間構造　三週間にわたる毎日の音楽療法
空間　遊戯ホール
施設では今まで音楽療法がなされたことはありません。

2.2.グループにおける条件

・音楽療法への参加は任意です。
・居住者の一部はカードゲーム、組み立てなどのために集まります。
・食事はおもに大きなグループでおこなわれます。
・はっきりしたグループの上下関係的秩序（人々とスタッフがますます多く関わることによって、この関係は強められます。ここで人々とは、人とうまく関われる居住者や地域社会から来た人々のことです）。
・居住者は施設実習による娯楽サーヴィスを期待しています。自分の活動を期待していません。居住者は音楽的楽しみを求めています。

2.3.人的条件

・施設の指導者は、音楽療法作業に関心を示し、このプロセスをともにしました
・一部のスタッフは、居住者に提供されるこの選択肢について大変喜んでいました。
・一部の人は、この作業を余暇活動とみなしました。

・スタッフには、時間的につよいプレッシャーが与えられていました。サポートも協力もほとんどありませんでした。

3．教育論

・安定化します。
・対象に関わる能動的音楽療法（オルフの楽器を用いた歌唱、ダンス、即興演奏）
・受容的音楽聴取
・能動的緊張緩和（身体認知）
・フィードバック
・フィードバックを介して、想起し物語る可能性を生み出します。
・参加者が自分自身と他者を今までとは別のように理解します。
・人間関係に関する作業

4．何を行えるか、何を行えないか。

以下のことが可能です。
・対象に関わる能動的音楽療法
・受容的音楽聴取、能動的な緊張緩和の可能性
・フィードバック、思い出と今について対話します。
・体験の新しい可能性を提供します。

してはいけないことは、人との関わりに関する作業です。短期間であり、サポートもないために、人間関係について生じたことは、スタッフによって受け止められ、取り扱われることが不可能です。

2．4．プロセス診断　［クリストーフ・シュヴァーベ］

音楽療法のためのプロセス診断を求めることは、新しいことではありません。しかし、音楽療法のためのプロセス診断は、今まで十分に解決が与えられていません。私たちは八〇年代から調整的音楽療法にプロセス診断を用いています。この診断はヘルムート・レールボルンと共同研究者が開発しました。それ以来、心理療法的実践と調整的音楽療法の教育プロセスの中でうまく応用されてきました。しかし、能動的グループ音楽療法の方法と出会いの音楽療法にとっては、これが欠けていました。この理由から、九〇年代の初めから、わたしは関心ある同僚にこの課題に取り組むように勧めてきたのです。そこで研究グループが作られ、比較的長期にわたってこの課題の実現に努力してきました。この研究の経過の中では、極めて多様な困難がくりかえし生じました。その結果、完結したコンセプトを提示することには成功していません。

次の論文の著者、フランク・ムントは、この課題の実現とこれに関連する理論的コンテクストについて論じました。これは今述べた事情からするとりっぱな業績といえます。能動的グループ音楽療法の方法と出会いの音楽療法に適用されるプロセス診断については、遠くない将来に目標が達成されると期待されます。

能動的グループ音楽療法のためのプロセス診断への道　フランク・ムント

前書き

私たちの社会では、ますます社会的矛盾が増大しています。社会の健康保険制度の中では、ここに位置を占めるための戦いがおこなわれます。この戦いは、正当化する圧力を引き起こすでしょう。音楽療法と他の心理療法は、正当化の圧力に直面しています。同時に、最近の研究史的展開に直面しつつ、音楽療法は根拠にもとづいて理論化され、プロセスと効果についての研究がなされています。

心理療法士法に関する問いへの所見では、音楽療法の研究が質においても量においても「極めて乏しい」とされています[7]。また、固有の療法的効果の証明は「完全に不確定」とされます[8]。こうした根拠から音楽療法は、「よく実証された心理療法の方法に匹敵し、これに同格であるとともに自立的な選択肢であるような、独立した療法の方法」とは見なせないというのです[9]。この所見者の方法はメタ分析的で、数量化的研究方法へと狭められています。たしかに、これは批判に値します[10]。しかし、彼らの論証は、確固としています。音楽療法士は、その行為を方法的に正確に、とりわけ他の心理療法の諸形式と両立するように構想すべきです。また、音楽療法士は、療法の効果について後で検証可能な仮説的発言をおこなえるべきです。そのために、音楽療法士は治療経過を適切に記録します。このような事柄はとっくに行われているべきなのです。能動的グループ音楽療法の方法体系のためには、プロセス診断が可能なコンセプトをつくらなければいけません。治療の効果を評価できるためには、研究の手順にしたがって、療法的出来事をプロセス診断的に把握する必要があります[11]。

本論文は、能動的グループ音楽療法のためのプロセス診断を工夫する中で判明した出発点、問題、暫定的成果をスケッチします[12]。これは、アルコールおよび薬物依存症の患者の入院治療における楽器即興のためのものです。

中毒患者の治療における楽器即興
いくつかの理論的仮定

ドイツ民主共和国では、すぐれて活動を重視する心理療法研究がなされていました。このコンテクストの中で、シュヴァーベは「グループ心理療法の因果性原理[13]」を構想し、能動的グループ音楽療法を音楽療法的な介入方法の体系として計画しました。この方法では、生産的な音楽的活動とグループ・ダイナミックス的な出来事が用いられ、患者はこれを介して治療目的に到達できます。シュヴァーベの理論構想[14]は、最近ほとんど変更を加えないで出版されました。これは七〇年代終わりの心理療法研究における価値ある功績であり、音楽療法全般を理論的に基礎づける試みでした。広くおこなわれていた音楽療法的作業、打楽器や他の楽器を用いて自発的に即興する作業も、ここに含まれていました。

依存症患者の療法のためにシュヴァーベは楽器即興を「音楽療法の基礎療法」と定義しました。この音楽療法の背景は「訓練に関わり…認知的方向性の行為原理」であり、その焦点は療法の「心理療法的課題」におかれます。そして、ふさわしい「演奏内容」が議論されました[15]。

楽器即興を方法論的かつ教授法的に規定しても、プロセス診断の研究手順を導き出せないでしょう。これを考慮して、楽器即興に意義ある三つの観点を予備的にかなり正確に吟味します。また、よく知られた考えをいくつか濃密化し、新しく熟考して深めたいと思います。

・この治療方法の適正な治療のありかた。療法が経過する中で、患者の体験と行動の変化を認識できるためです。

・楽器即興の作用要因。変化が観察されるとき、この変化がこの介入方法の特有な療法的力からどれほど生じるかを判定できるためです。

・音楽即興での象徴的なものの役割。療法プロセスを感覚的に認知するとき、変化がどのようにこの認知で表現されるかを把握するためです。

プロセス診断の中では、楽器即興の中で把握される発展のすべてではなく、ただ療法的に意義のあるものだけが実際に写し取られます。プロセス診断が適切な治療のあり方と楽器即興の力を視野に入れるとき、これはうまくいくでしょう。

中毒症患者の離脱治療における楽器即興の適正な治療のために

全ての心理療法的方法にとって、適正な治療と禁忌についての問いがあります。楽器即興の場合、あるいは一般的に心理療法の構想の場合、簡明で概観可能なデータの提出は困難です。これは身体に関わる療法との相違です。心理療法研究は、適正な治療のありかたを診断と病像から定めなくなりました。

しかし、能動的グループ音楽療法はその努力をしています。[16] 心理療法の潜在的可能性は、複数の要素からかなり適切に規定されます。[17] これらの要素は、相互に補完し強めあいます、あるいは相殺しあいます。

依存症患者の離脱のために楽器即興をするには、予想の観点から、少なくとも三つのレベルが重要です。

・療法への意欲。離脱が成功するのは、患者が充分に心理療法への意欲を持つときだけです。[18]

「本物の」苦しみが指標となります。依存症患者は、症状と心理社会的な障害の深刻さに内面的に苦しみます。これは、治療を決意したことからの帰結です。患者の情緒的開放性と正直さは、楽器即興の出来事の中でいつも明確な形をとります。即興の経過にとって、これは指標として大きな意味をもちます。苦しみは、自我にある成熟した部分がとる現実的立場です。これは、音楽療法の中で患者を協力へと導きます。患者は作業に関与するのです。患者がこれを拒否すれば、療法士は理由を発見しようと試み、これについて言及しようとします。器楽演奏へのためらいについては、多様な理由が考えられます。療法士は、心理動力学な関係について精緻に知るとともに、適切な仕方で行動できる必要があります。[19]

・症状。依存症患者は、不安に耐えることが困難です。特に、現実の危険の中での不安、さらに適応と変化に関連する不安は深刻で、衝動が爆発した後には、負い目の感情として良心の不安が生じます。

中毒患者は、不安と肯定的感情を言語化すること、総じて自分が何に苦しんでいるかを表現することができません。問題を解決する中で多面的に体験し、想像を展開することも困難です。中毒患者の主要な症状は、感情と欲求不満にあまり寛容ではないこと、そして表現がわずかなことにあります。このかぎりで、楽器即興を用いる適正な治療は、中毒のこの主要症状に関係します。[20] 患者は楽器即興をおこない、自分の精神状態を認知し表現します。そして、精神状態へのあたらしい関係を経験できます。音楽療法の経過の中では、症状がより長く存続するほど予測はうまくいきません。もちろん、予測は別のパラメーターに依存しています。

・人格構造の組成。遺伝的に生成した性格構造[21]に関連しては、楽器即興による適切な治療は未決着なままです。しかし、性格構造と関わらせて適正な治療を考察することは、依存症の治療にも意味があります。発病前に依存症的なタイプの人格というものはありません。特定の要素が組合わされると、どんな人間もアルコール依存症になります[22]。性格構造と楽器即興との関連は、統計的になお不確実です。しかし、実践的経験からの推測は可能です。とくにヒステリー的人格の依存症患者が楽器即興をおこなうと、音楽的着想があふれるという危機にさらされます。それどころか充分に統合されていない衝動（自我の弱さ）があふれ出る危険性があります。

　人格構造がかなり統合失調的であると、即興とこれに結びついた情緒は圧迫とみなされ、すぐに拒否されます。明確なうつ的人格である場合には、即興的表現を始めるのがたいへんに困難です。こうした人々は、他人の音楽的着想を真似しようとします。患者がボーダーラインレベルの人格性障害のときは、療法の中でまざまざとした即興がしばしばおこなわれます。しかし、つねに退行の危険性があり、反応には極端に情緒的負荷がかかっています。患者の人格構造が決定的に強迫的であると、感情的に孤立しています。こうした患者は、音楽即興をしばしば月並みで決まり切ったものと思います。そして、情緒的に充分に参加することが困難です。ところで、こうしたイメージは、一面的に強調されたものです。実際には、人格構造が混合している場合がはるかに多くあります。アルコール依存症患者では、口唇性や依存性といった発達心理学的論拠が用いられます。しかし、うつ的人格特性が時には強調されます。[23] 患者が顕著にうつ的な構造特性をもつとき、あるいはうつ的な部分が強迫的部分あるいは統合失調的部分と一面的に関連している場合には、ヒステリー的部分が療法の中で活性化されるときに、いつもかなりよい見込みがあります。このヒステリー的部分は、前景にある構造の背後に隠されています。アルコール依存症は、ボーダーライン障害を背景としても議論されてきました。[24] これらの場合には、少なくとも端緒的にではあれ、不安を許容し、衝動を抑制することが必要です。また、ナルシス的関心は抑えるべきです。さもないと、成人後の人格の成熟に関しては、よい見込みが成立しません。これは音楽療法だけのことではありません。しかし、十把一絡げの判断は、ここでは控えましょう。

したがって、「依存症」という診断上の事実があっても、楽器即興が自動的に適切な治療とはなりません。むしろ、適切な治療は、さまざまな側面から具体化されます。楽器即興の可能な効果に関連させれば、患者の依存症に特有である治療意欲、特殊な症状、そして人格性が重要です。

音楽即興の作用要因について

楽器即興の療法的効果は、しばしばグループ・ダイナミックスのプロセスに由来するとされます。グループにおける音楽即興は、療法的に重要な一連の発展を生み出します。音楽即興は、「主に非言語的レベルでの社会的コミュニケーション的プロセスを引き起こします。目的は、人間への態度に病的障害があることを明らかにし、これを矯正する経験を与えることです。さらに他の人間とともに活動によって安定性を促進する経験を与えることです」[25]。療法的に効果のあるグループ環境を基礎として、とりわけコミュニケーション的洞察プロセスと学習プロセスが論議されています。これによれば、グループ・ダイナミックスが無条件に楽器即興にある治癒要因とされます。しかし、これは音楽療法的な治癒要因ではありません。音楽療法的治療関係とは別に、療法的効果のあるグループ・ダイナミックスが、少なくとも対等の仕方で生じるからです。グループのプロセスは、療法の経過を判断するための手がかりにはなります。しかし、楽器即興は音楽療法として認知されていません。

人間相互の行動に障害があるとき、どの音楽療法特有の方法を用いれば、楽器即興がこの障害を患者「明らかにする」のでしょうか。また、楽器即興は、安定性を提供する経験をどのように患者に「伝える」のでしょうか。これらの問いに取り組んできたものは、音楽療法に関わる次の根本的な問い、音楽療法は、本当に療法的効果があるのかという問いに気づきます[26]。これはシュヴァーベの見解です。

楽器即興の中では、洞察と学習のプロセスが呼び起こされます。これは、認知的性質だけをもつのではありません。音楽即興は「感情的で観念的な連想を（引き起こします。）これは内容からすると病因として重要な葛藤関係に対応します」。そして、この連想は「強い情緒的関与のもとで短期的プロセスとして」遂行されます[27]。もちろん、次のことが問われます。この心的出来事は、音楽即興とどのような仕方で媒介されるのでしょうか。音楽的なものと心的なものとがこのように絡み合うとき、この本質は何でしょうか。即興的活動に真に音楽療法的な作用能力があるとすれば、これはこの絡み合いのどこにあるのでしょうか[28]。

楽器即興のプロセスと効果を測定できる研究手順を開発するとしましょう。適正な治療を具体化するには、理論的仮定が用いられます。今述べた研究手順の開発のためには、この仮定だけに関わるだけでは不十分です。楽器即興という介入方法には、特有の作用要因があります。少なくとも仮定と同じ程度に、この作用要因を考慮するのです。そこで、理論開発の今の状態[29]では、熟考をもっと深めるために、予備的ないくつかの事柄を仮定します。

作業仮説

音楽的即興的活動は、その本質に即していえば、象徴化であり、象徴的相互行為です。楽器即興の治癒作用は、これに基づいています。この行為をおこなえば、患者は病的な意味関連の絡み合いを情緒的に洞察し、カタルシスが生じます。療法グループの相互行為では、神経症的構造を取り扱うことが可能です。

この仮説については、ここでは輪郭だけが描かれます。同時に、これによってこの考えを拡張する見通しもえられます。したがって以下の全体的思索では、依存症治療は一時的に背景に置かれます。

音楽即興の療法プロセスにおける象徴の再現者

楽器即興は音楽的鬼ごっこです。それは、患者の自発的で無意識的な表出です。また同時に、創造的な表現でもあります[30]。

即興は瞬間ごとに自由に展開されます。したがって、即興は無意識の動力学的背景をもちます。即興は無意識へと追いやられた事柄を表すことができます。療法士が明らかに無意識にある事柄の表現と反省へと即興を導いたかどうか、これはどうでもよいのです。ここで問題なのは、とりわけ願望、思想、イメージ、表象です。これは、葛藤状況のゆえに患者が意識から無意識へと追いやったものです。

同時に、即興は自発的な行為なだけではありません。即興は、部分的に無意識のレベルにある創造的行為です。その基礎には、自我の心的柔軟性と自分を開く能力があります。以前の発達段階の意識的かつ無意識的プロセスに対して、自我は自分を開放します。この時に、既存の認知と判断、さらに患者の象徴化能力が活性化されます[31]。この創造的行為の中で、自我は葛藤に関わる事柄を象徴的な描写へと変形します[32]。患者の体験の中では、これはいわゆる「新たな事実」、象徴として構成されます。楽器即興に関して明らかにされるべきことは、象徴の概念的理解に反映されています。これによれば、「象徴」は、「隠されたものを代表する直観的な補足表現です。象徴は、この隠されたものと意味的な特徴を共有します。あるいは、これと内的に関連し、連想的に結びついています。その本質は二義性あるいは多義性にあります。象徴それ自身は、個別的な諸要素が濃縮し、重なりにあって生成したのです[33]」。象徴は、葛藤に関わる事柄が隠されて配置されたものです。音楽即興は、いわば創造的行為において、この内的なイメージを形として外部に表します。

この出来事は、もちろんここで示唆される以上に複雑です。しかし、概観されたことから、二つの啓発的な事態が認識されます。

・楽器即興の療法的作用が始まるのは、認知的洞察が形成される前段階です。それは、情緒的力動的性質をもちます。音楽即興が意味あるプロセスを開始するのは、最初のまだ無意識のレベルにおいてです。このプロセスなしには、心理療法的介入は無力にとどまるでしょう。患者のこの体験は原初的プロセス(34)です。

・この即興は、象徴を作るプロセスを刺激します。この基礎にある体験は、原初的プロセスです。内的イメージが生じると、音楽即興の活動はこれを形象的に外に表します。これが楽器即興の療法的作用能力です。したがって、病因である葛藤の核心は、象徴的に隠されてコミュニケーションされ、意識的に体験されます。楽器即興は、これを可能にするのです。

（7）A.- E. Mayer, R. Richter, K. Grawe, J. –M. Graf von der Schulenburg und B. Schulte: Forschungsgutachten zu Fragen eines Psychotherapeutengesetzes. Erstellt im Auftrag des Bundesministeriums für Jugend, Familie, Frauen und Gesundheit, unter Mitarbeit von H. –J. Schwedler, Jamburg-Eppendorf 1991, Seite 85.

（8）ebd.

（9）K. Grawe, R. Donati, F. Bernauer: Psychoherapie im Wandel. Von der Konfession zur Profession, Göttingen 1994, Seite 161.

（10）注目してもよい発言として次の論文を参照：Forschung in Musiktherapie(Musiktherapeutische Umschau; 17/1996/1)。

（11）この企てを実現するために、ドイツ音楽療法協会東にまず音楽療法士（W. v. Grüner, F. Mund, F. Pietzcker, T. Wosch）の研究グループが作られました。このグループの研究は、次第に断続的となりました。本論文の著者は新しい提案を行い、自分だけでこれに責任を取ることにしました。読者は、本論文からその根拠を読み取れるでしょう。

（12）薬物中毒の患者、あるいはまた副次的な依存性をもつ患者を問題とはしていません。アルコールおよび薬物依存症治療のための包括的で詳細な論述は、たとえばL. Schülter Dupont(Alkohlismus – Therapie. Pathogenetische, psychodynamische, klinische und therapeutische Grundlagen, Stuttgart und New York 1990)がおこなっています。

（13）C. Schwabe: Aktive Gruppenmusiktherapie für erwachsene Patienten. Leipzig 1984, S. 24-34; 1991, 25-37.「因果性原理」の構想は後に特にレールボルンによって仕上げられました。H. Röhrborn, W. Kunz: Kausalitätsprinzip der Psychotherapie — Versuch eines Systems von Verfahren auf der Grundlage einer technologisch orientierten allgemeinen

Beschreibung der Psychotherapeutischen Handlungen(XII. Psychotherapiekongreß der DDR), Berlin 1989.

（14）C. Schwabe: Aktive Gruppenmusiktherapie für erwachsene Patienten. Theoretischer und methodologischer Kontext (Crossener Schriften zur Musiktherapie; IV). Crossen 1997.

（15）C. Schwabe: Aktive Gruppenmusiktherapie für erwachsene Patienten.Leibzig 1991, Seite 132-235.

（16）ebd., Seiten 132-235.

（17）H. Leuner: Lehrbuch der Katathym-imaginativen Psychotherapie. Bern, Göttingen, Toronto, Seatle 1994, Seite 440.

（18）社会福祉事業所は、治療意欲を注意深く検査した後にはじめて離脱の費用を保証します。以下参照。J. Petry: Behandlungsmotivation. Grundlagen und Anwendungen in der Suchttherapie. Weinheim 1993.

（19）患者は時おり理由をつけて楽器演奏を拒否します。自分たちが充分に音楽的でない、あるいは治療目的と音楽療法との関連が分からないというのです。シュヴァーベがここで（a.a.O. 1991, Seite 142-143）指示的態度を勧めています。最初から、この態度はとりません。拒否は、それが療法士の人為的ミスによって引き起こされない限り、患者の神経症的な誤った考えに根ざしています。これは同時に、転移神経症がすでに現れていることを示唆します。これは、子どもの頃の物との関係が否定的に転移されているのです。転移の分析をよく知っている（今の場合には別の）療法士だけがこの問題を取り扱うのがよいでしょう。

（20）E. Lürssen: Psychoanalytische Theorien über die Suchtstrukturen. In: Suchtgefahren 20/1974, Seite 145.

（21）Schultz-Hencke の神経症的構造理論によります。F. Riemann: Grundformen der Angst. Eine tiefenpsychologische Studie. München, Basel 1961 を参照のこと。

（22）vgl. L. Schülter-Dupont, a. a. O.

（23）ebd.。

（24）vgl. O. F. Kernberg: Boderline-Störungen und pathologischer Narzißmus. Frankfurt 1978

（25）シュヴァーベ（C Schwabe – a.a.O, 1991, S. 75-84, oben 76 ）は、「情緒的に意図された内観プロセス」、「社会的コミュニケーション的プロセス」、「対象に関わる行為活動と体験活動の構成」、「安定化させる行動モデル」、「病的に制約された体験の縮小を修正すること、および関心、特に美的体験能力と享受能力の再獲得あるいは新たな開発」

を「能動的グループ音楽療法の行動目的」と定義しました。これによって可能な効果が考えられています。

（26）A. -E. Meyer, R. Richter, K. Grawe, J.-M. Graf von der Schuldenberg und B. Schulte, a.a.O.

（27）C. Schwabe, a. a. O. 1991, Seite 77; vgl. Fußnote 19.

（28）これらの問いはほとんど思想的に深化されませんでした。能動的グループ音楽療法のためには、療法的プロセスの考察と理論形成が緊急に再開されるべきです。

（29）おこなわれるべき研究の射程と方法については、一致した立場はほとんどありません。この点に関しては、相対立する意見があり、作業グループの努力はますます行き詰まりました（注11）。能動的グループ音楽療法について研究されるべきプロセスは、この療法の創始者の思考端緒と用語法では把握され記述されないとの反対意見がありました。本稿の著者がどのような姿勢であるかは、本文から明らかとなります。

（30）ここで用いられている複雑な創造概念は、H. Leuner(a. a. O. S. 282-299) にあります。これは（芸術的）創造的なものの日常的概念にはほとんど関わりません。「創造的活動」は、まず即興的な音響の産出ではなく、それを実現する療法的コンテクストの中で考えられる（そしてさらに詳しく仕上げられる）多様な心的機能とプロセスです。これは、患者が変化を達成することを表すか、あるいはこの変化を引き起こします。

（31）vgl. die Dissertation von H. Müller-Braunschweig: Die Funktion der Symbolbildung für den Spannungsausgleich in psychopathologischen und kreativen Prozessen. Psychologische Dossertation. Frankfurt/M. 1990.

（32）A. Lorenzer: Sprachzerstörung und Rekonstruktion. Frankfurt/M. 1970; Kritik des psychoanalytischen Symbolgriffes. Frankfurt/M. 1990.

（33）O. Rank, H. Sacks: Die Bedeutung der Psychoanalyse für die Geisteswissenschaten, Wiesbaden 1913.

（34）「原初的プロセス」は、心理分析的把握によれば、無意識の心的体験の組織原理であり、作用原理です。本質的には、それは快楽原則、つまり全ての心的プロセスが快楽を求め不快を避けることに対応します。

3. 出会いの音楽療法が応用できる領域

クリストーフ・シュヴァーベ

私たちは、十年前にこの書物の初版を出版したとき、この章を次のように書き始めました。「この章は困難で苦労に満ちた章になりました。何故でしょうか。出会いの音楽療法が応用される領域について、できる限り多く、そしてさまざまに叙述しよう、この領域で働いているできる限り多くの同僚に発言してもらおう、このように求めていたのです。現実、実践、これと結びついた全ての困難について述べるべきでしょう」。応用領域は、この間に臨床の外部と内部の双方において広がりました。クリストーフ・シュヴァーベによる音楽療法は、最近再び臨床領域で確固とした地位を獲得しました。これは喜ばしいことです。いわゆる政治的転換(35)以後、それまでの体制は崩壊し、健康制度には新しい組織形式が導入されました。この結果、この音楽療法は、他の治療形式と同様に、大きな困難に直面しました。

私たちの音楽療法の考え方は、四〇年以上以前に臨床領域で開発されました。この事実を思い起こしてください。前の世紀の七〇年代に私は基本文献である『音楽療法の方法論とその理論的基礎』(36)を公刊しました。ここで、私は研究成果の応用を研究すべきであると書きました。音楽療法研究の中では、学問的および実践的認識が獲得されています。この認識は、どのように医学外の領域で応用されるのでしょうか。成果の応用というこの端緒は、今の私たちの音楽療法のコンセプトの中で実現されています。以前の版では、応用に関して幅広い叙述をおこない、多くの個別的論考を含めていました。しかし、この新判では幅広い叙述は断念されています。幅広い応用領域から、代表的、典型的な応用領域をいくつか叙述したいからです。

それぞれの論考は、きわめて異なっています。これは、執筆者の見方に対応しています。しかし、メタレベルでいえば、根本的な仕方で相互に結びついています。それらは、異なる視野から音楽療法的行為の端緒（Schwabe und Reinhardt, 2006）、さらに音楽療法の行為の実践を明らかにしています。

（35）（訳註）これは一九八九年に生じたドイツ民主共和国（東ドイツ）における大きな政治的転換を意味します。社会主義統一党の独裁体制が崩れ、民主的なドイツへの道が模索されました。その後、一九九〇年に東と西の二つのドイツは統一されました。

（36）Methodik der Musiktherapie und deren theoretische Grundlagen,1977, Seite 218-219.

3．1．臨床的応用領域

「臨床的応用領域」とは、入院、半入院、リハビリテーション、救急といった制度的な条件のことです。この条件の下で、患者は診断され、その苦しみが治療されます。言いかえれば、この領域は比較的はっきりと定義される治療条件のことです。たとえば、入院期間、診断行為、治療コンセプトなど、特定の枠組み的な前提もこの治療条件に含まれます。治療条件は、さまざまな措置からできた複雑なものです。そして、これにはさまざまな療法的措置と療法士が関わっています。

音楽療法の行為は、こうした与えられた枠組み条件に高度に依存しています。しかし、それはまた、これらの枠組み条件によってある程度保護されてもいるのです。

3．1．1．医学的臨床的領域に対する方法論的要綱 ［アクセル・ラインハルト］

身体的病および（あるいは）心的病と病的状態は、医学的臨床的コンテクストでは、生物的、心理的、社会的に条件付けられたプロセスとして理解されます。病についてのこの理解は、十全な診断的処置と療法的コンセプトとして具体化されます。この医学的臨床的コンテクストでは、また音楽療法の行為プロセスも構想され、具体的な療法目標の一部として実践に用いられます。

この行為コンセプトの全体には、心理療法的な方向性がふくまれます。同時に、療法コンセプトが複合的であるために、薬理学的、心理療法的、社会療法的方法が合流します。こうしてはじめて、行為は効果的かつ有効に成功します。このことは次のことをも意味します。臨床領域で音楽療法を応用するなら、この領域は古典的な精神医学的、心理療法的作業領域よりもずっと範囲が広いのです。また、たとえば精神身体医学、依存症治療、特殊な人格障害といった他の心理療法的作業領域よりも範囲が広いのです。もちろん、このためには、音楽療法的コンセプトは、不変量によって特徴付けられる必要があります。療法的行為を始める条件が多層的であり、これが特定の変化を被るとしても、このコンセプトの基本的言明は変化せず、高度の応用性を備えています。これは、コンテクストの中でうまく対応できます。このようにして、音楽療法的行為は患者の利益に応え、さまざまな応用領域で用いられます。シュヴァーベのコンセプトでいえば、この基本的言明とは、とりわけ方法論的次元と方法的教授法的次元の弁証法です。これとならんで、心理療法の理解に関わる言明、音楽の本質と機能に関わる言明も基本的言明といえます。

根本的には、これらの弁証法的な相互作用とともに、これらの次元の正確な区分と分離も重要です。これによって、このコンセプトが適切に理解されます。

音楽療法的プロセスは、認識論特有の立場から出発して予測されます。このためには、方法論的なカテゴリー、行為端緒、行為原理、行為手段、行為目標といった概念を用います。これとともに、音楽療法の行為プロセスが開始する状況、戦略的かつ戦術的にプロセスを実行する仕方、目的となりうる機能、これらがその弁証法において把握されます。行為端緒には現象学的側面と方法的教授法的な側面があります。医療的臨床的コンテクストでは、これが大きな意義を有します。

行為端緒という方法論的カテゴリーを取り上げましょう。行為端緒は、生物的、心理社会的に疾病と療法を理解し、個別の患者について考察する方向性をえます。また、患者に対してどのアプローチを優先すべきかを決定します。

これには心理学的人格診断が含まれます。つまり、臨床的観察、既往症、計量心理学的テストおよび投影的テストが組み合わされます。また、患者に残された力についての言明が可能となり、構造診断[37]による方向付けに根拠が与えられるでしょう。

適切な治療には、固有に必要な事柄があります。また、行為の可能性はコンテクストにより決定されます。そして、このコンテクストは、多様な要素から成立しています。このように、音楽療法士の行為は、必要性と可能性がせめぎあう領域にかかわります。音楽療法士が、ふさわしく行為しようと考えるなら、正しい行為端緒が必要です。また、正しい行為端緒から始めれば、全く治療を受けないこと、過剰あるいは過小に治療されること、患者および（あるいは）療法士が傷つけられること、これらが防止されます。医学的臨床的コンテクストで症候学的診断および（あるいは）疾患分類学的診断が行われるとき、これは確かな構造診断的方向性によってつねに補われます。

ケルンベルク（1977）によれば、人格は「普通」、「神経症的」、「ボーダーライン的」という分類に応じて組織化されています。

これらは、心の異なる機能水準を示しています。こうした水準の相違は、自我構造にある中心的な機能の健全性と欠損から生じます。自己認知と自己反省の能力、自己コントロールの能力、防御の能力あるいは自我を維持するメカニズムを活性化する能力、他者を認知する能力、コミュニケーションと関係の能力、これらの能力がこの中心的な機能です。

自我の強さ、弱さ又は脆弱性、自己理解のありかた、統合する能力、分化する能力、統制する能力、これらがここでは問題です。構造診断は、こうした事柄についての言明を可能とするのです。その時々には優先されるべき行為原理と行為手段があります。これの鍵となるのは、構造診断にかかわる検討です。

重要な医学的臨床的作業領域での行為の実例を紹介します。これによって、今まで述べたことが具体的に描かれます。完璧な症例報告は、必要ありません。重要なことは、行為原理、行為手段、方法の選択について決定するための基本的な方向性です。

(37)　診断においては消化されていない無意識の心的葛藤を探求するだけではなく、患者の人格構造が問題となります。人格構造は生後数ヶ月で形成されます。いわゆる「心的構造」であす。人はこの構造を生活に持ち込みます。これによって、自分の自我の安定性が決まり、さらに生活の推移の中での不安定性への反応が決定します。療法によって、人格構造は根本的には変わりません。しかし、欠陥を減少させ、生活の質を向上させるために、この構造の内部で発達の可能性を探ることはできます。

人格構造を探り出す指標は、以下の通りです。

人生の正確な病歴、とりわけ幼児期の発達。

自分と他の人々の心的、精神的、身体的プロセスを認知する能力。

自分の中の心理的葛藤に耐えて、外部へ破壊的行動を行わない能力の程度。

内部の世界と外部の世界を区別する能力の程度。

感情と激情を詳しく述べることができ、特に不安と攻撃性を取り扱える程度。

他の人々が善悪両側面をともなう一貫した個人であると、他の人々を現実にある通りに認知する能力の程度。

心的防御メカニズムの成熟あるいは未成熟の程度。

診断の結果に応じて以下の人格レベル、器質レベル（構造レベル）が区別されます。これは、病的である程度によります。

正常なレベル。

神経症的レベル。

ボーダーラインレベル（ボーダーライン障害だけではなく、すべての早期障害＝人格障害をふくみます。たとえば、ナルシシズム的障害、ヒステリー障害など）。

精神病のレベル。

（ハーゼ）

身体的障害

「疾病及び関連保健問題の国際統計分類（ICD10）」によれば、以下の障害のイメージが身体に症状の現れる障害のグループに属します（ICD-10F45）。

身体に症状の現れる障害（F45.0）、身体に症状の現れる未分化な障害（F45.1）、心気症的障害（F45.2）、身体に症状の現れる自律障害（F45.3）、身体に症状の現れる持続的な苦痛の障害（F45.4）。

行為端緒の現象学的側面

患者たちはくりかえし身体的症状を訴えます。しかし、この症状には十分な器質的所見を示すことはできません。問題なしとの結果が反復されます。症状が身体的なものではないと医師は断言します。けれども、患者たちはかたくなに医学的検査を求めます。医師が心的原因の可能性を考慮しようとしても、患者たちはこの試みに抵抗します（Rudolf u. Henningsen 2003）。

認知、体験、行為の範囲は、きまって身体的苦痛へと狭められます。身体的に病であるとの確信がこれに結びついています。また、身体症状を除去する強力な援助者に救いが期待されます。この期待はいつも満たされることはなく、満たされないままです。この期待の結果、不安で気をつかう気分、うつ的であきらめた気分が広がります。退却行動、保護行動、身体的な負担能力の喪失、受け身的な変化への期待がこれにともないます。

構造診断的側面においては、きまって感情の分化に欠損があります。特殊な心的情緒的プロセスには、身体的側面があります。情緒的欠損は、とりわけこの身体的側面に関してみられます。情緒として心的な状態が身体に関与することは、身体的体験（たとえば、疲労、空腹、病気、事故）が引き起こす情緒とは別のものです。患者は、この二つををしばしばうまく区別できません。身体が情緒を表現できることは、いわば見過ごされます。そして、身体的に生じること全ては、身体的病気の表現とみなされます。さらに、身体の認知自体にも欠損がみられます。身体の多様な側面は、現実に応じて認知されません。また、自分の情緒的気分を表現し、他者に理解されるように伝達することは困難です。怒り、失望、憤激はそれに値する人間に向けられません。愛、保護、落ち着き、世話にあこがれても、このあこがれの気持は伝えられません。

身体に症状の現れる障害が患者にあるとき、人と関わる肯定的経験がほとんど欠けています。他の人々に好意を抱かれるという経験が欠如しているのです。言い換えれば、肯定的で信頼できる「面倒見」がなされていないのです。この側面は、音楽療法士によって考慮される必要があります。一対一あるいはグループ・セッティングでは、療法的な作業をおこなう人間関係が成立します。この関係が始まり、発展し、維持されるとき、人との関わりについての肯定的な経験が重要なのです。

今述べたことを背景として、部分的拒絶にまでいたる不信、疑いは認知され、理解されるべきです。患者に反応するとき、これは患者が人間関係について今まで経験してきたものと同じではいけません。療法士の理解、忍耐、感情移入は、ここで特別なレベルで問われます。

行為端緒の方法的教授法的側面

行為端緒について、現象学的側面から述べてきました。身体に症状の現れる障害をもつ患者は、不安と苦痛に満ちた症状を体験しています。さらに、あきらめと懐疑がともなっています。療法を何度も試みても、失敗してきたからです。この身体と情緒に関わる最初の状況は、人間としてあたりまえのことです。どのように患者にアプローチすれば、音楽療法のプロセスはもっとも早く開始されるのでしょうか。これを問うときには、心身の状況を無条件に考慮しなければいけません。

回避すべきは、苦痛の発生について論証し、これによって確信を与えようとすることです。このように試みても、拒絶と抵抗だけが強まります。そして、理解されていないとの感情が生まれます。これでは、否定的な経験が反復されているだけです。患者に音楽療法的にアプローチしようとすれば、症状と症状体験が残ります。

この考えは論理的なだけではなく、苦しむ患者たちのあたりまえの期待に対応しています。この期待はまじめに受け止められます。そして、療法士は症状と症状の体験に向きあいます。

障害が身体に現れる場合には、症状を中心とする行為端緒が選択されるべきです（Schwabe 1987, Schwabe u. Röhrborn 1996 を参照）。症状を中心とする行為端緒は、症状あるいは症状の体験を介して、症状のある患者にアプローチします。症状を維持しているのは、あるいは症状をくりかえし新たに生じさせるのは、内心の葛藤および対人関係に関わる葛藤の領域です。症状を中心とするアプローチによって、患者はこの葛藤領域へと導かれます。

葛藤については、自立と扶養の葛藤、自分の価値に関する葛藤、うつ的な根本葛藤がしばしば問題となります。

行為原理

身体に現れる障害を取り扱う戦略は、認知の方向性をもつ行為原理を選択します。

音楽療法の最初の時期には、治療プロセスの全てを決定します。このときに特に考慮すべきは、患者の認知、体験、行為の範囲が狭隘化していることです。そこで、認知、体験、行為の能力を拡張することに焦点をあてます。

音楽が現れる形式は、受容的、再現的、そして制作的です。こうした現れ方の中で、音楽は対象として機能します。認知、体験、行為を拡張するとき、対象としての音楽が重要な役割を果たします。これは、主観から離れた領域、それほど病的ではない領域、あるいは負担のない領域に関与するのです。

行為手段と方法選択

身体に現れる障害を音楽療法で治療するとき、そのプロセスは行為端緒と行為原理についての言明から出発します。そして、描写、訓練、さらに反省の活動に中心的な意義が与えられます。この反省の活動は、認知されたことがらを反省する能力と描写する能力を刺激し、展開し、分化させます。この反省の活動は、内心的であり、また対人的です。プロセスが発展していくと、情緒的現象と身体的現象の弁証法が反省の焦点となります。

この時に、音楽療法士は性急に解釈する誘惑に負けてはいけません。また、正当化の論争に立ち入らないことです。また、患者は、嘆きをくりかえし用います。これは防御の現象です。この嘆きも取り上げないことです。

このような患者には、認知する訓練、さらに認知を描写する訓練を行います。基本的には人生を通じて、徹底してこれを行います。描写を始めるとき、主観から離れた認知領域と体験領域が最初の焦点となります。たとえば、年月、気候現象、天気予報、地球にある地方、自然の発展、種々の音楽、特定の時代の特定の場所、地上にある状態と感情などです。ここでは、音楽療法士は創造的であり、同時に患者の着想が豊富であることに信頼します。

プロセスが進展していくと、状況に関して主観的に意味ある体験内容、その反省にアプローチがなされます。

方法としては、楽器即興、調整的音楽療法、「クラシック」音楽による運動即興が選択されます。

運動即興については、音楽を抜きにして、身体を表現手段として意図的に用いてもよいのです。このようにして、先に述べた内容を描写します。

目標の設定

患者に身体に現れる障害がある場合、複合的な治療コンセプトが必要となります。ここでは、音楽療法的な治療プロセスはきわめて効果的です。もちろん、これは複合的なコンセプトにある特殊な部分目標を実現するためです。この部分目標のためには、認知の方向性をもつ行為原理を採用し、受容的かつ生産的媒体として音楽を用います。

ここでは、部分目標として以下のものがあげられます。

・身体的プロセスと情緒的精神的プロセス、さらにこれらの相互作用に関して、認知能力と反省能力を発展させ、分化させます。身体的な不快感を病気から区別することを学ぶためです。

・内的かつ外的な認知、体験、行為の幅を広げます。拒否されてきた感情、とりわけ不快な感情を統合することを学ぶためです。

・不安を緩和し、退却傾向と不活発さを阻止します。

・症状を生み出し維持する内的かつ外的要素を理解します。

・うつ的エピソード（ICD-10 F32）

行為端緒の現象学的側面

軽い（F32.0）、中程度の（F32.1）、重い（F32.2）典型的なうつ病エピソードでは、患者の気分は抑圧され、欲求と活動性が減少します。喜びの能力、関心と集中は、減少します。わずかに努力しても、その後に顕著な疲労が現れることがあります。睡眠はたいてい不調です。食欲はありません。自分に価値を認める感情、自分への信頼は、ほとんどいつも損なわれています。うつ病エピソードが軽い場合でも、負い目の感情と自分が無価値であるとの考えが現れます。

さらに、患者は問題を訴えます。早い目覚め、朝の気分的落ち込み、身体運動に影響するはっきりとした心的抑制、興奮、体重減少、リビドーの減少がそれです。

自殺したいとの考えがきまってあります。あるいは、自殺未遂が確認されます。自分の人格、過去と未来の体験に関しては、これを認知しその価値を認めるにしても、この認知と価値は特殊な仕方で否定的に狭められ、固定されています。ベックは、これを「認知的トリアーデ」の形式で記述しました。

うつ病の人間の発病前の人格に関しては、うつタイプの特徴（極端な他律的過剰適応）が見られます。まず、ナルシス的構造があります。これには手におえない自己評価、さらに異常な傷つきやすさがともないます。また、うつ的な根本構造があります。これには、回避的で無気力的、退却的な特徴があります。全体としてここにあるのは、生きるための依存的な戦略です。

行為端緒の現象学のより重要な別の要素は、うつ病患者の発病前の人格構造に見いだされます。これは、人に関与する行動に関連しています。こうした人間は人に関わることに期待し、他の人間からの慰めと承認に強く依存します。関わりを求めるときには、心遣いと甘やかしを無言のうちに求めています。

こうした人間は葛藤を恐れ、調和に努めます。このために、他者と一線を画することや対決することは、ほとんどできません。とくに、怒り、憤激、幻滅を表すことは、不可能です。無視されること、批判されることを恐れ、これを回避するために、生き方はいつも周囲に合わせる形になります。自己決定すること、一線を画すること、自己主張する個人、こうした方向性はすべて退けられます。

行為端緒の方法的に教授法的な側面

患者にうつ病エピソードのあるとき、どの音楽療法的接近方法を優先すべきかを決定します。ところで、音楽療法は、特定のコンテクストの中で実践されます。今の場合には、制度的かつコンセプト的なコンテクストがきわめて重要です。

行為のコンセプトの全体を見いだすために、特殊化された薬理療法と心理教育的要素を選択する場合には、患者にある力を生かす方向性の行為端緒が提供されます（Schwabe und Reinhard 2006 参照）。

行為のコンセプトの全体が鑑別診断によって規定され、抗うつ薬の投薬が特殊心理療法的な方向性の戦略（行動療法的方向性および深層心理学的な方向性の戦略）と組み合わされるほど、症状を中心とする行為端緒あるいは人格を中心とする行為端緒も選択されます。

音楽療法のこれらの行為端緒は、複合的な療法コンセプトの中で考慮されます。

これらの療法コンセプトには、次の特徴があります。

1．うつに病んだ人間の発病前の人格については、すでに述べました。この人格のすでに指摘された側面に取り組みます。

2. 内心的かつ対人的な精神動力学的要素、さらにその影響が病因であるとして、これの洞察に努めます。
3. うつの人間の認知能力と評価能力は、特有の仕方で変化します。この変化に直接影響を与える可能性が出発点となります。

行為原理

音楽療法プロセスの戦略的方向性として使われるのは、認知的方向性の行為原理、社会的相互行為の行為原理、あるいは動力学的な方向性の行為原理です。行為原理の使用は、コンセプト的なコンテクストにもとづきます。

認知的方向性の行為原理

認知能力が自分の人格および世界に関係するとき、うつ的エピソードのある患者では、この能力は特徴的な仕方で変更されます。

ヤンツァリック（Janzarik 1988）は、認知プロセスのために、認知の印象的あり方と再現的あり方のバランスを求めます。印象的認知のレベルでは、気分が引き起こされ動かされているとの把握は、認知の内容には依存しません。むしろ、一般的傾向として、応答する行為が無反省に行われます。合理的に明らかにされる意味よりも、雰囲気的なもの、直接的に意味あるものが支配的です。

これに対し、再現的認知は、心に留める作用をおこないます。さらに、注目されるものに秩序を与えるときに、実際の価値にしたがいます。再現的認知は、直接的な印象から距離をおきます。それは、行動による応答にとらえられません。また、こうした応答へと押しやられません。印象的な認知のあり方と再現的な認知のあり方のバランス、さらに認知のプロセス全体は、身体的、心的な出来事から高度に影響をうけ、攪乱されます。病的あり方が激しいほど、この影響と攪乱は顕著になります。

明らかなうつ病エピソードでは、印象的認知というありかたから解き放されることが出発点です。もちろん、この印象的認知は、さまざまな特徴を帯びています。

これと同時に、認知は、その強度、方向性、評価が変わり、認知の歪みと狭さも変化します。患者たちは、否定的な体験だけに溺れているようです。認知的な方向性の行為原理を用いれば、うつ的な患者は、迅速かつ直接に個人的な認知能力と評価能力を変えられるようになります。

この変化は、認知を描写する中で明らかとなります。そして、変化はますます意識的反省と療法的処理になります。個人的に可能な手がかりが仕上げられ、訓練として検証されます。このようにして、患者は、自分の認知と評価の狭隘化から少しずつ解放されます。

意識的に認知し、認知を反省すること、このプロセスがめざされます。このプロセスによって、アクセントが体験から認知へと移ります。自分自身および周りの具体的世界との出会いは、より合理的な形式での出会いであると強調されるのです。正確に認知する作業がおこなわれ、ますます正確な認知の描写がおこなわれます。これによって、患者が自分の人格を見つめて評価するとき、より現実的におこなえます。

社会的相互行為的あるいは動力学的方向性の行為原理

うつは、相互行為のあり方によって促進され、維持されます。社会的相互行為的あるいは動力学的方向性の行為原理を用いると、うつへの洞察が可能となり、相互行為のあり方を柔軟にする洞察がえられます。特にグループ・セッティングがこれに該当します。たとえば、無条件に調和に努めること、自分の態度の決定、対決、緊張を避けること、攻撃的な衝動を拒否することが洞察されます。そして、自分自身との関わりの典型的な形式が認識され、変更されます。

とりわけ、自分をくりかえし否定的に評価する傾向があるとき、今述べたことが当てはまります。これは、極端に成果を求める姿勢、および要求を高く求める姿勢から由来します。肯定的なフィードバックを拒絶することも、この傾向に属します。

行為手段と方法選択

最初は、匿名性に保護される形で、制作的あるいは再現的に活動します。このためには、グループあるいは大きなグループ・セッティングが用いられます。

たとえば、大きなグループでおこなうグループ療法があります。これによって、共同、帰属、保護、安全が体験されます。ところで、能動的であることについては、個人的な限界と可能性があります。この限界と可能性を受容する体験も成立します。こうして、不安が減少し、退却と孤立の傾向に対抗することができます。

この面では、音楽療法を開始するときに、楽器即興も使用できます。プロセスが発展すると、描写、演技、訓練の活動が意味をもちます。

選択される方法は、「クラシック」音楽による運動即興と調整的音楽療法です。これは、グループ歌唱療法と楽器即興と並んでおこないます。

人格障害（ICD-10 F60-F69）

「人格障害」の概念は、さまざまな障害像全体を総括します。文献では、さらに三つの主要なグループに分類されます（Bronisch 1999参照）。

グループAにあるのは、妄想性、統合失調症質性、統合失調型の人格障害です。グループBは、非社会性、情緒不安定性、演技性、ナルシス性の人格障害です。グループCは、不安回避性、依存性、強迫性の人格障害です。

患者の中心的な自我構造の機能は、特有な仕方で質的かつ量的に制約されています。右の名称は、これをいわば反映しているのです。

自己認知、自己コントロール、防御、他者認知、コミュニケーション、結びつき、こうしたことに対する能力が制約されています。

社会的文化的環境は、内的体験と行動の持続的パターンに一定の期待をします。この期待から明確にそれると、これが人格障害の一般的な診断基準となります。この期待は以下の事柄に関わります。まず、自分自身、他の人間、出来事を認知し、解釈する仕方です。また、情緒的反応の変化の幅、強度、不安定性、適切性です。さらに、人間相互の関係を作ること、衝動抑制です。人格障害は、これに関する周囲からの期待に応えられません。

このパターンは柔軟性がなく、また深刻です。臨床的にも、大切な生活領域における苦しみ、重大な損傷へと行き着きます（DSM-SSIV 1998参照）。

自分および人間関係の体験に関して、これらの患者にはっきりとした病的な変化があります。この原因は、個人の発展の歩みの不十分さ、これに関わる経験と体験の欠如です。この欠如によって、自我構造の一貫した発展が程度の差はあれ阻害されます。欠如した経験として、ここでは以下のものが挙げられます。すなわち、規則性の経験、恒常性、明晰性、信頼性の経験、創作経験、適切な情緒コントロール、他者と一線を画する幼児期の試みの尊重、感情移入、無条件に受け入れられ、支えられ、愛されること、誕生後の信頼です。

行為端緒の現象学的側面

構造診断的考慮がここで中心的意義をえます。これは以下の事柄についての言明です。すなわち、中心的な自我機能の個人に特有な性質、さらに「自我」の強さ、弱さ、脆弱性、自我理解のあり方、統合、分化、調整といった機能の使用可能性、「自我」の支配的な維持メカニズム／拒絶メカニズムがそれです。

該当する患者では、どの心的機能水準から出発できるのでしょうか。これが根本的に重要な問いとなります。

ケルンベルクは、一九七〇年代の研究において、さまざまな心的機能水準を記述しました。彼によれば、人格障害の場合には、ボーダーライン人格組織から出発することができます。

特徴としては、アイデンティティが拡散する症状があり、幼児期からの拒絶メカニズムと自我維持メカニズムが優勢です。そして、これらのメカニズムの中心には分裂があります。また、投影的同一化、幼稚な理想化と無価値化、拒否がこれを補っています。

現実を確かめる能力は、通常は維持されています。しかし、情緒的に強く負荷がかかる時期には、この能力はおびやかされます。

心的で知的なプロセスは身体的なプロセスとの間に相互関係があります。この関係を認知し反省する能力に関して、患者は制約されています。また、感情や激情が生じるとき、これらをうまく整理し、調整することにも、欠陥があります。

他の人々の感情と激情を認知し、言語化し、理解すること、これも制約されています。もちろん、他の人々には多様な面と矛盾があります。そうだとしても、他の人々は統一性のある人格として体験されるべきです。しかし、人格障害の患者には、この体験は不可能です。ここから、患者の多様な人間関係の問題が生まれます。

自分の感情を他の人々に適切な仕方で伝達すること、あるいは理解してもらうことについても、こうした患者の能力には欠陥があります。

同時に、程度の差はあれ、次の能力が制約されています。すなわち、関心をもって自分を他の人々にあわせること、人との関係に入っていくこと、この関係を作り、維持すること、互いに折り合いを付けること、これらの能力です。

行為端緒の方法的教授法的側面

患者が自己および関係を体験するとき、ここには明確な病的変化があります。これはすでに上で指摘しておきました。これらの変化は、無意識の心的葛藤からの結果ではありません。これは、首尾一貫した自我構造が発達しなかったこと、あるいはこの発達に制約があったことに起因します。

これらの変化は「単に」症状または疑似現象とだけ解釈されてはいけません。それは独自の意味をもち、療法作業の中心になります。

「潜伏する意識されない関連が求められ、背後にある根拠と動機に目が向けられ、明らかに目に見える制約が相対化される傾向があります。こうした傾向とは反対に、この制約は、独自の意義をもつ困難として、固有の権利をもつ療法的課題として承認されます。

意味を求めることから、困難をより正確に区別する努力へ、このように焦点は移行します。なぜかという問いは、どのようにとの問いの背後に退きます」(Grande 2002, S.239)。

この理解によれば、ボーダーライン人格組織のレベルに障害があるとき、音楽療法の行為プロセスは自我構造の欠損からだけ出発し、療法行為の対象にします。

これに対応するのは、自我構造的な方向性の行為端緒です(Schwabe und Reinhardt 2006 参照)。

優先的に療法による援助を必要としているのは、どの構造的機能でしょうか。最初に検証すべきは、あるいは鑑別診断的に証明すべきは、この点です。構造的障害がより広汎であるほど、自己認知(感情の分化と身体の分化)の促進と自己コントロール(感情の制御)が焦点とされます。この方向性は、基本的なものです。

行為原理

ボーダーライン人格組織のレベルにある障害の場合、診断に関わる最初の状況に目を向けながら、音楽療法プロセスを戦略的に実行します。これは、最高度の構造と透明性を可能とし、現実性への関わりを促進し、退行的傾向を阻止し、これらの患者の極度の傷つきやすさを考慮に入れ、とりわけ不安を緩和します。

こうした患者の要求には、認知の方向性の行為原理がもっともふさわしく思えます。これは、長年にわたる経験を背景としています。

この音楽療法プロセスでは、「認知すること」と「認知の反省」が原理となります。これによって、基礎的な自我機能が発展、強化、分化します。こうして、「認知すること」と「認知の反省」という内的な行為は、意識的かつ意図的に用いられます。この内容行為は、心的秩序原理となって安定性を与え、内面の明晰性を生み出し、安全性を提供します。同時に、この秩序原理を基礎として、自我の統合機能、分化機能、統制機能が発展し強化されます。これらの機能が前提となって、関係の能力が成熟するのです。

「認知」し、「認知を反省する」プロセスでは、情緒的感情的な認知内容が取り扱われます。自分の内面の世界が洞察され、さまざまな情緒の状態が区別され、より意識的に経験され体験されます。このようにして、出来事、状況、自分の感情的反応、自分の行為の意図、活動、これらの間の関連も生み出されます。

ルードルフ（2002）は、この関連において、以下のように書いています。「構造的な障害があるとき、自分の感情へのアプローチは、自分の人格、その葛藤を理解するための療法的な正しい道でありえます」（Rudolf 2002, S.257）。

行為手段と方法選択

人格障害には、脆弱な自我構造、感情コントロールの障害、極度な不安水準、関係を建設的につくる能力のかなりの制約があります。これらには、高度の構造、透明性、概観可能性、予測可能性で対処します。ここで音楽は、ものとしての機能において根本的な意義を獲得します。それは描写可能で理解可能な形をもちます。さらに、音楽には特有の音楽的構造があり、ここで社会コミュニケーション的プロセスがひな形として体験、経験されます。ここでは、制作の方向性、描写の方向性、訓練の方向性の活動が優先されます。

選ばれる方法は、楽器即興、「クラシック」音楽による運動即興、音楽をともなう造形、調整的音楽療法です。

目的設定

音楽療法では、重要な心理療法的な部分目標がきわめて効果的に実践できます。これは、現実との関わりを確保し強化すること、自己認知と自己コントロールを促進すること、自己との関わりを具体化すること、自己の自律性を強化することにあります。

患者が自分の中でより多く方向性と安定性を獲得すると、補足的な援助サーヴィスがなくても、他の人々への関わりがしばしば改善します。

音楽療法の行為端緒を展開し、そして医学の臨床的領域でこれを実践するために、この叙述は範例となります。他の疾患で音楽療法プロセスを予見するためにも、この叙述は利用されます。

音楽療法における特有でない作用要素?

心理療法の治療プロセスの枠内で、心理療法に特有でない作用要素が概念化されてきました。これは、本質的にはフランク（Frank 1961, 1971）までさかのぼります。彼はその「共通要素モデル」の中で、自分の見解を示しています。これによれば、心理療法的な変化は、すでにシャーマンによってうまく使われていた作用原理から生じます。それは以下のものです。

「・援助を求める人間と援助をする人間との間の濃厚な、情緒的で信頼に満ちた関係
・病の原因に関する説明原理とこの原因を除去あるいはなくする方法
・のりこえるのための可能性を患者に開く問題分析
・患者の精神崩壊をなくするための希望の伝達
・希望をさらに促進し、患者に自信と力をますます与えるための成功体験の伝達
・情緒的体験を促進し、これを前提として立場と行動を変化させること」（Eckert 1996, S.327-328）

この特有ではない作用要素の意義は、今日ではまじめに疑われることはありません。むしろ、くりかえし指摘されるのは過小評価です。

他方で、手作業的能力、方法論的明晰性、方法的繊細性は、療法プロセスのなかで依然として重要な意義をもちます。

しかし、療法プロセスにおける効果は、そのほぼ七〇パーセントが療法士と患者にある特有ではない要素に還元されます（Bleckwedel 2006 参照）。これは、臨床経験に関する今の研究水準からの結果です。

この関連では、療法士の人格性に特別の意味が認められます。

「相互行為的なありかた、好意、努力と平静のバランス、楽観主義、希望、情緒的能力と共鳴能力、呼応、感情の同調、価値評価、肯定的影響力、臨床的経験、社会的能力、献身（特殊な場合における成

功の見込み）」、これらがここで療法士によって用いられる性質とされます（Bleckwedel 2006, S.378）。

ここには、感情に関わる基本メッセージがあります。カール・ロジャースは、先の世紀の半ばに療法士の資質を定式化しました。今のメッセージは、これに対応します。肯定的な無条件の価値評価と温かさ、純粋性と率直性、感情移入的理解がそれです。研修の観点からすると、療法士の人格性の発展に最大の注意が払われるべきなのです。

一対一であれ、グループ・セッティングであれ、音楽療法プロセスが成功するのは、きまって次の場合です。関わりは参加者全員によって担われ、尊敬に満ち、信頼に値し、負担に耐えられます。そして、適切な時間枠が診断所見にもとづいて定められます。さらに、音楽療法と心理療法に特有でない作用要素が意識的に尊重され、取り扱われます。

この関連において、とりわけ時間要素についてくりかえし指摘しておきます。もちろん、これは、自明の理であるように思われるかもしれません。音楽療法も、他の全ての古い心理療法的プロセスと同様に、時間を必要とします。これを否定することは不可能です。時間は、主に経済的打算から評価されてはいけません。たとえば、「時は金なり」とのモットーにしたがえば、時間を節約することは金を貯めることになってしまいます。

このときに、専門的知識がただ経済的なだけであれば、次のことが見逃されます。療法における時間は、患者の要求にふさわしく投資されると、将来に向けた高利回りの良い投資となりえるのです。というのも、治療コストと経営コストの無駄がなくなり、主観的苦痛も反復されなくなるからです。

関係が療法として使えるにしても、関係は単に存在するだけではないのです。方法が成果をあげるために、それは発展し、支える力でなければなりません。これには時間を要します。芝草は引っ張ってもより早く成長しません。これと同じように、時間をここで勝手に減らすことはできません。時間が不足すれば、関係は生じません。あるいは、関係は破壊され、経験、成長、成熟の余地がなくなります。これは、療法士と患者の関係だけではなく、同じ程度に療法チームにも妥当します。療法プロセスには、時間の幅が必要です。この時間の中で、関係の恒常性を体験し、信頼性を経験し、困難な事柄を学ぶことができます。この困難な事柄とは、軽蔑と放棄ではない距離の取り方、虐待と独占ではない近さです。

保険制度において経済化が拡大しつつあります。これによって、用いることのできる時間が危険にさらされています。しかし、これは、あらゆる心理療法的行為の不可欠の条件なのです。

ユルゲン・ハーバーマス（Habarmas 2004）は、この関連において以下のように発言しています。「経済的思考が転用され、ふさわしくない場所で用いられると、精神医学や幼稚園であれ、大学や出版社であれ、金に換算できない仕事はマッキンゼイの簡単な規準に服従させられます。このカテゴリー的な誤りが社会的に作用しています」。

—Bleckwedel, J.（2006）: Jenseits von Richtungen und Schulen wartet die Vernunft. Psychotherapeutenjounal 4: 377-379.

—Bronisch, Th.（1999）: Diagnostik von Persöhnlichkeitsstörungen.Persöhnlichketisstörungen 3: 5-15.

—Eckert, J.（1996）: Schulübergreifende Aspekte der Psychotherapie.In: Reimer, Chr., Eckert, J.Hautzinger, M., Wilke, E.（Hrsg.）: Psychotherapie. 324-339. Berlin, Heidelberg, New York.

—Grande, T.（2002）: Therapeutsche Haltungen im Umgang mit “Struktur” und “Konflikt”.In Rudolf, G., Grande, T., Henningsen., P.（Hrsg.）:Die Struktur der Persönlichkeit: 236-248. Stuttgart.

—Habarmas, J.（2004）: Die Wahl ist frei bis zum Schluss. In: Die Zeit 13.05.2004, Nr.21.

—Janzarick, W.（1998）：Strukturdynamische Grundlagen der Psychiatrie. Stuttgart.
—Kernberg, G. G.（1977）：The structural dagnosis of borderline personality organisations.In: Hartocollis P.（Ed.）：Borderline personality disorders. Int. Univ. Press, New York, 87-121.
—Nadolny, A.（1999）：Das psychiatrische Behandlungs-Team als Anachronismus im neuen Jahrthausend. Eine Polemik über die Zeiterscheinung Spaltung.In: Persönlichkeitsstörungen 4: 192-196.
—Rudolf, G.（2002）：Strukturbezogene Psychotherapie. In Rudolf, G., Grande, T., Henningsen, P.（Hrsg.）：Die Struktur der Persönlichkeit: 249-271. Stuttgart.
—Rudolf, G., Henningsen, P.（2003）：Die psychotherapeutische Behandlung somatoformer Störungen. Z Psychosom Med Psychother 49: 3-19.
—Schwabe, C.（1987）：Regulative Musiktherapie. Stuttgart, New York, Schwabe, C., Röhrborn, H.（1996）：Regulative Musiktherapie. Jena u. Stuttgart.
—Schwabe, C., Reinhardt, A.（2006）：Das Kakusalitätprizip musiktherapeutischen Handelns nach Schwabe. Crossener Schriften zur Musiktherapie. Band XVII.

3.1.2. 精神医学における音楽療法

アンネカトリン・ブホルト

Ⅰ 序

音楽療法は、その歴史において精神医学の領域と密接に結びついています。音楽療法が始まり成長したのは、この領域です。過去数十年の間に精神医学は大きく変化しました。そこで、つねに新しい事態に対応することが、音楽療法の課題となっています。

今日の状況に関しては、シュヴァーベ（2003a, S. 64/65）が二〇〇二年のウィーン精神医学世界会議での講演で次のように述べています。「音楽療法を臨床制度の中で統合的に実践することは、ますます困難になっています。高度の適切な治療が必要なところですら、この困難があります」。

ただ不遇を嘆くのではいけません。この困難は、どこにあるのでしょうか。音楽療法は、どこで開始されるのでしょうか。制度的条件、人的条件、適切な治療に関する条件、空間的条件、これらの条件がありますこれらのもとで行為の可能性を見いだすこと、音楽療法を医療現場の定まった構成部分として組み込むこと、私はこれに挑戦したのです。

以下で私は仕事の具体的な行為端緒を記述します。この端緒を基礎にして、音楽療法の可能性、さらに問題を考察します。

Ⅱ　行為端緒

二〇〇一年以来、私は精神医学と神経学の診療所で働いています。最初はソーシャル・ワーカーとして数時間の音楽療法をおこなっていました。この二年間は、フルタイムの唯一の音楽療法士として働いています。

診療所の条件は、全ての病棟で音楽療法を提供することでした。診療所には一七五床のベッドがあり、三〇の外来診療室があります。病棟は、公園の中にある比較的小さな建物の中にあります。外来診療所には特別に作られた音楽療法室があり、音楽療法グループの大部分はここで集まります。病棟ごとに患者は週に一度あるいは二度の音楽療法を受けます。これは、私にとっては二二時間の療法時間となります。ここで病棟の特徴を簡単に紹介しましょう。

一般精神医学の閉鎖病棟では、急性疾患の患者が治療されています。具体的には、精神病、情緒障害、神経障害、心身障害、人格障害の患者です。患者は、部分的に投薬により傷つけられており、落ち着きがなく、不機嫌です。また、集中力とコミュニケーション能力はわずかです。この病棟はやかましいことが多く、興奮状態にあります。音楽療法は、自発的に活動できる患者のために、週に一度おこなわれます。

一般精神医学の開放病棟にいる患者も、同じ疾患を患っています。しかし、オープンにおこなわれる決められた病棟日課に組み入れられます。患者は、平均四週から六週までの治療を受けます。緊急入院の後、患者はきまった療法計画に参加します。音楽療法は、週に二回、九人から十五人の患者でおこなわれます。

病棟によっては、若い成人のために特別に作られた療法セッティングが補足的にあります。この時に、年齢ではなく成熟と問題のあり方によって編成がおこなわれます。これ以外に、母親が小さな子どもと一緒にいることのできるルーミング・インがあります。これは、心的病の母親を最大四人まで収容できます。ここでも音楽療法サーヴィスが組み込まれています。

音楽療法は、解毒病棟の療法計画の一部となっています。依存症治療の枠内では、音楽療法は義務となっているのです。この疾病では、規則と組織が他の病棟よりも重要とみなされています。これを守ることは、大切なこととされます。アルコール解毒病棟では、患者はほぼ一〇日滞在します。そこで、患者は平均一回から二回の音楽療法に参加するだけです。しかし、病棟に戻ってくる率が高いので、幾人かはくりかえし治療にやってきます。ほとんどの患者には、治療をうける気などわずかしかありません。すべては「義務」と感じているのです。患者は、たいていリラックスしたいと望んでいます。解毒によって、患者の認知に部分的制約があります。これは、薬物解毒病棟でも同じです。ここには週に一度二人から六人ぐらいの患者だけがやってきます。

さらに、病院には老齢精神医学の三病棟があります。ひとつは開放されています。これは、社会精神医学的性格のものです。残りの二つは、主に認知症の治療に特徴があります。音楽療法は週に一度おこなわれます。

外来診療／心理療法の領域には、さまざまなグループがあります。

グループAは、依存症に特化された外来診療グループです。すでに解毒された二人から八人の依存症患者に対して、動機付けと安定化の治療がおこなわれます。ここでは、音楽療法は週に二度組み込まれています。幾人かの患者は、病棟での解毒のすぐ後に、外来診療にやってきます。こうした患者は、すでに外来で音楽療法を体験していたのです。

外来診療のグループCには、心的病をもつ患者と人格障害の患者がいます。こうした患者は、個別的にも、グループのイヴェントでも、それほど忍耐力がありません。中心となるのは、日課をうまく作ることです。患者の幾人かは、病棟の移動を通じてすでに知り合っています。このグループには、人から八人の患者がいます。週に二回の音楽療法サーヴィスがおこなわれます。

グループBは、外来診療と病棟での心理療法の中間に位置します。患者の一部は、外来診療中であるか、あるいは完全に入院治療中です。療法は、容易な仕方で行動療法的におこないます。音楽療法は週二回です。

グループDとグループEは、心理療法的（行動療法的および分析的な色彩）です。このグループのために、共通のグループ歌唱が週に一回おこなわれます。

音楽療法士としての私にとって、この出発条件は次のことを意味します。

・メンバーの固定されていないグループ、いつも入れ替わる患者に私は関与します。そして、患者の疾患、治療、期間は異なっています。

・幾人かの患者はくりかえし参加していますが、他の患者は参加が初めてです。再び「強制措置」として治療される患者もいます。

・たいていの疾患は、コミュニケーションの障害、現実との関係の欠如、社会的適応の欠如と孤独によって特徴付けられます。

・患者の一部は匿名です。精神医学の異質性に直面し、不安になっています。

・患者が治療を受ける心構えは、さまざまです。しばしば治療を受けたいとの意欲が欠如します。

・一〇ある病棟の日々と関係者は、それぞれ特有です。病棟における生活と気分は、変化します。

・グループが多い場合には、顔、名前、これについての知識をいつも念頭に置いておくことは困難です。

・短期に相前後して私が関わるグループがあります。このグループ構成は、その時々で根本的に異なります。

今述べた出発条件では、どのような音楽療法が可能でしょうか。何がそれの目的とされるのでしょうか。正確に問いをたてれば、この作業が可能であるためには、作業はどのような別の条件に関連しているのでしょうか。

Ⅲ　クリストーフ・シュヴァーベによる音楽療法の可能性

「作業は同じではないし、明白ではありません。これは、空間的にも、内容的にもそうです。空間的には、作業の病棟、チーム、建物、地区と作業場所がいつも変更されます。内容的には、どんな方法も十把一からげに適用できません。また、どんな療法の時間も単純に反復できません。私は日々新たに挑戦します。私自身の反応も含めて、反応は予見できません」。

タベア・ヘーファー（2003, S.15）は、このように精神医学における自分の作業を記述しています。空間的かつ内容的な変化、また状況、反応、感情の予測不能性、緊張状態、これらすべては精神医学の特殊性です。また、個人の症状ではなくて、個人を考慮しつつグループの全体を構成することが療法の中心となります。私の考えでは、この時に次のことが重要です。症状の改善は、音楽療法だけによって追求されません。むしろ、音楽療法は、より大きな治療コンセプトの一部として理解されるのです。

目的は、社会的能力の拡張です。これは、自己および他者を認知する能力、自己を表現し創造性を発揮する能力、さらに社会的相互行為をおこなう能力で示されます。全ての精神的疾患では、これらの領域での欠陥が見いだされます。時々の行為端緒を考慮しながら、さまざまなグループでこれらの目標を追求することは、程度の差はあれ、明らかに可能です。残存している能力に訴えるアプローチは、このときに作業の重要な特徴となります。

ベルンハルト・シュトラウス（2000, S.146-149）は、これに関して次のように書いています。「人間は、その心的体験においても、『普通の』、『健康的な』、あまり危険ではない建設的な相互行為の仕方を用いることができます」。健康な能力を活性化すれば、現存する能力を構成し、埋められている能力を発掘できます。これらの能力を意識させ、活性化することは、「健康な人格部分を用いることによって自己価値を向上させること」（Schwab, 2003a, S.64）を含んでいます。実際に、この知識の結果として、診療所では音楽の夕べ、いわゆる「家庭音楽」が規則的にもたれるようになっています。ここでは、患者と従業員がともに音楽を演奏します。聴衆は一〇〇人ほどです。歌が披露されたり、あるいは小さな音楽作品が演奏されます。これには多くの勇気と喜びがともないますが、良い結果を示すという圧力はありません。そして、その間にみんなで歌が歌われます。どんな夕べも特別なイヴェントになりました。

上で記述された条件の下で療法をおこなおうとすれば、「今ここで」が全ての行為の出発点となります。私はシュヴァーベとハーゼ（１９９８）が書いているように療法を「今ここでの出会い」として理解しています。具体的な現実には問題があるとしても、同時に喜びがともなっています。

したがって、療法士はどんな瞬間も自分のイメージと計画を新たに「白紙」にし、グループで行われることに敏感である必要があります。患者の求めることは、まじめに受け取るのです。患者は、この時に受動的な消費者ではありません。むしろ、能動的に行為するものです。患者は、自分たちで一緒につくり、また自分に耳を傾けてもらえます。しかし、患者は、語り、休息し、エネルギーを蓄積する時間も必要としています。私は、いつも開かれているグループと精神医学領域で作業しました。そして、患者を理解すること、信頼を築くこと、患者に過剰に求めないこと、これが最初の目的になるとわかりました。患者を療法へと個人的に招いてくることも、目的の一部となります。あるアプローチを見いだすことは、四五分の療法の時間と音楽療法的な方法だけでは不可能です。

私の認識では、音楽療法は診療所の日常に構造を与えます。正しい薬品は確かに重要です。しかし、自分で活性化することは、心疾患の治療における重要なテーマです。しかし、療法を始めることは、幾人かの患者にとって大変な負担となります。重要なことは、自分の方法と関心をくりかえし明確にし、質問されることを許し、ともに答えを求め、拒否されてもこれをはねつけないことです。この時に、私は最初の状況、つまり言葉、しぐさ、反応、身体の姿勢を正確に観察します。この観察には、柔軟性、自発性、率直さが必要となります。行為の領域は互いに移行し、直接的かつ完全には区分されません。たしかに個別のグループではあれこれの事柄が優先されます。しかし、行為の形式は、多様性と変化をともないながら用いられます。私の作業では、特にグループ歌唱療法、楽器即興、調整的音楽訓練、ダンス音楽療法が用いられます。

老齢精神医学病棟、一般精神医学の開放病棟と閉鎖病棟、外来診療Cグループの病棟では、グループ歌唱療法が私とって音楽療法の中心的な行為形式となります。歌唱によって、患者は共にあるという感情を体験し、想起が促され、自分について語り、これを周りに聞いてもらえます。閉鎖病棟のせわしさの中では、休息し、自分の身体を再び感じることができます。患者によれば、歌唱の時間には自分の病をすぐに忘れ、それどころか部分的に笑いさえします。しかし、他面では、患者は物事を深く考えるようになり、泣くこともできました。

声は表現手段です。私は自分のこと、個人的なことを外部に表します。もちろん、ためらいと拒絶はあります。また、すでに身につけた成績規準と評価基準がはたらきます。こうした基準は、それについて話し合いがおこなわれ、打破されなければなりません。最初は、歌の本を用いることが、ある程度役立ちます。一緒に歌うことは、ともにおこなうことへの招待となります。しかし、歌うことは、どんな圧力にも、どんな評価にもさらされず、目的から解き放たれています。自分を体験し表現してよいこと、新たなことをやってみること、忘れていたことをまた試み想い出すこと、こうしたことがグループに守られて個人によって体験されます。この体験は「他の人々も一緒におこなう」、あるいは「私がまったく目立たない」から生じるのです。


楽器即興は、社会的相互行為の領域にある中心的な行為形式です。即興が行われるのは、特に少年と成人のグループであり、薬物解毒と外来診療AとBのグループです。若い成人は、楽器を即興することによって、構造、支え、結びつき、方向、人間関係の形成、共同性を体験できます。共同の即興は、最初しばしばひどい拒絶にあいます。「幼稚園」、「野蛮な音楽」、「騒音」、「愚行」などの言葉もよく言われます。この非難の中では、音楽療法が「別の事柄」として想定されています。音楽療法はリラクゼーションとみなされ、音楽が「何らかの仕方で作用する」と考えられるのです。能動的行為では、私は「どのようになるのかわからない」まったく未知の事柄をおこないます。これは、もちろん不安を引き起こします。

これらの想いと不安は、まじめに受け止められ、許容されます。こうして、この未知のものとの出会いが許される道が開けます。最初の連想、恐れ、さらに不安について対話をおこなうこと、また長い試しもあります。この即興は、ある程度明確な音楽的形式を使用し、最初はきわめて構造的に遂行されます。しかし、誰が開始するか、あるいは誰がやめるか、いつ一緒に演奏するか、あるいは聞くか、これについて自分で決定する自由は、多くの人々には負担が大きすぎます。

即興の間に話してはいけません。これは規則です。しかし、不確実性のために、この規則はしばしば破られます。このことは、受け入れるべきです。また、厳格な対処は避けます。患者を理解し、患者に過剰に求めないためです。即興は新しい何かを試すことです。それがどのように機能するかはわからず、評価されることへの不安がまた体験されます。しかし、この試みがあえておこなわれると、自分自身、自分の創造性、他の人々との出会いの新しい体験になります。

調整的音楽訓練は、特に依存症病棟で用います。シュヴァーベ（Schwabe 2003b, S.14）によれば、ここでよく困難が現れます。「認知作業を実践するための患者をえることは、しばしば困難です。というのも、より容易な別の療法的解決を希望できなくなるからです」。

調整的音楽訓練は、練習の提供といえます。この時には、「特定の内面的な姿勢をとる心構えが持続的に強まらなければなりません。つまり、認知される内容に対しては、可能な限り自発的であり、可能な限り期待しないで注目するのです」（ebenda, S.15）。

「期待しないこと、受容的であること、認知の内面的活発性」、これは特に解毒病棟の多くの患者に欠けています。患者たちは音楽の暗示的効果と緊張緩和の提供を期待します。ここでは、激しい拒絶が生じ、クラシック音楽について議論がなされます。自分の期待を口にできるようになること、なぜ療法を受けているかを自分に明らかにすること、これがよく唯一の関心事となります（多くの人々は「そうしなければならない」と答えます）。このように、音楽の取り扱いについて対決が生じます。しかし、これは、硬直した内面習慣と対決する機会になります（Schwabe, 2003b）。

療法では、これは以下のことを意味します。つまり、くりかえし説明すること、提供すること、関心を引き起こすこと、そして、反省的対話において期待について語り、この期待をゆっくりと修正することについて語ることです。この対話は重要です。しかし、いつも簡単なのではありません。ところで、こうした心の準備に必要な訓練は、解毒の場だけでは与えられません。というのも、患者が訓練の時間を何度も体験するのはまれだからです。この時間は、週に一時間だけなのです。もちろん、このサーヴィスは、外来診療、依存からの脱却あるいは何度にもわたる解毒という依存症サポート・ネットワーク全体のおこなう動機付け作業との関連で理解されます。このかぎりで、この訓練は準備です。つまり、自分自身への関心をますます引き起こし、自分の状況をより意識化するのです。

タベア・ヘーファー（2003, S.199）は「限界はのりこえられるべきです」と書いています。限界をのりこえることは、すでに解毒において始まります。これが私の確信です。このときに、私は小さな歩みの道を希望します。表現されるにせよ、表現されないにせよ、どのような言葉、どのような感情が残り続けるのでしょうか。これについては、私はわかりません。外来診療にかわる時になると、患者たちはこの歩みについてよりよくわかっています。各々はほとんど議論しないで反省に加わります。依存症病棟だけではなく、認知刺激のこの可能性は、一般精神医学病棟でも用いられます。この時には、休養の快適な効果と落ち着くことが多くの人々にとって実際に最も重要です。

ダンス音楽療法は、歌うことに似ています。自分では「あまりにもひどい」としか思えないことをおこなう可能性です。全員が仲間として一緒に踊ります。共通のステップが簡単に修得され、これによってグループ体験と成功体験が早く開始されます。この時には、自分の身体が体験されます。身体は動きの中にあり、しかも自分の範囲内にあります。しかし、人は共同の関係に参加していると感じます。また、これだけではありません。ミキサー・ダンスのときには、さまざまな役割にある自分が体験されます。つまり、女と男、グループ、ペア、個人としての体験が成立します。外来診療では、ダンスはBおよびCグループで月曜日に毎回三〇分おこなわれます。これは、一日および一週の能動的な始まりです。別の場合には、「動きのある」一日の終わりです。

このように多様な方法があります。この多様性によって個別の病棟でさまざまな意図から反応し、またそれぞれの時間に自発的に機敏に反応できるのです。グループの構成そしてグループの状況は変わります。したがって、何週も楽器即興を続け、これを深め、熟知することはまれです。ほとんどいつも新たに説明し、拒絶をなくします。即興が一週間ないときには、幾人かの新たな患者はまだ即興を知らないことになります。

療法の進み具合について私たちが満足しないのは、これについて私たちの要求があるからです。もちろん、事情が与えられたものとしてあり、療法はこのもとで異なる仕方でおこなわれます。けれども、さまざまな方法的な可能性があり、これによって療法は与えられた条件の下でグループと作業するチャンスを与えます。このときには、さまざまな方法を同じ時間に用いることもできます。

音楽療法で患者にとって何が生じるのでしょうか。これを予見することは、それほど簡単ではありません。たとえば、週一時間を楽器即興だけに使い、週一時間を音楽による認知訓練だけに使うことはできません。精神医学では、このように明確に区切ってはおこなえません。グループのメンバーが固定されていないのですから、どの時間も新たに「最初の時間」となりうるのです。

Ⅳ　まとめ

精神医学では、音楽療法は第一に構造を提供します。しかし、療法にくることは、自明なことではありません。これは自己活動性を意味していて、評価されるべきなのです。

最も重要なことは、患者に接近すること、そして関係を構築することです。これは、時間ごとに新たにおこなうこともあります。比較的長い期間にわたって濃密に知りあえる療法士が存在し、グループあるいは一対一で療法士と一緒に作業できること、これが患者にとって望ましいでしょう。しかし、せきたてる時代では、これは健康政策の夢にすぎません。残念なことです。したがって、各時間は、それぞれ新たに考察の対象となり、何が可能であるかが決定されます。これがおこなわれるときだけ、療法の作業が可能となるのです。このために、柔軟性、自発性が必要です。また、予定された時間の流れについて、白紙でなければいけません（Schwabe und Haase 1998, S.72）。

患者は、その現実のままに受け止められます。行われたことは、受け止められ、取り上げられます。「ここと今」における作業が、このための機会を療法コンセプト全体に与えます。この時には、患者の要求に注意し、取り上げます。、先におこなった時間は、基本にはなりません。グループ構成、精神状態、グループの状況が相違しているからです。どんなグループにも固有の可能性と目標があります。どんな時間も前もって計画できません。また、後になって正確に反復もされません。

私の時間は、最初の状況、言葉と反応を正確に注意することから始めます。これと並んで、しばしば患者が始まりの言葉を述べます。語ることとは、音楽と同じほどの時間を必要とします。拒絶、連想、想い、音楽への期待、身についた評価パターン、身についた「音楽的ではないあり方」について語ってもらいます。そして、ゆっくりと共通の行為への関心、やる気、好奇心を引き起こします。この時に、患者に残っている能力を基礎にします。音楽療法では、何かが始まり、何かに訴えかけられます。そして、この何かは、別のところでも再び効果を発揮します。これは私の確信です。しかし、私は、別の場所での言葉や反応について知ることができません。そこで、たとえば看護師が共同療法士として音楽療法の各時間に参加してくれれば、それは望ましく、また必要でもあるでしょう。

私たちの作業を成功させるためには、ほかのスタッフによる音楽療法の受け入れ方が重要です。音楽療法は、単なる仕事の提供ではないのです。この受け入れ方の重要性は、くりかえし明確にしなければいけない療法上の課題です。音楽療法への高い評価があるときだけ、安心して病棟の患者を看護スタッフに委ねることができます。療法以前と以後の情報の伝達は、直接かつ簡単におこなわれます。毎週のチーム・ミーティングでは情報が伝達され、保存されます。このミーティングは、チーム間の関係を形成し、また患者を知るために必要なことです。こうした作業の仕方は、チーム作業と有益な情報提供によって可能となります。

このように、課題が高度であり、大幅な患者の交代があるにしても、音楽療法は可能です。もちろん、拒絶および最初の状況と対決することはしばしばです。音楽療法の中で、患者は最初の一歩を踏み出します。これは、共通に行為するためであり、そして自分で行為するためです。この一歩は、療法士にとってきわめて骨の折れることです。というのも、くりかえし始めることになるからです。しかし、あきらめてはいけません。これは療法作業の一部なのです。自分の作業については、スーパーヴィジョンを受けます。療法コンセプト全体を理解すること、小さな歩みを認めることと同じく、スーパーヴィジョンは重要なことです。

—Höfer, T.(2003): Musiktherapie in der Psychiatrie heute. In: Haase, U./Schwabe, C. (Hrsg.): Konzept und Offenheit. Crossener Schriften zur Musiktherapie, Bd. XIII. Akademie für Angewandte Musiktherapie Crossen, 15-20.

—Schwave, C. (2003a): Ressourcenorientierte Handlungsansatz in der Musiktherapie. Ein konzeptioneller Entwicklungsweg. Hauptreferat auf dem 3. Weltkongress für Psychotherapie, Wien 2002. In: Haase, U./Schwabe, D.(Hrsg.): Konzept und Offenheit. Crossener Schriften für Musiktherapie, Bd. XIII.

—Schwabe, C. (2003b): Regulative Musiktherapie(RMT). Die Entwicklung einer Methode zu einer Konzeption. Crossener Schriften zur Musiktherapie, Bd. XIV. Akademie für angewandte Musiktherapie Crossen.

—Schwabe, C. /Haase, U. (1998): Die Sozialmusiktherapie(SMT). Crossener Schriften zur Musiktherapie, Bd. VII. Akademie für angewandte Musiktherapie Crossen.

—Strauß, B. (2000): Wo schon etwas gewachsen ist, braucht man weniger zu düngen. Ressourocenorientierte Psychotherapie. Crossener Schriften zur Musiktherapie, Bd. XII. Akademie für angewandte Musiktherapie Crossen, 146-156.

3．1．3．神経医学的リハビリテーションにおける音楽療法　［ティーナ・リュディガー］

患者が急性脳損傷であるときには、ほとんど突然に激しく疾患が生じます。その全体は瞬間ごとに変化します。こうした人々は、身体的、知的、心的全体性が変わってしまいます。病気が生活を変えるのは、どの程度なのでしょう。患者は比較的長い期間この変化にとまどいます。このきわめて深刻な状況を心的に克服することも、しばしば困難です。衝動、情緒、記憶、注意力などが克服プロセスに関与します。これらの心的知的機能自体が損傷しているのです。患者は、自分の状態を理解できず、想起できず、質問や推論もできず、援助も頼めないのです。

特定の身体的かつ知的機能は、再修得がはかられます。これとともに、病によってこの患者とその生活にもたらされた変化が把握され、これが徐々に克服されます。これは、リハビリテーションの間、患者にとって大いに意味ある課題となります。したがって、神経医学的リハビリテーションで患者の治療がおこなわれるとき、音楽療法士は心的レベルを重視することによって価値ある貢献ができます。音楽療法士は、医学的専門スタッフとは異なる側面から患者に接近します。医師と理学療法士は、個別の身体部位の機能回復に注目します。そして、療法端緒は、機能喪失に向き合います。他方で、音楽療法士の治療端緒は、残っている機能に向き合うものです。これは全く個人的な性格をもちます（Vgl. Schwabe Ch. In Schwabe/Haase 1998, S.13 und Haase, U. in Schwabe/Haase 1998, S.29）。そして、治療の焦点は、患者の心的状態、その情緒、特に患者との相互行為のプロセスにおかれます。ここ五年から七年の間に、音楽療法は脳損傷を受けた患者の効果的治療形式として確立しました。ドイツでこれに該当するのは、主にリハビリテーション施設と救急病院の専門部局、リハビリテーション診療所あるいは退院後のセッティングです。

以下の叙述は、神経医学的リハビリテーションで脳損傷の患者に音楽療法を適用するためのものです。もちろん、これは幾人かの音楽療法士の経験に基礎をおいていますが、推奨にすぎません。感覚が損傷し、障害があるとき、これは脳の損傷の場所によって異なります。たいていは、いくつかの感覚が同時に傷ついています。音楽療法の出発点は、患者に音響的に影響を与えられることです。もちろん、認知音楽の認知と処理が言語とは別の回路に障害があるかもしれません。また、重篤な脳損傷の場合でも、音楽の認知と処理が言語とは別の仕方で可能であることを確かめます。これによって、言語に結びついたアプローチではなく、音楽に結びついたアプローチが可能となります。ここから、音楽療法には重要な機能が認められます。音楽療法は、ほとんど聴覚的感覚回路だけを介して覚醒昏睡にある患者に接するのです。音楽療法士は、意識の混濁した人間のベッドのそばで音楽を用います。あるいは、録音した音楽を聴取してもらいます。このためには、音楽療法士は、高い責任意識を必要とします。また、重要なことは、いわゆる「療法音楽」など存在しないことです（Vgl. Schwabe, Ch/Haase, U. in Schwabe/Haase 1998, S50）。処方としての好みの音楽あるいは緊張緩和の音楽はありません。音楽を選択するとき、患者の現実の状態と反応が指標となります。昏睡状態の患者が非言語的な信号を発するときも、同様です。

受容的な療法を提供するときには、患者の信号を認知し、これに対応する音楽療法士がその場にいます。音楽療法士は、とりわけ責任を自覚し、好みの音楽については慎重に取り扱います。好みの音楽は、多くの感情と想い出をともなうからです。患者がともに肯定と否定について決定できる合図が確実にあるときに、好みの音楽を用いるのが適切です。

音楽がかけられるとすれば、音楽療法士の側からの音楽の中止が必要です。また、聴取の間の観察は、目的をもち感情移入しておこないます。外部の人間が負傷した患者の認知を感じられるようにすること、これも音楽療法士の課題です。さらに、音楽の使用については、慰め、あるいはバックグラウンド・ミュージックとして用いないように忠告します。脳損傷のひとにいつもバックグラウンド・ミュージックをかければ、これは援助ではなく、害を与えます。とりわけ、音楽を流しながら患者と話すとすれば、この状況は有害です。患者の注意は、対話あるいは音楽へと分散されてしまいます。こうした注意力の半減は、よく知られています。

リハビリテーションの初期段階では、中立的な音楽、直接に関わりのない音楽を聞きます。たとえば、クラシック作品や器楽音楽です。この音楽をなじみの響きとしてくりかえし提供します。これによって、患者は自分がよく知っていて安心できるものをえます。これが、方向性をえる支えとなります。音楽療法が儀式として用いられるとき、同じようにおこないます。まず挨拶の歌があり、これが終わると時間進行の説明があり、受けいれ準備がおこなわれます。その後に、音楽が聴取され、休息の時間があります。観察と認知が言語化されます。療法士はこれに対応し、フィードバックします。脳を損傷した患者は、外部からの秩序を必要とします。常に同じ構造の日課、同じ治療の流れ、秩序と秩序化があります。そして、音楽が方向性を与えます。関わりを作るためには、簡単な童謡がふさわしい時があります。脳を損傷した後の軽快期は、しばしば第二の児童期として体験されるからです。商業的なリラクゼーション音楽（海のざわめき、鳥のさえずり、山のざわめき）は用いません。この音楽は持続的な夢想への願望と固執を強めるからです。この結果、現実にはいっていくことが困難になってしまいます。

音楽は、多様な感情を引き起こします。聴取されている音楽が健康な人間の中に不快な感情を生み出すとき、私たちはこの音楽を中止できます。あるいは、聞いている音楽を受容的に認知できます。しかし、患者の意識が混濁していると、これを中止したり、受容的に認知することは不可能です。患者は、私たちが演奏する音楽に無防備に委ねられています。重篤な脳損傷の患者は、音楽療法士が患者の精神状態を感じとり、必要なときには音楽を止めることを必要としています。しかし、行為あるいは反応が類似の状況の中で繰り返されて初めて、音楽への関わりが推論されます。この場合に、どんな観察にも二つの異なる意味があります。たとえば、喜び／悲しみ、息抜き／退却、満足／過剰要求、活力／不愉快です。したがって、毎日音楽療法士が価値評価的に観察し、適切にふるまうこと、これが音楽聴取に必要なことです。

聴取される音楽の伴奏を患者のベッドのそばでおこなうためには、扱いやすく演奏容易な楽器を用います。情緒的な表現をするためには、響きの多様性を広げる必要があります。

患者が楽器を触感で経験するために、音楽療法士は比較的早い時点で楽器を患者に手渡します。音楽／音響を提供する時には、これがよい方法です。勧められるのは、楽器にふれながら一緒に体を動かすことです。もちろん、これは患者の日々のコンディションにもとづきます。こうして、響きの出方と運動の調整が結びつけられ、患者の側から自己活動が体験されます。患者の両手が注意深く楽器（ハンドハープ、ハンドドラム）をこするようにします。あるいは、スティックを用いてゴング、クラベスなどを鳴らします。これによって、患者は、何かを外に提示できるとの感情、自分を周囲の世界に伝えられるとの感情をもちます。療法士が休息中の患者の動きを音楽的に取り上げれば、向かいあうひととの直接的な音楽的対話ができます。

神経医学的障害パターンの患者のもとで楽器を使用するとき、初歩的反応を可能とするために、ただ最小の刺激だけが必要です。ここでは、過小は過剰と同じになります。患者に神経医学的障害があるとき、楽器を保持して演奏できないときがあります。患者の身体的状態、さらに負荷能力の少なさが原因です。このときには、音楽療法士がその人間的な楽器、自分の声で人間と人間の出会いを生み出します。言語には情緒的内容があり、声がこれを担います。音楽療法のプロセスでは、声の役割はこうした意味をもちます。即興的に生じた歌唱、童謡、状況から生まれる歌、子守歌の歌唱、これらは重要な形式の音楽療法的な出会いです。挨拶の歌と別れの歌は、形を与える重要な手段です。これは定まった儀式になり、患者に時間を示し、熟知したことを与えます。童謡、民謡だけでなく、若い患者ではポップスとロックをも取り上げると、たいてい好意的な雰囲気が生まれます。歌うこと、口ずさむことは、人との関わりへの道を拓く最初の歩みとなります。もちろん、患者が療法の経過の中で人と関われること、リハビリテーションの枠内で患者はより負荷に耐えることができること、これが前提です。また、別の認知に関わるサーヴィス（揺すること、揺り動かすこと、運動を介助すること、療法士の首に手をのせること）も歌と同じ役割をはたします。

歌うときには、気分が明るくなり、やる気が起こります。歌をつくるプロセス、楽しく参加する経験が成立します。また、潜在的にある体験能力が病的に損なわれていても、あるいは抑圧されていても、この体験能力が再活性化されます。クストーフ・シュヴァーベによれば、この体験と活性化がここで原理的に重要なことです。（vgl. Schwabe/Haase "Die Sozialmusiktherapie" 1998, S. 113 u. 115）。音楽療法の枠内では、歌唱はひとりひとりの創造的源泉です。それはきまって人生の体験と結びついていて、想い出を引き出します。歌うときには、患者の家族はともに療法の中に引き入れられます。おおくの人々は、このレベルで人と関わり始められることに感動します。ともに歌うことは、後の日常生活においても可能です。一緒に歌えば、家族とパートナー関係の中で新たな出会いの形式が生じます。

神経医学的障害の患者には、歌唱療法は残っている力を利用することになります。患者は、声を響かせ、発声することにより、実験をおこなえます。不正確で耳障りな音でもかまいません。音楽療法の中で歌えば、自分の声がより肯定的に経験されます。「歌のような話し方」あるいは「歌うことを介した語り」は、一般的に言語の産出を促進するように思われます。つまり、言語構築に役立つのです。同様に、歌えば、自然な仕方で呼吸が活性化します。患者は歌の音楽的構造に導かれて息をします。歌うという活動を介して、自分の呼吸への意識が発展します。この意識は、言語的文節化にとっても必要です。さらに、歌うことによって、成功が体験されます。そして、他の療法、たとえば言語療法に対して患者のやる気が向上します。一般的には、歌うことはリハビリテーションの経過に積極的に影響を与えます。言語の能力が再び獲得されれば、この機能的な側面は音楽療法の出来事に影響を与えられます。もちろん、これは明確に療法ではないかもしれません。

けれども、一緒に歌い（グループ歌唱療法）、これによって共同の行為と体験が生じ、患者の中に連帯感情が発展します。これは、音楽療法の中で意味あることです。グループの中で保護されると、抑制をより容易に克服して音楽的に参加できます。一緒に歌えば、患者はグループの歌唱の中で自分を試せます。また、全体の響きの中に潜り込めます。このように保護されて声を試すことは、自分の声を信頼する最初の一歩、自分の「自我」を信頼する最初の一歩です。たとえば、同じように重篤な病人と比較すれば、患者は自分に残っている力を発見できるのです。

人間が神経医学的障害をもつとき、他の人間とのコミュニケーションの回路が楽器演奏を介して発見されると、負荷が軽減されます。楽器即興も、音楽療法的作業のための行為形式です。オルフ楽器や他の簡単な楽器を用いて即興すれば、社会的相互行為が引き起こされます。音楽療法的な楽器即興では、コミュニケーションが体験されます。神経医学的障害のあるときにこれが体験されると、患者は勇気をもって自分を開放します。そして、意思疎通する道を歩みます。もちろん、これは、新しくて不慣れなことです。即興を演奏するためには、豊かな思いつき、柔軟性、視野の変更が必要です。そして、創造的な潜在力と演奏の喜びが解き放されます。同時に、感知力と集中力が改善され、注意力、負荷能力、忍耐力がつきます。この機能的側面も、音楽療法では注目されます。

急性の脳損傷がある場合には、情緒の状態は多層的です。楽器で自分の感情を表現し、この感情を楽しめば、こうした患者には大きな意味があるでしょう。こうした場合には、言語を介した表現が完全に不可能であるからです。あるいは、言語的表現は単純で未分化だからです。音楽の中では、まだ概念化されないもの、不安を与えるもの、多義的なものが鳴り響きます。これは、言葉で把握が可能となるずっと以前、あるいは言葉で把握されるべきずっと以前の状態です。音楽は、多義的であり、ダイナミックな形態をもちます。この限りで、音楽は感情の表現に適しています。

楽器即興の中では、感情のさまざまな面が試され、探られます。感情の様々な面は、評価に服しません。これが音楽療法の長所です。音楽療法士は、患者の感情表現すべてを尊重します。感情が発生すると、音楽療法士によって尊重され、真剣に受け止められます。重篤な病人は受容を経験します。この病人自身も、自分を受容し、さらに自分で意識している感情を受容します。こうして、勇気と確信が生じるのです。

リハビリテーションの初期段階では、脳損傷の患者が自分に残された力に接するように援助すること、音楽療法はまずこれをおこないます。患者は、とくに自分の生命力、生きる喜び、創造性、表現能力に接します。残っている力を強化し、これに助けを求めれば、必要な自信が生まれます。それまで「不快で脇に置かれていた」感情に向きあうことが可能になります。音楽療法は、たとえば音楽をともなう造形という方法を提供します（音楽は主題をもたないこともあれば、主題をもつこともあります）。この時に、隠された感情が最初の表現を見いだせます。病気の初期段階では、個人別のセッティング（一対一）で音楽療法をおこなうのがよいでしょう。忍耐力、自立性、見当識が増大すると、患者は療法グループに組み込まれます。最初の数週間、数ヶ月では、病人の身体的状態のケア、たとえば自分の力で移動すること、洗うこと、食べることが重点となります。長期的なリハビリテーションの経過では、以下の問題が家族の側から幾重にも重なった負担と見なされます。患者の認知能力喪失、行動上の問題、脳損傷に条件付けられた人格の変化、感情の変化がそれです。リハビリテーションのプロセスで家族が決定的な役割を果たすとわかれば、体系的観点から家族を組み込み、家族と協力できるでしょう。臨床的音楽療法活動のこの要素は、重要なものとして真剣に受け止められます。

リハビリテーションが家族を組み入れない、また社会環境との関わりもないとしましょう。こうしたリハビリテーションは可能ですが、不完全なものです。家族は、多くの点において患者の「共同療法士」です。患者の人格、その特質と願望は、近くにいる人間がもっともよく知っています。急性脳損傷の人間の家族も、情緒的緊張状態にあります。音楽療法士は、この事実を常に意識する必要があります。リハビリテーションは、常に完全な回復に導くわけではありません。それは、しばしば長期的な学習と問題解決のプロセスとなります。しかし、家族がこれを納得するには長い時間がかかります。結局、重要な関係者を療法に引き入れるか否か、引き入れるとすればそれはいつか、これについて音楽療法士は決定することになります。

患者、家族、療法士の間で協力できる音楽療法としては、以下のものがあります。

・音楽療法士が提供する「オープンな歌のサークル」。患者とその家族が共同で能動的に体験し行為する空間です。家族は、患者を欠陥ある存在として経験するだけではなく、行為する存在として認知します。これ以外に適切な治療としては、たとえばやる気の促進、コミュニケーションの促進、情緒の安定化、自由時間を楽しむこと、創造的な力の刺激、アイデンティティ感情、自分の声を体験することなどがあります。

・音楽療法士が定期的に組織する患者とその家族のための音楽企画。たとえば、シーズンに応じた祭り、共同の音楽体験を中心とする音楽文化的な臨床企画です。患者も楽器演奏を通じて能動的に参加するように元気づけられ、家族は身近な人間を行動する存在として体験します。

重篤な病人の家族自身も、病気をのりこえるための専門的なサポートを必要としています。リハビリテーションの措置の枠内では、音楽療法のグループ・サーヴィスが精神保健的で予防的な意味で提供されます。

まとめとして次のこと言っておきます。音楽療法士として脳の損傷した人間と出会うとき、コミュニケーションのすべての兆しに注意し、この兆しの要素を信頼します。これはまだ測定できず、ただ感じられるだけです。急性脳損傷の人には、人に関わるこの作業が多くなされるべきであり、また実際になされます。こうした音楽療法では、感じ取ることは、診断的な音楽療法的手段として価値があります。それは、豊かで進歩的な観点を提供できるのです。音楽療法士は、とりわけプロセスの構造を認知し、観察し、録音し、記述します。これについては、たいてい訓練がなされています。音楽療法士は、多くの該当の患者の病気のプロセスに寄り添い支援します。この支援は、求めることなく助けるのです。

音楽療法のコンテクストでは、欠陥や機能ではなく、病人の潜在能力、表現、行為が中心にあります。治療チームの中で患者について語るとき、時には別の作業端緒と言葉を用いる音楽療法士が加わります。

このときには、語り方はしばしば変化します。同僚が出来事を簡潔に記録し、自分の観察を伝え、これをまじめに受け止めるように、音楽療法士は励まします。こうすれば、患者についての発言は決まり文句ではなくなり、より具体的となります。

音楽療法上の関心は、患者の要求にあわせます。これは、音楽療法士にくりかえし求められることです。沈静化と緊張緩和か、あるいは活性化か、これは病人の日々のコンディションと状況によります。

多くの患者にとって、音楽療法は重要な役割を果たします。それは病気のプロセスの中で生きる方向性と生活を支えます。この援助によって社会的相互行為が可能となります。そして、人間同士のつながりが再生し、共通の経験がサポートされます。これとともに、診療所の日々における患者の孤立と孤独が打破されます。神経医学的リハビリテーションのプロセスでは、回復と病気の克服に時間がかかります。音楽療法は、心理療法的な治療として、患者に寄り添えます。「音楽は時間芸術です。それは時間と発展の側面なしにはイメージされません。音楽は、単に響きが分化したものではありません。それは、響きの形態として、時間の中で展開されます」（Weymann und Przybilla 1997）。

―Baumann, M./Gessner, Ch.（Hrsg.）: ZwischenWelten. Musiktherapie bei Patienten mit erworbener Hirnschädigung. Wiesbaden 2004

―Baumann, M.: ZwischenWelten – eine Einführung. In: Baumann, M./Gessner, Ch.（Hrsg.）: ZwischenWelten. Musiktherapie bei Patienten mit erworbener Hirnschädigung. Wiesbaden 2004

―Baumann, M: Aphasie – Ansatzmöglichkeiten für die Musiktherapie. In: Baumann, M./ Gessner, Ch.（Hrsg.）: ZwischenWelten. Musiktherapie bei Patienten mit erworbener Hirnschädigung. Wiesbaden 2004

—Burger, S.: Trotz allem ... lachen. Musiktherapie in der Frührehabilitation von Kindern und Jugendlichen im Wachkoma. In: Baumann, M./Gessner, Ch.（Hrsg.）: ZwischenWelten. Musiktherapie bei Patienten mit erworbener Hirnschädigung. Wiesbaden 2004

—Ehlich, M: Musiktherapie bei Patienten mit amnestischem Syndrom. In: Baumann, M./ Gessner, Ch.（Hrsg.）: ZwischenWelten. Musiktherapie bei Patienten mit erworbener Hirnschädigung. Wiesbaden 2004

—Gadomski, M.: Die Rolle der Angehörigen am Beispiel der Rehabilitation von Patienten mit schwerem erworbenem Hirnschaden. In: Neurologische Rehabilitation 5（3）1999

—Gessner, Ch.: Hilfreiche Konzepte und theoretische Bezüge. In: Baumann, M./Gessner, Ch.（Hrsg.）: ZwischenWelten. Musiktherapie bei Patienten mit erworbener Hirnschädigung. Wiesbaden 2004

—Gessner, Ch.: Junge Helden – stationär. Musiktherapie zur Krankheitsverarbeitung in der Neuropädiatrie. In: Baumann, M./ Gessner, Ch.（Hrsg.）: ZwischenWelten. Musiktherapie bei Patienten mit erworbener Hirnschädigung. Wiesbaden 2004

—Goldenberg, G.: Neuropsychologie: Grundlagen, Klinik, Rehabilitation. Stuttgart, Jena, Lübeck, Ulm 1998

—Gustorff, D.: Auf der Intensivstation. In: Jochims, S.（Hrsg.）: Musiktherapie in der Neurorehabilitation. Internationale Konzepte, Forschung und Praxis. Bad Honnef 2005

—Haase, U: Soziale Kompetenz als Handlungsziel. In: Schwabe, Ch./Haase, U.（Hrsg.）: Die Sozialmusiktherapie. Akademie für angewandte Musiktherapie Crossen 1998

—Hannich, H.-J/Dierckes, B.: Ist Erleben im Koma möglich? In: Zeitschrift Intensiv. Januar 1996

—Jochims, S.（Hrsg.）: Musiktherapie in der Neurorehabilitation. Internationale Konzepte, Forschung und Praxis. Bad Honnef 2005

—Jochims, S.: Risiken und Chancen der Musikbeschallung: Überlegungen und Anregungen aus der Praxis. In: Jochims, S.（Hrsg.）: Musiktherapie in der Neurorehabilitation. Internationale Konzepte, Forschung und Praxis. Bad Honnef 2005

—Lasch, S.: Sozialmusiktherapie in der Frührehabilitation mit im Koma liegenden Menschen.（Abschlussarbeit）Akademie für angewandte Musiktherapie Crossen 2003

——Lutz, L.: Das Schweigen verstehen – Über Aphasie. Berlin 1996

——Melcher, P./Lehmkuhl, G.: Neuropsychologische Rehabilitation im Kindes- und Jugendalter. In: Quester, R./Schmitt, E./Lippert-Grüner, M.（Hrsg.）: Stufen zum Licht – Hoffnung für Schädel-Hirnpatienten. Leimersheim 1999

——Neumann, K./Rübsamen, R.: Zentrale Hörstörungen bei hirngeschädigten Erwachsenen. In: Jochims, S.（Hrsg.）: Musiktherapie in der Neurorehabilitation. Internationale Konzepte, Forschung und Praxis. Bad Honnef 2005

——Quester, R.: Neurologische Syndrome und Krankheitsbilder. In: Jochims, S.（Hrsg.）: Musiktherapie in der Neurorehabilitation. Internationale Konzepte, Forschung und Praxis. Bad Honnef 2005

——Rehm, M./Trabert-Rehm, M: Darf ich mit reinkommen? – Möglichkeiten und Grenzen der Integration Angehöriger. In: Baumann, M./Gessner, Ch.（Hrsg.）: ZwischenWelten. Musiktherapie bei Patienten mit erworbener Hirnschädigung. Wiesbaden 2004

——Reimold, S.: Auf der Suche nach einem neuen Selbst-Bild. Krankheitsverarbeitung nach einem Schlaganfall. In: Baumann, M./Gessner, Ch.（Hrsg.）: ZwischenWelten. Musiktherapie bei Patienten mit erworbener Hirnschädigung. Wiesbaden 2004

——Rössler, J: Gruppentherapie in der Frührehabilitation. In: Baumann, M./Gessner, Ch.（Hrsg.）: ZwischenWelten. Musiktherapie bei Patienten mit erworbener Hirnschädigung. Wiesbaden.2004

——Schwabe, Ch./Haase, U（Hrsg）: Die Sozialmusiktherapie. Akademie für angewandte Musiktherapie Crossen 1998

——Schwabe, Ch./Haase, U: Musiktherapeutische Merkmale der Sozialmusiktherapie. In: Schwabe, Ch./Haase, U.（Hrsg.）: Die Sozialmusiktherapie. Akademie für angewandte Musiktherapie Crossen 1998

——Schwabe, Ch.: Handlungsformen der Sozialmusiktherapie. In: Schwabe, Ch./Haase, U.（Hrsg.）: Die Sozialmusiktherapie. Akademie für angewandte Musiktherapie Crossen 1998

——Schwabe, Ch.: Die soziale Existenz des Menschen bzw. des „Ich“. In: Schwabe, Ch./Haase, U.（Hrsg.）: Die

Sozialmusiktherapie. Akademie für angewandte Musiktherapie Crossen 1998
—Schwabe, Ch.: Regulative Musiktherapie Akademie für angewandte Musiktherapie Crossen 1999
—Ursprung, R.: Angehörige in Not. Projekt einer Musiktherapiegruppe. In: Musiktherapeutische Umschau（20）1999
—Welter, F.L./Schönle, P. W（Hrsg）: Neurologische Rehabilitation. Stuttgart, Jena, Lübeck, Ulm 1997
—Weymann, E./Przybilla, W: Musiktherapie. In: Welter, F.L./Schönle, P.W.（Hrsg.）: Neurologische Rehabilitation. Stuttgart, Jena, Lübeck, Ulm 1997
—Zantopp, J: Musiktherapie bei Aphasikern. In: Zeitschrift Neuronal, Ausgabe 2 von 2006, S. 20－21

3. 1. 4. 心臓外科と心臓リハビリテーションにおける音楽療法　［クリストーフ・シュヴァーベ］

I

「患者の心について心配することになれば、参ってしまうでしょう」。これは、若い心臓外科医の言葉です。新たに建設された「心臓センター」の超近代的な外科病棟で、私はこの言葉を聞きました。「心に関わること」は病床で十分にあります。すでに手術を終えた人々は、手術予定日までの不安を語ります。手術されたばかりの人々は、苦痛と嘆きに苦しみます。人々は語らず、不安に沈黙し、質問したそうな視線を投げかけます。医師と義務的に対話し、手術への同意署名はしました。しかし、何もわからない状態です。手術は、ただ病歴として記録されるだけです。これは何のためなのでしょう。診療所は、賠償請求に備えているのでしょうか。

本論文は虚構です。心臓の診療所における音楽療法は、まだありません。

心臓の診療所で音楽療法が実行される日が来るかもしれません。これに関わる人々にこの内容を「オープンな心で」知って欲しい、これが私の希望です。こうした診療所は、信じがたいほど高度な水準の医学技術と装置を備えています。これはありがたいことです。しかし、患者の「心」は、療法の行為端緒として十分に認識されていません。音楽療法は贅沢ではなく、近代的な基本医療です。これが私たちの理解です。

Ⅱ

この医学的コンテクストでは、音楽療法は随伴的な療法です。それはこの医学的な関心事全体をサポートし、中心的な意図は心的活動および心的社会的活動を引き出すことにあります。これによって、手術との関連で心的な忍耐力を改善し、患者の自己治癒力を刺激し促進します。

もっとも現代的な心臓診療所で治療される患者の数は増えています。手がかりはどこにあるのでしょう。因果性原理（schwabe, Reinhardt, 2006）の言語で言えば、音楽療法が関わる行為端緒はどこにあるのでしょう。

医学的な中心的関心事は、心臓手術およびその後のリハビリテーションです。これから出発して、三つの行為端緒があります。
・手術以前の時点

・手術直後の時点

・リハビリテーションの時期

手術への期待には多様な緊張がともないます。病棟での手術前の時期は、すでにかなり正確に組まれた手術日程の直前の日々です。

手術後の時期は、専門診療所での手術後の比較的厳しい日々です。患者は一〇日ほどここで治療を受け、その後にリハビリテーション診療所に移されます。

リハビリテーションの期間は、リハビリテーションの四週間です。これは行政的な節約という理由からこれ以下に短縮されるべきではありません。この期間には、患者は医師によるケアをうけながら、多様な訓練を提供されます。このようにして、新しい生活に備えます。

ここで私は自分について話しましょう。身体障害が生きる上で問題であるとき、できる限り早くすべてに決着を付けたい人間がいます。私はこうした人間の典型です。私は自分の経験から四週間は必要であると主張します。時間を短縮することは愚かです。これでは効果すらありません。リハビリテーションの時間が節約される分、患者は監督と保護なしに、ひとりで長く危険な状態のままにおかれます。

臨床医学的な側面からは、手術前の時期の特徴は、最後の事前検査、医師との標準化された説明対話、患者による直接的な手術準備にあります。これらは、本質的に身体的領域に制限されます。

患者の側からは、この時期は、緊張の連続、待機、不安、好奇心です。何かをしたいと思います。しかし、何ができるのでしょう。また、何をしたらいいのでしょう。これについては、患者はたいてい知っていません。

音楽療法的端緒は、患者の心的な緊張能力に関わります。以下は個別的なケースです。

・言語的および非言語的コミュニケーション・サーヴィスを患者に提供します。これによって、思考の緊張能力も誘発されます。

・心的かつ身体的緊張を意識的に認知、受容、承認することが可能となります。

・感情、考え、関心、行為を動員します。これらは、当面の体験の範囲を広げます。このときに、切迫した状況を抑圧してはいけません。

これらの行為端緒は、個人別の音楽療法を用いて楽器による能動的音楽療法として実践されます。フィードバックの対話、対象に関わる社会的コミュニケーション、認知の方向性をもつ訓練がこれに含まれます。認知について言えば、適切な音楽受容を導入したうえで、対象を認知すること、身体と感情を認知することに関わります。

療法的行為の枠組みは問題の状況に合わせ、行動療法的水準におきます。グループの状況は、いわゆる開かれたグループです。行為の対象は、訓練すること、許容すること、認知すること、拡張すること、行為することです。

行為の対象は、グループ・プロセスの意味での社会的対決、つまり、背景を問うこと、対決すること、解釈すること、葛藤を処理することではありません。

臨床医学的側面からは、手術後の時期は集中治療室の状況です。ここで患者には多くの措置が施されます。また、家族の周囲では、多くの消耗、不安が生じます。この不安な状況は不可避なのでしょうか。

また、この状況では、患者の感じ方と心的状態が残念ながら無視されます。これは、医療スタッフの通常の決まり切ったやり方でしょうか。半ば意識のある患者は当惑してこの疑問をいだきます。

患者の側からは、この時間および病棟での以後の時間は、緊張緩和であり、カタルシス的な感情の発散がともないます。これは救済としても、気落ちとしても、またこの両者のめまぐるしい交替としても体験されます。さらに、苦痛、横たわることの困難、睡眠障害、他の患者による過剰な働きかけ、スタッフがドアを閉める音、ドアを開け放しておくこと、いつもスイッチの入っているテレビによる安眠妨害です。少なくとも最初の時期には、これから身を守ることはできません。

これらはトラウマ的な体験であり、患者の不安定な状態に矛盾します。

この関連では、少なくとも二つの深刻な側面が格別の意味をもちます。ほとんどの患者では、手術が実施されると、過剰に情緒的観念的葛藤が生じます。これは抑制できません。「自分の生あるいは死」のテーマ、今後の生活、さらに無防備な過敏性を含めて意識を回復しつつある精神状態、これらが葛藤の内容となります。他方では、患者が比較的高齢であるとき、ほとんどの場合にかなり慣れきった行動習慣と体験習慣があります。こうした人々が狭い部屋に入れられ、大幅に生活制限をされ、他の人々と一緒に生活するように強いられるのです。患者の間には連帯的な援助があるにしても、上で述べた負担をほぼ解消するには不十分です。

集中治療は相対的に短期です。ここでは、音楽療法的治療は不可能に思われます。しかし、その後であれば、音楽療法的アプローチは、よりよく、あるいは可能な限り迅速に不安定な状況を取り除く援助を提供します。また、心理療法は活性化のための刺激を提供します。音楽療法は、とくに情緒的創造的レベルと社会的コミュニケーション的レベルでこの刺激を効果的に支援します。

医学的視野からは、術後に患者を可能な限り早く活性化することは、重要な療法的前進とみなされます。この時に、音楽療法の行為端緒は、音楽療法特有の手段を用います。つまり、情緒的かつ社会的コミュニケーションの活動を引き出し、これによって効果を生み出すのです。

この行為端緒は、個人別的音楽療法あるいはグループ音楽療法として実践されます。まず、いわゆる調整的音楽訓練（Schwabe 1991）による認知訓練がありあります。しかし、能動的グループ音楽療法（Schwabe 1991, 1997）、特にグループ歌唱療法、音楽をともなう造形活動、楽器即興の形式でもおこなわれます。

ここでも、グループの状況は、いわゆる開かれたグループです。その行為対象は、訓練、許容、認知、認知の拡張、行為です。これに加えて、身体的、情緒的、社会的コミュニケーション的活動が段階的に注意深く、個人別に「限定された」形で動員されます。

臨床医学的側面からは、本来のリハビリテーションの時期の特徴は活性化プログラムです。このプログラムは、個人によって相違し、医学的に経過診断によって保護され、とりわけ身体の活性化をめざします。条件が恵まれていて、また患者の希望があるときには、心理学的、心理療法的治療がこれに付け加わります。

この治療の時期は、手術によって生じた持続的な障害があります。これと同時に、意志的な努力によって可能なかぎり急速に—たいていあまりに急激に—現存する障害を克服する進歩があります。患者は、この二つの側面を一層明確に意識しています。この二つの要素は、対立する力からできる緊張領域を作ります。患者の意識のプロセスでこれらが相互に条件付けあえば、本来の心的リハビリテーションとなります。ここでは、患者は療法的な介助、コントロール、刺激、つまり援助を必要としています。音楽療法の開始点は、今定式化した対立から生じます。、葛藤の克服は、ここから首尾一貫して帰結します。

この葛藤の処理は、本質的には当面克服されるべきテーマに向けられます。しかし、これによって、すでに潜在的にあった葛藤領域が刺激あるいは動員されるかもしれません。これは、個々の患者の意識レベルおよび個人的特性を帯びた葛藤によります。したがって、良い療法をするために、療法のスタッフ、とくに臨床心理士、医師、音楽療法士が密接に協力します。

リハビリテーション期には、とりわけグループ音楽療法形式の療法端緒が音楽療法的に可能です。これは、能動的グループ音楽療法（Schwabe 1991）の形式、とりわけ療法的歌唱がよいでしょう。また、調整的音楽訓練（Schwabe 1991）も同様です。心身に関わる認知能力を改善し、体験能力を拡張し、訓練可能な緊張緩和テクニックをつくるためです。

Ⅲ

音楽療法士は、この特殊な作業領域で音楽を手段として作業します。このために、音楽療法士は、患者の投影人物になる危険にさらされます。患者の意識においては、この領域では今までただ医学的器質的に作業がおこなわれてきたのです。

情緒的側面が音楽療法士の療法的行為の特有の端緒です。音楽療法士は、多様な種類の感情に直面します。

音楽療法士は、これらの感情が実は自分に向けられていると知る必要があります。もちろん、それは人格としての自分にはっきりと向けられているわけではありません。音楽療法士は、立場を代弁する役割にあることを理解し、この課題に療法的に取り組みます。これを学ぶことは、決して容易な課題ではありません。この課題の解決のためには、決まり切った作業では不十分です。たとえば、きまった時間帯にきまったマッサージを施すこと、これとはまったく異なります。より多くの時間とより多くの「精神力」が必要とされます。この作業は、思想的情緒的反省を含んでいます。これは、他の療法的出会いの情緒的ふれあいを遥かに超えているのです。

この困難があっても、音楽療法士の作業を断念する理由にはなりません。その反対です。ここでは、感情を引きだすことについて語られます。いずれにしても、患者の感情はすでに引きだされています。ただし、感情に方向性はありません。また、感情の制御もないままです。音楽療法は、感情に方向性を与えます。言い換えれば、患者は、人格の「全体」を用いて自分の内面的な活動性を健康回復のプロセスに向けます。

このかぎりで、音楽療法士は、治療意図の全体に組み込まれます。そして、この意図を促進します。

3. 2. 音楽療法的、教育的、予防的適用領域

臨床的応用領域とは異なり、ここであげられている領域は、通例は特定の枠組みを利用できません。

少なくとも、音楽療法から導き出される行為の仕方は、ここではすぐに許容されません。しかし、因果性原理から適切な条件を考慮すれば、行為の仕方は述べられます（3.1.1.にあるアレクシス・ラインハルトの記述を参照）。

高齢の人間あるいは障害のある人間にアプローチするとき、言語と思考だけでは困難あるいは不可能な場合があります。このときに、臨床外の領域で音楽療法を用いるチャンスがあります。非言語的で行為志向的な療法として音楽療法を用いるのです。たとえば、人間あるいは子どもに知的障害がある場合です。こうした人々は異様な行動をおこない、しばしば排除され、ただ薬物的に治療されています。また、老人あるいは「盛り」年齢の人間の場合です。こうした人々は、医学的な意味では病気ではないにしても、自分が真に健康で力を発揮できるとは感じません。また、しばしば情緒に欠けています。

応用には多様な可能性があります。しかし、ここではいくつかの応用領域に限定しました。「音楽療法のためのクロッセン文献」シリーズはもっと多くの実例を紹介しています（文献表を参照）。これは、クロッセン応用音楽療法アカデミーが刊行しています。

この箇所では、次のことを述べておきます。一連のケースの作業は、療法と教育の境界領域に属します。このグレーゾーンには、しばしば音楽療法士は尻込みします。間違った方向に進むことを恐れるからです。このいわゆるグレーゾーンについては、緊急にコンセプトを新たに考え、真剣に取り組む必要があります。以下に、実例の報告がなされます。

3．2．1．知的障害の成人におけるシュヴァーベの音楽療法　［ウルフ・グラディス］

対象者となる人々

この音楽療法サーヴィスは、一九歳から八〇歳までの障害者支援施設の成人居住者が対象です。この人々の一部は、知的障害、重篤な多重障害、心的障害があります。大部分は男性です。一部の人々は、日課の措置で世話されています。幾人かは、障害者作業所で働いています。人々のすむ部屋は、シングルベッドの部屋あるいはツインベッドの部屋です。他にも知的障害があり、さまざまな変わった行動をする老人がいます。こうした人々が一緒に住んでいるのです。自発性、語る喜び、一部きわめて個人的な表現形式、これらが力として残っています。

音楽療法をおこなわない規準

何の関心もなく、適切な期間を経てもどんな関心も生じないとすれば、音楽療法は実行されません。あるいは、実行されたとしても、早期に終了します。

申し込みと終了のための方法

担当者は、施設居住者と定期的に教育的な対話をおこないます。音楽療法への参加が望ましいかについては、担当者がこの対話の枠内で決定します。療法が必要な場合には、療法を求める文書が作成されます。この中で、居住者が療法を求める理由が記され、療法の必要性が記録されます。音楽療法は、この文書によって提供されます。担当する音楽療法士は、時間のとれる時に施設に連絡します。そして、場所、時間、回数、場合によっては期間について取り決めます。音楽療法期間中には、症例についての討議、症例に関するスーパーヴィジョン、教育的対話、家族との対話、居住者の心理社会的状況に関する措置に加わります。これの責任は、施設の経営側にあります。

音楽療法の終結は、二年後です。居住者の希望があれば、さらに一年間延長されます。音楽療法の終結のために、責任者である音楽療法士は短い報告書を作成します。行為端緒、行為目的、行為原理、行為手段、療法経過がその中で記録されています。申し込みを更新することは、無条件に可能です。

・グループにおける音楽療法

開始時の条件、行為端緒、行為の関心

大部分の居住者は、障害者の作業所で働くか、あるいはスケージュール化された適切な日課にしたがいます。グループ・サーヴィスに関心をもたないとき、かなりの看護が必要なとき、あるいはグループに入れないとき、居住者は施設の建物に残ります。作業時間の間にグループの時間を使うことは、作業所の支援サーヴィスの枠内でしかできません。午後四時からは、居住者全員が施設にいます。施設に帰った後の時間には、買い物が好まれます。夕暮れは午後五時半ごろです。四時半から五時半の間には、時間を確保できます。六人から一五人の居住者がその折々の音楽療法に参加します。音楽療法グループの時間は、居住施設でもたれます。いくつかのグループは開かれています。つまり、関心があれば、申し込みをしないでも、参加者は音楽療法にきてもよいのです。

療法の端緒は、基本的には二つです。たとえば、療法の出発点は、患者あるいはクライアントの障害または病気です。ここでまた、二つの端緒が区別されます。ひとつは、障害の現れる像に即した（症候を中心とする）端緒です。他方は、考え方、心構え、体験の仕方、問題処理の形式に即した（人格を中心とした）端緒です（Rudloff/ Schwabe 1997, 12）。患者あるいはクライアントが障害を意識しており、人との関わりを願望しているとき、人格を中心とした端緒が採用されます。

しかし、知的障害の人間に提供される施設のサーヴィスの枠内では、ここから出発できません。現存する障害あるいは欠陥は、ここでは焦点になりません。療法の出発点は、現存している健康な、あるいは障害のない人格領域、残されている力と可能性です（残されている力を用いる行為端緒）（Schwabe/ Reinhardt 2006, 37）。

これを端緒として、以下の行為関心が実現されます。

・グループにおける共同性を体験します。
・表出あるいは表現の可能性を生み出します。
・関心を呼び起こし活発に保ちます。
・要求を呼び起こし意識させます。
・楽しむ能力を維持し拡張します。
・自己価値感情を強化します。
・個体性を強化します。

療法的行為の弁証法

療法のプロセスでは、グループ指導者あるいは療法士の人格が第一に重要な手段となります。療法士は、以下の機能を果たします。

1. 行為、認知、体験、反省、認識を刺激します。
2. 表現、行動、産出、反省という行為の指針を目的的に用います。これによって、このプロセスをコントロールします。
3. 感情と想起、破壊的な攻撃、投影的な衝動としての他者からの暴力、療法士の誤った目的設定、これらが過剰であるとき、参加者を保護します。

グループにひとりの療法士しかいないとき、これらの課題はこの療法士に取って過大な要求となります。課題が療法チームの間で振り分けられるとき、療法士は責任をもってこの作業を遂行できます。ただし、緊急の場合は、これとは全く別です。

療法プロセスでは、グループが二番目に重要な手段です。知的障害者と作業するとき、私たちは社会的グループの特別なケースに関わります。これは「治療教育的グループ」と特徴付けられます。ここでは、グループのプロセスは背景に退きます。そのかわりに、「私たちという感情」と仕事上の長所（個人ではできないことがグループではできます。これは相乗の効果です）がより重要となります。グループでは、共同に響きを生み出せます。グループは、産みだされたものの聴衆にもなります。

参加者は能動的に行為し、自分の個人的創造性を動員します。これによって障害のない人格領域への働きかけと強化がなされるのです。これが療法の原理です。現存する障害は、可能な限り迂回されます。それは、直接に働きかけられません。しかし、この障害には、肯定的に影響が与えられます（個人的創造的行為原理）（Schwabe/Haase 1998, 135f）。

以上から、次のことがわかります。活動に刺激が与えられると、これは自分の人格とその欠陥に関与しません。活動は、これを超えていきます。こうした活動が自分の限界を注意深く拡張するときに、脅威は与えません。このためには、もの、対象をとりあつかうのが適切です。この対象は、楽器あるいは布のようなものでよいのです。また、観念的で非物質的な作品でもかまいません。歌、一連の運動、響き、物音などです。これは、模倣（再現）され、あるいは制作されます（療法的行為の手段・制作の方向性をもつ活動）（Rudloff/Schwabe 1997, 69f）。さらに、自分の体験、情緒的状態、欲求を提示する方法を与えることが大切です。この提示は反省をともないません。そして、自分の体験、情緒的状態、欲求が提示されると、自分と他の人間の体験はより良く洞察され、体験と行為（表現活動）の幅が広がります（ebenda, 71f）。

特に考慮すべき教授法の原理は、次の通りです。ひとりひとりの参加者の個人的限界と能力に注意を払います（個人化の原理）。知的障害者が成人で老齢である場合、発達状態と年齢に注意を払います（ふさわしい発達）。現実との結びつきは維持し、学習されたことが現実の中で応用されます（直観性と

応用）（Speck, 1993, 236ff）。

とりわけ最初にあげた二つの原理からは、一対一あるいはきわめて小さなグループでの作業が適切な治療となります。しかし、ここでは再び現実的な諸条件（居住施設における場所の欠如、移動費用、施設における日課とサーヴィス計画）も考慮します。実際にあるチャンスを使い、与えられた条件の下で可能なことをおこないます。不都合な要素をあげつらって何もしないより、現実的におこなうのがよいのです。

・行為形式／方法

グループ歌唱療法

私たちの文化では、日常的な状況で歌うことはほとんどなくなりました。しかし、たとえば小規模な子ども施設、また大変に信仰心のある人々は例外です。そこでは、歌うことがきわめて特別な表現形式となっています。けれども、この表現形式は、特別の教育を受けなくても習得され使われます。この歌うという活動をするとき、情緒への直接の結びつきが成立します。この事実のために、歌うことは、くつろぎを与えるとともに爆発力をもちます。また、まさに療法としての潜在力をもちます。歌うことは、不安定にします。しかし、歌うことは安定させる要素を提供します。この要素とは、高度な構造と秩序です。つまり、歌にははっきりとした始まりと、（たいていは）はっきりとした終わりがあります。また、旋律は、規則的に反復します。

音楽一般、そして特に歌唱は、今述べた特性をもちます。そこで、そのターゲットは心的な性質です。他の人々との関わりが困難でも、歌うことによって帰属性が体験され、コミュニケーションが成立します。ここでは、歌唱は人間に社会的に働きかけます。さらに、歌うためには、自分の身体が必要です。呼吸と声は協力し、上半身、腕、脚は無意識に動きます。身体活動には、遊ぶ形で意味が与えられます。また、他の仕方では拒否される活動も、歌うことから生まれます。共に歌うという活動は、どんな人間にも可能です。人間は、生物学的、心理的、社会的な存在です。歌うときに、こうした人間の全体が訴えかけと働きかけの対象となるのです。歌うことは、療法的な視点からこれほど興味深いものとなるのです。

歌、主として大衆歌を歌うこと、さまざまな音を口ずさむこと、あるいはこれを歌うこと、音を立てる基本的な表現（嘆き、ため息、あくび）、これらが用いられます（Rudloff/Schwabe 1997, 98）。

楽器即興

楽器を用いる演奏をすれば、最初の状況で保護が提供されます。楽器は現実の物質的対象です。注意はこの対象に向けられます。楽器はまず「安全」です。そして、自分の人格やグループとの関わりから解放してくれます。主に用いるのは、前もっての知識や特別の熟練なしに演奏できる楽器です。療法的応用としては、主に次の演奏様式が用いられます。音楽を目指して産出し再現すること（たとえば、ひとつのリズムを模倣する。共通のリズムを仕上げる）、非音楽的な行為指針（たとえば、音を受け渡していく）のために音楽的に演奏すること、音楽的な手段を用いるが、テーマに結びつけて非音楽的に演奏すること（たとえば、状況を描写する）です（Rudloff/Schwabe, 1997, 105f）。

楽器即興は、非言語的な表現形式、非言語的なコミュニケーション形式であり、そうしたものとして特別の意味をもちます。言葉ではすぐに誤解されることも、音色と音響で美しく響きます。言葉の背後にあったものが現れ、これへの理解が成立します。

ダンス音楽療法

ダンスは、運動の特殊な形式として理解されます。すでに出来上がった形式にあわせて運動は経過します。この形式あるいはこのモデルの特徴である欲求や行動の仕方は、既存の社会習慣になっています。あるいは、この社会習慣が硬直していることへの抗議でもあります。社交ダンスの形式、特にグループに関わる運動を許すダンスの形式が用いられます。さらに、民俗音楽や踊りの歌の要素が使われます。

ダンス音楽療法の特徴は、協力行動をめざすこと（運動の正確さではありません）です。そして、プロセスは即興的で遊戯的に進みます。ダンスで遊べば、協力行動を阻害する要素がわかります。自分の身体運動へのためらい、つまり合理的に制御された姿勢へのためらいがあると、自発的な活動と体験が妨げられます。症状が固定されると、症状以外の体験も制約されます。

言語的反省（フィードバック）

言語的反省は、個々の方法を超えたものであり、療法にとって本質的なものです。知的障害者との作業では、グループ対話としての言語的反省は背景に退きます。ほとんどの参加者には言語で反省することの障害があります。そこで、グループの出来事のなかでおこなわれた行為を観察し、描写し、説明することを求めても、これは過剰な要求です。

グループ指導者は、非言語的なフィードバックの合図を認知し、グループにわかるように説明します。

個人別音楽療法（一対一での音楽療法）

知的障害者と音楽療法の作業をおこなうとき、適正な治療の観点からも、また制度的な観点からも、一対一の作業が重要な形式となります。奇妙な行動がはげしいために、あるいは逃げ去る性癖があるためにグループにいれない人々、またはグループの中にいると不安を抱く人々、こうした人々に一対一の作業は適切です。

音楽療法が一対一の形式でおこなわれると、心遣いと配慮への求めに応じられます。これ以外の形式では、この求めはしばしば退けられ、充たされません。療法のプロセスは、療法士とクライアントの関係の中で展開します。人間の体験と行動の三つの領域が出発点となります。これらは相互に絡み合った領域です。自分と他の人々の認知、社会的相互行為、個人的創造性がそれです（Schwabe/Haase 1998, 44f)。

音楽活動は、関係の中で形作る手段です。そして、またコミュニケーションする手段です。それは、人を結びつける最初の共同性でしょう。しかし、音楽活動は無関係なものを分離もします。療法士は、グループでの作業以上に、自分の人格に向かい合います。このプロセスは発展するのでしょうか。発展するとすれば、どのようにでしょうか。療法士はクライアントに共感し、要求を感じ取り、これに応じて関係を作ります。また、自分にある妨げを認識し、これを克服します。プロセスの展開は、療法士のこの能力にかかっています。しかし、療法の関わりの中にあっても、どんな人間とでもうまくいくのではありません。したがって、療法作業はチームとしておこなう必要があります。

療法行為の端緒、目標、原理、手段、形式に関しては、個人別音楽療法は、グループ音楽療法と異なります。

制度的枠組みに関しては、特別の前提が必要となります。
一対一で音楽療法をおこなうために、関与している療法士全員は、施設のスタッフと密接に協力します。この共同作業の内容は次の通りです。

1. 時間的空間的調整
2. 支援、介護、療法の計画の調整
3. 療法的戦略の調整
4. 記録の調整
5. 療法期間についての恒常的な評価

実例

施設に居住する女性は、心身が早く衰え、自分に価値があるとの感情、個性、生きる意思を喪失していきます。音楽療法士は、このプロセスを止めます。そして、自分に価値があるとの感情および個性を維持し、これらを再び強めます。

これを実践するためには、すでにある障害、欠陥などを可能なかぎり回避します。そして、残っている能力を探り出し、使用するのです。少なくとも安定化させる時期には、女性の拒否に導く状況はできるかぎり避けます。たとえば、「あなたはまだ私の名前がわかりますか」と質問してはいけません。このやり方を成功させるためには、その可能性を探し、これを発見することになります。この戦略をケア作業全体の中で維持する保証がないなら、音楽療法は効果がありません。

居住施設のスタッフ全員、外部の協力者（ヴォランティア）、独自のサーヴィス（作業療法、言語治療）は、途切れなく互いにコミュニケーションする必要があります。このプロセスを調整することは、外部の療法士の手に負えません。プロセスの調整は、支援計画の一部であり、施設指導者の責任です。

療法概念

施設での障害者支援は、診療所ではありません。したがって、患者はいません。ここでは、しばしば死ぬまで人々が生活します。こうした人々は、療法を必要とするのでしょうか。もし療法が必要とすれば、誰に対して誰がこの必要を定めるのでしょう。療法は、どれだけ長く続くのでしょう。居住施設では、不健康で病気を引き起こす生活条件が危険因子としてあります。これは、避けることはできません。似通った障害を持つ人々がたくさん一緒に住んでいます。こうした人々にサーヴィスを提供するとき、ほとんど個性への配慮ができません。人生についての記録はほとんどありません。記録があるにしても、それは手元にはなく当事者に結びつけられません。良い社会的条件から私たちのところに来る居住者は、きわめてまれです。

ここから、施設を担当する組織は、信頼できる人間による心的ケアを提供しなければならないことになります。これは、法的責任ではないにしても、道徳的責任です。厳密に言えば、ここには本来の教育的関心はほとんどありません。成人が受け入れられるとき、施設ではすでに教育がおこなわれています。そして、これはたいてい失敗しています。この結果、社会心理的な二次障害が生じます。この障害は、程度の差はあれ行為の必要性を示しています。すべての教育的措置、成人教育的措置、したがって老人教育的措置は、ひきこもり、孤立、相互行為とコミュニケーションの障害、攻撃性、自傷性、認知能力の萎縮などの二次障害に取り組み、何らかの仕方で治療します。「治療教育」という概念が作られています。これは、この問題性がすでに長く意識されている証拠です。

「治療教育という概念は、ヤン-ダニエル・ゲオルゲンス（一八二三―一八八六年）とハインリッヒ・マリアヌス・ダインハルト（一八二一―一八八〇年）にまでさかのぼります。彼らは一八六一年と一八六三年に『治療教育学　知的障害とその施設を特別に考察して』という二巻本を出版しました」（ウィキペディア）。

障害者支援の領域では、治療教育と療法はまだ区別されているのでしょうか。私の見方では、これはまだ区別されています。療法の方が教育よりも価値が高いというエリート的根拠から区別がおこなわれるのではなく、以前のままの関心と領域を維持するためなのです。

施設での障害者支援では、音楽療法に特別の地位はありません。その作業は、療法と教育の中間としておこなわれています。しかし、この領域での他のすべての職業についても、同様です。現実をある程度理解できるためには、概念とカテゴリーを作る必要があります。しかし、概念とカテゴリーは現実を理解する手段ですが、現実ではありません。これはしばしば忘れられます。このために、私たちはどちらつかずであるとよく感じるのです。

知的障害者の心理社会的ケアの全体は、療法的措置と教育的措置の中間領域でおこなわれます。それは教育とともに、障害および疾病の治療をおこないます。何が起こるか、どのコンテクストでそれが起こるか、概念的に整理するためにはこれが決定的です。内容的には、療法を意図することが重要です。療法が方向づけられていないことはあっても、療法が意図されないことはありえません。(自発性はすばらしいものですが、療法ではありません。自発性は療法を余計なものにします。)

療法的意図は、理想的な場合、療法上の要求から導きだされます。療法的意図は、参加者との出会い、心理社会的に診断する能力、恒常的な反省から生じます。参加者にふさわしい「治療課題」が心に浮かぶときに、療法士としての私は療法について語れます。同様のことが教育的措置にとっても妥当します。では、施設での障害者支援で音楽療法はどのような位置を占めるのでしょう。私は、予備的に次のように答えます。音楽療法の第一の課題は、障害と疾病の治療ではありません。生き生きとするために、発達の余地、体験と経験の場所を生み出し形作ること、これが音楽療法の課題となるのです。

この意味での療法的措置は、教育的措置から区別されます。療法的措置は、まずこの関心に対する義務があるからです。さまざまな歌を繰り返し歌っても、公共交通手段を使えるようにはなりません。しかし、それは未知のものへのあこがれを引き起こします。「おお、これで十分だ」という歌はビスケットを焼く指針としてはふさわしくありません。しかし、それはろうそくの灯火とビスケットの香りへの願望をもつことにふさわしいのです。人間はみんなこうした事柄に、したがって自分自身に関心を持っています。これは、生き生きとしてあることの問題です。私たちは、これを担当するのです。

—Rudloff, Helmuth und Schwabe, Christoph (Hg) ; Aktive Gruppenmusiktherapie für erwachsene Patienten; Crossen 1997
—Schwabe, Christoph/Haase, Ulrike; Die Sozialmusiktherapie; Crossen 1998;
—Schwabe, Christoph/Reinhardt, Axel; Das Kausalitätsprinzip musiktherapeutischen Handelns; Crossen 2006

—Speck, Otto, Menschen mit geistiger Behinderung und ihre Erziehung, München, 1993
—Gladis, Ulf, Gruppensingtherapie bei erwachsenen und alten Menschen mit geistiger Behinderung – Abschlussarbeit, Akademie für angewandte Musiktherapie Crossen, 2005

3. 2. 2. 老人との出会いの音楽療法的作業について　［カトリン・ミュラー］

「年を取るとは、堅いパンのようなものです」、私の知っている九五歳の女性はこのように語りました。私がその理由を聞いたとき、彼女は答えました。「全ては悪くなっていきます。望むほどには、もう健康にはなれません。また、人は孤独です。同年齢の人（友人とパートナー）は、死んでしまっています。若者は多忙です。若者が訪ねてくれるとき、彼らが助けてくれないと嘆いてはいけません。全人生にわたってつらく働いたとしても、お金はかつかつしかありません。けれども、もっとも良くないことは、他人の援助に頼るしかなく、他人の負担になることです。これを充分に分かって耐えているか、混乱して分からないでいるか、どちらがいいのか分かりません」。

私たちの周囲にいる多くの老人の状況は、このようなものです。自立性が失われると、たいてい社会的結びつきを失い始め、外出はより困難となっていきます。このとき、老人は共感で生きています。共感しないとき、老人はますます孤立します。これは、自分を完全に失うことに通じます。

以前には、大家族の結びつきがあり、老人は世話されました。私たちとは別の文化では、今日もこれはなされています。さらに、寄る辺のない老人でも確固とした課題をもち、家族の長として高く尊敬され、家族の中に完全に統合されていました。今日、年を取っていることは恥となります。ほんのわずかの子ども、孫だけが自分の両親、自分の祖父母の世話をする時間と空間をもっています。老人が独居できないなら、しばしば施設入居しかありません。ここから、ここ数十年間に文字通りの産業が発展しました。

私はここ数年来ベルリンの養護施設で音楽療法士として働いています。

施設は主に老人が住んでいます。三つの居住階と二つの介護階で老人は世話を受けます。介護階の居住者は、完全介護です。つまり、食事、洗浄など基本的な事柄で援助を受けます。寝てばかりの老人は一緒に住んでいます。その部屋は狭い空間で、ベッドが二つあるいは三つあります。こうした人々は、さまざまな理由からかなり孤独です。互いに知ることは、ほとんどありません。

スタッフが交替するために、介護スタッフへの関わりもかなり限られます。さらに、介護する人々は居住者にそれほど時間をさけません。介護保険が「清潔と満腹の介護」しか許容しないのです。

音楽療法は、まさにこの状況に関わります。施設居住者は孤独な状況にあります。また、居住者は自立性をもつ人格であり、個性です。これが音楽療法の出発点です。このときに、自分に価値があるとの感情、自分が誰であるかの体験が活性化されます。

私は活動をはじめたとき、固定した療法グループを作ることを最も重要な課題であると考えました。グループは、コミュニケーション空間となります。これの内部で、重要な事柄を経験し、また（あるいは）訓練します。すなわち、社会的コミュニケーションおよびこれに属する全ての事柄、分化された認知、情緒との繊細な関わり、自発的で持続的な行為の柔軟性、決定、不安と葛藤の処理です。

苦痛の知覚からの気分転換、苦痛の受容、一般的な態度決定能力の促進、集中力の促進、知性の刺激、運動の刺激、不安の除去、病気あるいは老齢におうじた体験と生活、死および死への関わり、これらは老人との音楽療法の重要な行為端緒です。

ときには、一緒に楽しむこと、生きていることを楽しむことが重要です。確かに、これは小さなことではありません。

実践的な実例をあげて、私の仕事を具体的に明らかにしましょう。

音楽療法は、メンバーを固定して、毎金曜日に介護の階で九時から一〇時三〇分までおこないます。グループ参加者の数は、七人から一〇人の間で変化します（これは精神状態によります）。グループは七八歳から九五歳の人々からできています。女性が多数です（男性は二人だけです）。多くの居住者は、もう自力でグループの時間に来ることはできません。私はこうした人々を連れてきます。精神的に活発なのは幾人かであり、他の人々は多かれ少なかれかなりの認知症の状態です。

幾人かの療法参加者は、自分の今の状況、特に健康状態を受け入れられません。ここ数週間にグループの時間で目立ったのは、この状況です。しかし、これは今までオープンに語られませんでした。そこで、私はある時間に私の「延長された腕」、つまり音楽を介してこのテーマを話題にします。

挨拶の歌の後に―グループは挨拶と別れの儀式を求めています―、私はダンスに行くのが好きだと語ります。全ての参加者は歌うのが好きです。幅広い歌のレパートリーを歌います。私はこのことを知っているので、ダンスの歌について質問します。すぐに民謡からレヴューに至るまでの曲の題名が挙げられます。そして、これを歌おうと提案されます。私たちが歌う間、幾人かの住人がこれにあわせて足を揺らしています。歌う間に何かに気づきましたか、このように私は後でグループに質問します。観察されたのは、とくにT（女性）さんが足を揺らすことでした。Tさんは言います。「変ね、私は何も気づきませんでした。音楽が体の中に入っていくのですね。ああ、これは踊ったことがあります」。そして、彼女は話し続けます。他の女性たちも夢中となり、同じように語ります。K（女性）さんは言います。「昔の話です。今は全て過ぎ去りました。だって私は車いすに座っていて、ダンスは考えられません」。R（女性）さんは、他の参加者よりもはっきりと健康はよい状態です。しかし、自分の状況を受け入れられない一人です。Rさんに想いが浮かびます。「それは本当です。私たちは、何も、全く何もできません」。大いに陽気なKさんは、長く車いすの生活です。「そんなことはありません。私たちは、まだたくさんのことができます。私はまだ踊れます」。彼はいたずらっぽく笑い、車いすであちこちへと揺れ動きました。どんな動きができるか、これについてよく考えるように私は居住者に頼みます。Kさんは本領を発揮します。できることを数え上げ、たとえば手をたたくこと、脚を揺らすことなどをすぐにやろうとします。他のグループ構成員は笑い、同じく動き始めます。Kさんはもう一度音楽でやろうと提案しました。私は彼の提案を取り上げ、いくつかの音楽を候補としてあげます。グループは、ワルツをやろうと決めました。全員は、それぞれができる仕方で、ワルツにあわせて動くのです。Rさんはずっとこの出来事を見守ります。もう何も言いません。音楽が始まります。彼女は眺め、その後ためらいながら腕を拍子にあわせて動かし始めました。

私の療法的関心事は達成されました。たとえば、Rさんは、何もできないとの思いをはじめてオープンに話せました。これを達成するための行為手段は、歌うことでした。ダンスの歌によって思い出がよみがえりました。グループ構成員は、この思い出を物語る余裕がありました。これは、きわめて重要なことです。過去は充分な程度に受け入れられ、動員されなければなりません。

その後に、グループは今ここにある現実、「私たちは何もできない」へと引き戻されました。

ここで述べられたことは、生きるに必要なプロセスの一部です。このプロセスを活性化することが音楽療法士の課題です。これは困難であり、また慎重を要する課題です。これは「人を笑わせる役割」とは何の関係もありません。むしろ問題なのは、人々を可能な限り正確に認知すること、そして同時に真剣に受け止めることです。生きる力を動員し、体験能力に働きかけ、これを可能とするための出発点がここにあります。

3．2．3．音楽教育的行為の領域におけるシュヴァーベによる音楽療法 ［ライナー・フィッシャー］

教育的目的設定は、音楽療法とどのように関わるのでしょう。これが最初に問われます。これについては、音楽療法の会合の円卓会議で詳細に検討されました。ここでは、これについて示唆しておきます (Haase et al, 2000, S. 474-487)。

この二つの行為領域は、その制度上のセッティングが異なります。しかし、それだけではありません。その関心事に関しても異なっています。療法は、患者の人格性の障害のある領域に影響を与えます。もちろん、残存している能力を生かす療法の端緒があります。この場合でも、今述べたことは当てはまります。

教育学は、特定の能力と熟達を与えるだけではありません。人格性あるいは人格の特定の部分領域の発達もその内容となります (Haase, 2000, S. 474)。しかし、人格の発達というこの課題に関して、療法的関心と教育的関心は多様な形で重なります。

療法的課題と教育的課題は、原理的に異なる仕方でセッティングされることがあります。この場合でも、関心と採用すべき方法に関して、多様な接点が存在します。音楽療法の行為領域における音楽療法の原理は、これに特にあてはまります。以下、これについて述べましょう。

療法では、療法士はそのクライアントにつきそい、クライアントが自分自身に向き合うように援助します。音楽療法では、この認識の道は音楽という媒体を通じておこなわれます。シュヴァーベによる音楽療法は、療法のプロセスで音楽を非言語的表現手段として用います。社会的コミュニケーションを体験し、形作り、反省する、これが目的です。音楽療法では、シュヴァーベによれば、自我が自分を認識できるためには、自分に向かい合うものが必要です。音楽療法では、これは主に音楽が提供します。特定の前提があれば、音楽の授業はこの意味で人格的成長を可能にし、発達の空間となります。この空間では、作曲された形式であれ、即興的な形式であれ、音楽との出会いがあります。この空間では、生徒と教師との出会いも起こります。これは、一対一でおこなう療法的枠組みに対応します。

グループ授業では、このかわりにグループ構成員相互の出会いが付け加わります。特に、ここでは自分自身との出会いが起こります。残存する能力を用いる端緒は、音楽療法でも役割を果たします。この端緒に対応して、音楽教育的行為の領域はクライアントの潜在能力に依拠できます。(Schwabe und Stein, 2000)

言い換えれば、いつも障害ばかりにかかわるのではないのです。むしろ、まだ健康である人格領域を促進します。自分に関して建設的な新しい経験をすれば、自己イメージが改善されます。そして、発達の中で障害を与えられた人格領域へ肯定的影響があたえられます。

音楽的行為は、経験の空間を個人に与えます。これによって、個人は自分とその周囲世界に創造的な仕方で接します。これには、身体的、心的、精神的、社会的プロセスも関与します。人間はその存在の全体性において訴えかけられます。身体的、心的、精神的プロセスが流動的な均衡状態にあると、音楽的行為は楽しい経験となります。このように、音楽することは、楽しみと生きる喜びを実現します。これによって、意味を生み出す形でいわゆる「療法的」潜在力が展開されるのです。

感じ取ること、感情を抱くこと、理解すること、これらは相互に浸透したプロセスとして経験されます。この経験によって、より深く自分が認識されます。また、ある楽器を修得することは、創造的な生活態度の手本となります。内的な欲求と外的な現実は、この創造的生活態度を通じてダイナミックなプロセスに引き入れられます。これは、個人にとって建設的なプロセスです。よい前提があれば、このプロセスによって生きることを少し学ぶことになります。以下において、これらの前提について検討がおこなわれます。この前提のもとで、音楽教育は効果的となるのです。この時に、外的な枠組みに関わる制度的条件と内面的な心理的概念的側面とが区別されます。

制度的条件

音楽教育的な行為は、さまざまな制度的枠組みの中でおこなわれます。名称を挙げれば、学校、幼稚園、音楽学校、個人別音楽レッスンがあります。こうした制度の中で音楽療法の原理によって働くためには、成果の強制から解放されなければなりません。この成果の強制は、固定された教育計画と評価システムです。この拘束から解放されないと、音楽教員は解決不能の葛藤に陥っています。つまり、生徒の内面的な欲求を配慮すれば、制度的な要求を満たすことに矛盾するのです。

通常の学校では、信頼できる全日制学校[38]の自由選択教育で今述べたことは実現できるでしょう。国立の音楽学校では、教育計画があるにしても、より多くの余地があります。したがって、長期的な音楽授業は、音楽学校、あるいはプライヴェートな音楽教師から提供されます。ここでは、週単位の授業が通例です。これは、持続的な作業を保証します。学習と発達のプロセスが持続的であるためには、適切な時間的枠組みが必要です。数時間の授業では、これは不可能です。

シュヴァーベによる音楽療法は、療法セッティングとしてグループを優先します。音楽学校では、授業は通常個人別におこなわれます。グループ授業があるときには、しばしば財政的理由があります。この背後にある授業のコンセプトは、グループの中の個人別授業と呼んでいいでしょう。しかし、現実的なグループのコンセプトが開発されるべきでしょう。少なくとも、個人別授業の生徒には、グループの中で自分を経験する可能性が提供されるべきでしょう。これは、プロジェクトの形式あるいはアンサンブルで音楽する形でおこなわれます。

(38)（訳注）これは学校と学童保育所を統合したタイプの学校です。

心理的概念的条件

音楽教育の行為領域で音楽療法の原理を用いるためには、制度的条件とならんで、一連の心理的、概念的条件があります。教育者の人格、音楽授業の行為目標の実現がこれらの条件に関連しています。楽器授業を例として、これについて以下に叙述します。

保護された空間

学校、大学、音楽学校のふつうの実践では、音楽授業はなお成果を求め、個人的体験と組み合わされています。国際コンクールで賞を獲得する学生の数で、大学は評価されます。音楽学校は、地域のコンクール「青少年音楽祭」で入賞者を出す競争をしています。普通の学校は、毎年繰り返されるピサ研究での平凡な成果を悲しみます。

この種の競争的学習では、音楽性は外部から抑えられます。この方法によれば、大学はいわゆるマスター・クラス方式をとるでしょう。若い音楽家の人格は、ほとんど、あるいは全く考慮されません。音楽家はしばしば高い代償を払います。国際的によく知られたピアニスト、エレーヌ・グリモーは、『人生のレッスン』という書物を最近出版しました。ここでは、自己疎外と失われた自分の探求が感動的な仕方で叙述されています。

人格を中心とする音楽授業は、これとは違います。学習者の音楽的、身体的、人格的発達は、互いに影響し、互いに支えるひとつのプロセスに統合されます。このようにして、内面的成長と音楽的発達は、手を取り合って進みます。これは個人の幸福、さらに音楽の幸福のためです。ところで、人格を中心とする音楽授業のなかでは、どの内面的、心理的要素に意味があるのでしょう。

ある楽器を修得すれば、創造的に生活を形成するための手本となります。これについては、すでに述べました。この創造的姿勢を修得するためには、内面は保護された空間となる必要があります。療法士あるいは教師の人格は、この内面空間の保護に密接に結びついています。私たち自身が自分の中にこの内面の自由を発達させていなければいけません。そうでないと、生徒にこうした発達の余地は提供されません。教師の人格には、多くのことが求められます。まず、教師は、目の前にある人物の内面的世界に共感できる必要があります。これによって、自分の生徒の内面的な潜在能力を感じ取ることができるのです。これとならんで、教師は自分の楽器をうまく操れなければなりません。これは、教育的課題に柔軟に立ち向かうためです。

音楽授業では生徒の意欲に応じ、生徒の内面的成長を可能とします。学習プロセスと発達プロセスは、ひとりひとりのために新しく作り出されます。このプロセスは、身体的、精神的、情緒的な発達状態に対応します。また、生徒の中で眠っている潜在能力を考慮したものです。シュヴァーベは、音楽療法的行為の因果性原理の中でこれについて詳細に述べています（Schwabe und Reinhardt, 2006）。

人格に対する鍵としての美しいものの概念

音楽の授業は、生徒の意欲に応じ、人格的発達を促進します。このとき、美しいものの概念が手引きとなります。音楽は、確かに美しいものです。しかし、美の個人的な感じ方は主観的です。美をチャンスにして、人間の人格を感じ取ることができます。音楽の授業が人格を中心とするとき、これは自由意志の原理に基づいています。感動する音楽に取り組むめば、—音楽を美しいとすることはこれ以外にあるでしょうか—自分をやる気にする行為へと導かれます。したがって、療法と教育は、その目標設定に関して一致します。しかし、個人が自分への責任をとるように支援することが重要です。

自分自身に対して責任を負うことは、自分の欲求を擁護することです。音楽の授業はこれにふさわしいものです。音楽の美はまったく多様です。音楽は響きで私たちに訴えます。ロマン派は「美しい響きの美学」を特別に大切にしました。あるいは、音楽は視覚に訴えます。ベンジャミン・ブリテンが若くして作曲を始めたのは、楽譜の音符の形が魅惑したからです。特に気に入る音楽というものがあります。

音楽は生理的に美しく、演奏すると身体的な快感を生み出します。

美への感覚は、私たちの知性にもあります。知性は、音楽構造の明晰性と順序正しさに魅惑されます。ショパンは、バッハの平均律ピアノ曲集を「純粋な音楽的論理」と呼んでいます。私たちの美への感覚は、美のもっとも内面的な核心を情緒的美の領域に見いだします。ここでは、人間と音楽との内面的関係が表現されます。音楽作品は、私の中でどのような感覚を引き起こすのでしょう。緊張と緊張緩和がどのように個人的に均衡すれば、私は快適と感じるのでしょう。

音楽の授業で美への主観的感覚が重視され、これが学習者の音楽的行為を内面的に引き起こすとすれば、できるだけ多くのレベルで学習者に美的に訴えかける教材と経験を提供します。音楽作品には、感覚的、情緒的、知的経験が内在します。生徒はこれを具体的に体験するのです。私は音楽構造を認識できるのでしょうか。音楽構造は私に聴取されるのでしょうか。音符の形は私に訴えかけるのでしょうか。音楽構造は私の身体発達にとって適切でしょうか。つまり、私はそれを簡単に身体運動にできるのでしょうか。作品は私の個人的体験世界に関わるのでしょうか。このように、音楽教材との関わりの中で、安心感が発達します。そして、自分の欲求と生きた関心との関わりの中で、より複雑な課題に向き合いたいという自信が発達します。

自分の人格が親しめる音楽に携わると、音楽という対象、したがってまた自分自身と一体化します。自我は、音楽構造の中で自分を再認するのです。自我の境界は、ある種の神秘的融合—これは大海の感情といえます—の中で開放されます。心的で情緒的なもの、思考的なもの、身体的なものという三つのレベルがひとつのダイナミックな相互関係に入ります。このプロセスは、教師が誘発します。音楽という対象の処理は、この三つのレベルが関与します。これは人格全体を包括し、より内容豊かになります。

音楽は最初から興味深く美しい、こうした考えがあります。私の見解はこれとは異なります。あるものを美しいと感じるか否か、これは各人が自発的に自分で判断できます。自分の個人的な美の概念は、普遍的に妥当しません。自分の美的感覚は、自分の人格的発達の全体から生じているのです。したがって、生徒が個人的に興味深く思うもの、これだけがその生徒にとって興味深いのです。また、これだけが意味あるものです。そして、できるだけ多様な美的レベルで生徒に訴えかけるもの、これだけが生徒にとって興味深いのです。

音楽の授業がこのように実行されると、療法的視点のもとでも楽しむことを学んでいるのです。そこで、音楽に携わることは、生涯にわたって生きる源泉となります。もちろん、これは理想的な場合です。生活の他の領域が葛藤に満ちたものとして体験されるかもしれません。この時でも、音楽との関わりはエネルギーを生み出し、力を生じさせます。「音楽は心の回復に役立つ」。このように、ヨーハン・セバスティアン・バッハは、『インヴェンション』の前文で簡潔かつ的確に定式化しています。

楽器授業の枠内でも、これが学習者の欲求に添うようにします。こうすれば、学習者の人格が尊重され、尊敬されていると感じられます。これは、それだけで重要な療法的価値があります。自分で自分を評価するためには、それ以前に評価される経験が必要です。意欲するとき、人格として受容され、真剣に受けいれられていると感じると、学習者はしばしばすぐに自分で活動を開始し、自分の責任で行為するようになります。この点では、教育的目標設定と療法的目標設定には接点があります。しかし、シュヴァーベによれば、社会的能力が音楽療法の本質的関心事なのです。

私は何を美しく感じるのでしょう、このように問うとすれば、これは認知心理学的見方ともいえます。

けれども、個人は、自分自身の好き嫌いをある程度わかっています。楽器授業の中で自分の好き嫌いが認められると、学習者は他の生活領域でも何が好きで何が嫌いかについて問うことができます。個人が自分の欲求を擁護できるようになると、社会的能力が一部修得されます。この意味においても、音楽の授業は創造的な生活実現にとって模範となります。

療法的かつ教育的領域における音楽理解

音楽の授業は、学習者の人格発達の役に立ちます。この時に、音楽の理解が問題です。ミューズの殿堂では、専門家の芸術、専門家のための芸術が熱心に守られてきました。人格発達に資する音楽教育はこうした考えを捨て去り、「才能がある」、「才能がない」という評価はおこないません。音楽は生き生きした生の表現であり、そうしたものとしてすべての人間が用います。たしかに、音楽では「才能がある」、「才能がない」という概念が好んで使われてきました。しかし、ヤコービは、すでに一九二〇年頃にこの概念が維持できないと指摘しました。きわめて早期に過剰な要求がなされてトラウマとなり、これがナルシシスト的に補填されると、表現する能力が欠けるのです（Jacoby 1984）。

このテーマに関する教育者の内面的な立場、これが決定的要因です。それぞれの人間は、その人格の枠内で音楽を通じて自己を表現できます。教師にはこの確信が必要です。教師にこの確信があれば、生徒の中にある表現能力が引き出されます。生徒は、自分に音楽の才能がないと確信しています。これは、社会的な偏見に由来します。したがって、療法士あるいは教師の人格が療法と教育における決定的な要因となります。療法士あるいは教師は、生徒に発達の可能性を示せます。もちろん、この可能性は人格的限界によって限定されます。音楽療法における教育はこのことに配慮し、職人的な能力を獲得することともに、療法士の人格の発達を重視します。このことは教師の人格にもあてはまります。

音楽授業での関連サーヴィス

シュヴァーベによる音楽療法のコンセプトでは、音楽は非言語的な表現手段です。音楽は、媒介的対象として機能します。つまり、社会的なコミュニケーションは、非言語的な表現形式を介して体験され、形作られ、フィードバックで反省されます。音楽療法の行為の関心事は、「社会的能力」です。行為と反省がダイナミックに相互作用することによって、この社会的能力は実現されます。音楽授業では、さまざまな関連するサーヴィスがあります。

作曲された音楽

生徒は、作曲された音楽に関わります。これは、録音あるいは音符としてあります。この関連では、音楽は外の現実の一部と見られます。音楽の構造は、ものとして記述されます。これが調整的音楽療法として知られているアプローチです。この音楽療法は、認知を内と外に拡張し、認知を分化する訓練です。作曲された音楽は、ある具体的な人間、作曲家の感情表現を象徴的な仕方で伝えます。この音楽療法でも、人との関わりをもつことは可能です。

楽器

音楽の授業では、楽器を修得することが重要です。これは自明です。楽器は、ここで媒介的な対象です。個人は、楽器を用いて音楽的に自己を表現できます。楽器は感じ取ることができます。ショパンの素晴らしい言葉で言えば、人はピアノの解剖学的構造に合わせるのです。彼には、含蓄に富む別の言葉もあります。「私のピアノ、これが私です」。これで明らかなように、ショパンは自分の楽器に対して密接な感情的関係を築いていました。

人はどのように外的な現実と出会うのでしょう。この出会いについての内面的な立場は、楽器との関わり方からかなり認識されます。ここでは楽器が外的な現実を代表しているのです。さらに、内面的立場は聞き取られます。こうした事態すべては、認知訓練の中で描写されます。楽器との関わりは、自分の身体を介して成立します。これも、自分を認知する広い領域です。調整的音楽療法に付け加えて、楽器授業の音楽活動の中でも自分の認知が可能となります。

生徒と教師との関わり

楽器授業は、従来の方法では一対一でおこなわれます。これには長所があります。生徒と教師の間には、きわめて個人的な関わりが成立するのです。この関わりは、しばしば人生全体にまで及びます。理想的な場合には、教師は生徒の音楽的発達だけではなく、人格の発展をも心にとめます。療法が人格的な認識の道とすれば、明らかに療法に典型的な側面が関わりの中に生じます。この関連において、アリス・ミラーは療法士を患者の代理人としています（Miller 1979）。

楽器授業を一対一という関わりでおこなうと、危険性も生じます。両者の関わりはきわめて近くなります。自分のナルシシズム的な欲求のために、教師が多かれ少なかれ意識的に生徒を虐待する可能性があります。音楽では伝統的な教師と生徒のイメージがまた残存しています。したがって、この危険性は、過小評価できません。

グループにおける関わりの提供

作曲された音楽は、つねに社会的な役割を提供します。一六世紀の音楽理論家によれば、音楽は響きの語りであり、これは音響的に動きます。この定式化からすでに明らかなように、音楽では非言語的なレベルでのコミュニケーションが問題です。指導的な旋律声部、伴奏声部、対話、抗争的対話などがそこにはあります。これらすべては、作曲された形式の中で再認されます。独奏の音楽では、人はさまざまな役割パターンをいわば自分と共に演奏します。個人の人格のさまざまな部分は、ひとつの音楽的プロセスに合流します。合奏では、役割はさまざまな楽器に割り当てられます。音楽家は楽器の背後に座りながら、このことを実際に考えています。したがって、スコアは相互行為の原型として理解されます。それは、音楽療法の端緒がうまく実践される媒体です。そして、音楽療法的に作業しても、名目的には楽器の授業です。防衛メカニズムは、これによって明らかに最小になります。

「社会的能力」が療法の関心事です。役割の柔軟性は、この関心事の一部です。社会的能力によって、さまざまな社会的役割のなかで自分が体験されます。作曲された音楽に取り組めば、社会的役割の行動に関して、高度な保護が与えられます。作曲家が役割についての手本を提示するからです。たとえば、自我は自分の指導性を体験できます。しかし、この役割に完全に責任があるのではありません。これは、役者に似ています。つまり、自我は演技の手本に頼っているのです。しかし、こうした枠組みでも、情緒的には本物でありえます。C. Ph. E. バッハは、次のように表現しています。「君は心から演奏しなければいけません。訓練された鳥のようであってはいけないのです」。肝心なことは、何も演じないこと、ただ在ることです。本物であるというこの姿勢は、療法の中で中心的な意義をもちます。つまり、本物の情緒が重要なのです。

即興と自発性

自発性と情緒的真正さは、とりわけ即興という経験的空間でうまく検証されます。即興は、音楽療法の特に重要な行為形式です。即興は以前から音楽と関連があります。しかし、即興するとは、その場で何かをおこなうことです。過去においては、尊敬されたどんな作曲家も、いわゆる自分の自由なファンタジーを即興することができました。C. Ph. E. バッハには「カール・フィリップ・エマヌエル・バッハの感情」という表題のニ短調のファンタジーがあります。彼がこの中で表現しているのは、自分の情緒への特別の愛着です。ここでは、自己表現が問題です。これは、シュヴァーベによる音楽療法の行為関心にふれています。つまり、自分を表現し、社会的に相互行為する能力です。社会的相互行為は、認知の拡張と個人的な創造性の促進と並んで、中心的な意味をもっています。

即興のためには、具体的な行為指針があります。そして、療法的なプロセスは、描写活動から制作の課題を経て、活動的な演奏へと進みます。行為指針の基礎にある行為原理は、このプロセスの中で機能します（Schwabe u. Reihhardt 2006）。この時に、まず描写的な課題が自我を保護します。この保護はゆっくりと緩められます。そして、活動的な演奏になると、自我とその情緒が中心にあります。

日常の音楽授業では、即興はむしろ陰の存在です。本来、これはあってはならないことです。私は、自分の職業的実践にある楽しい経験からこれがわかります。しかし、ジャズの領域出身でないとき、職業音楽家は即興にしばしば大きな抵抗を示しました。この時、多くの生徒は即興に心を開いています。もちろん、これは、あまりに偉大な作曲家の模範から解放されることでもあります

言語的フィードバックは、音楽療法の特徴です。これが即興と組み合わされると、創造的潜在力が発

揮されます。行為と反省は、相互作用します。そして、らせんの中にあるように、個人は常に新たな意識段階へと前進します。この意識化のプロセスは、音楽創造の基礎にある創造的行為に似ています。ある時期では、アイデア、思想、イメージ、音楽的モティーフ、主題が受動的に把握されます。ここでは、批判的意識、精神は沈黙し、感嘆して眺めるだけです。次の時期には、精神はこの把握したものを反省し、新しい関連の中に入れ始めます。

創世記は、これをイメージ的な言葉で語っています。「神は天と地を創りました。そして、それが良いものであると確認しました」。神は最初に創造し、次に自分が創造したものを眺めたのです。この成り行きは、あらゆる創造性の隠れた根源です。創造性は芸術家だけのものではありません。それは、すべての人間のものです。人は創造性を自分の中で抑圧できます。しかし、けっして滅ぼすことはできません。それは、私たちの根源です。内面的な創造性の解放という点で、芸術、教育、療法は関連しています。ヤコービの示唆によれば、幼児期のトラウマは、私たちの創造性を妨げることがあります。ジョンストンも、不安を創造性に対する唯一の障害としています（Johnstone 2004）。

音楽的作業

音楽に関する問題が現れるときには、認知に制約があるからです。経験のある音楽教育者にとっては、これは確かなことです。いわゆる音楽的問題は、自分に反する形ではなく、自分を受容する形でのみ解決されます。生徒がこの基本的経験をすれば、生徒は自分を認知するように刺激されます。音楽は内気です。自己破壊的な立場があると、音楽はすぐに引っ込んでしまいます。音楽することは、ただ自分とともに可能なのです。それは、自分に反する形では決しておこなえません。イグナチウス・ロヨラの表現では、「おおくの知識をもつことではなく、ものを内面的に感じ味わうこと、これが魂を平安に導くのです」。

このプロセスは、自分自身に向かい合うものです。これのためには、音楽はほとんど理想的な体験空間となります。音楽は、私たちの存在のあらゆるレベルにふれます。音楽すれば、自分の体験を鏡として、自分が体験されます。ここから、内面的な成長が生じます。成功した演奏は、内面的欲求と外面的要求をうまくバランスさせています。また、社会的能力が音楽療法の関心事であり、楽器の修得が音楽教育的関心事です。この二つは、互いに促進しあう形で、実り豊かに対話します。

結語

人格を中心として音楽授業をおこなうことについて言えば、この端緒はいつも存在してきました。残念ながら、私たちの今日の音楽文化においては、これは従属的な役割しか演じていません。すでに二〇世紀の初めに、ヤコービは包括的な書物を著し、私たちの音楽生活の改革について意見表明しました。カール・オルフもオルフ教材を工夫し、同じ道を歩みました。クリストーフ・シュヴァーベは、音楽的基礎教育の書物（Schwabe und Rudloff 1997）で音楽教育者を教育する教科書を作成し、人格を中心とする音楽教育を論じました。

このように、前提となる事柄はすでにあります。けれども、この改革思想は無視され、空っぽのコンサート・ホールと年をとりすぎた聴衆という結果が生じました。生き生きとした音楽文化は、失われてしまったのです。これを前にして、私たちの社会はこの改革をおこなえるのでしょうか。今は技術的な再現の時代です。個人が音楽に自分でアプローチしないなら、自分の人格だけではなく、私たちの文化全体が貧困化します。

私たちは、音楽教育者として責任があります。モーツァルトとその同時代人は、識者と愛好家のために音楽を生み出しました。音楽に関わるとき、何が愛好家の情緒を動かすのでしょう。識者とはこれを理解できた人です。このように、音楽の中では人間的なものに向かいあいます。私たちは、このことを過去から再び学べるのです。そして、音楽教育が適切におこなわれれば、音楽教育は多くのことをなしえます。

—Fischer, Reiner: Zum Verhältnis von Lehrer und Schüler im Instrumentalunterricht, Hamburg 1989, unveröffentlichte Diplomarbeit, www.musica-instrumentalis.de/schriften

—Grimaud, Hélène: Lektionen des Lebens, München 2007

—Haase, Ulrike et al: Sozialmusiktherapie als Therapie oder als Pädagogik. Round Table. In: Ressourcenorientierte Musiktherapie, Band XII, Crossener Schriften, 2000

—Jacoby, Heinrich: Jenseits von Musikalisch und Unmusikalisch, Hamburg 1984

—Johnstone, Keith: Impro, Improvisation und Theater, Berlin 2004

—Miller, Alice: Das Drama des begabten Kindes, Frankfurt 1979

—Schwabe, Christoph und Rudloff, Helmut（Hrsg.）：Die Musikalische Elementarerziehung, Band I, Crossener Schriften, 1997

—Schwabe, Christoph und Ingeborg Stein（Hrsg.）：Ressourcenorientierte Musiktherapie, Band XII, Crossener Schriften, 2000

—Schwabe, Christoph und Axel Reinhardt: Das Kausalitätsprinzip musiktherapeutischen Handelns, Band XVII, Crossener Schriften, 2006

3.2.4. 見かけのうえで健康な人びととの出会いの音楽療法

ウルリケ・ハーゼ

I

健康な人間は、何のために療法を必要とするのでしょう。療法を必要とする人間を健康な人間とみなすために、ただ「見かけのうえで健康」とされているのでしょうか。本節の表題を読んだ後には、この問いがおそらく生じるでしょう。これと密接に関連して、そもそも健康とは何かの問いがあります。健康とは病気の欠如であるとはもはや理解されません。この知識からは、社会的かつ健康政策的な結論が生じるはずです。しかし、この結論は認識されていないか、ただ端緒的に認識されているだけです。

健康は、個人が身体的かつ心的に元気であることを意味します。自分の生活状況の肯定、自分の身体性と情緒性の受容、社会構造への参加、認知能力と享受能力、葛藤に耐える力と変化への心構え、これらが健康を構成します。

ある人がどのように健康であるかと問うとするなら、これはなんといってもその個人によって答えられるべきです。これを基礎として考えれば、たとえば身体的な障害の評価は、異なる意味を持つことになります。

車椅子の年老いた女性が元気であった生活を振り返ることができるとします。そして、それについて孫のために毎日数頁メモし、週に二回友人とカード遊びのために集まるとします。他方で、若く美しい女性が日々空腹と戦うとします。モデルのような外姿になりたいからです。モデルにとって、スリムなサイズは緊急の義務なのです。この場合に、車いすの年老いた女性の方が、空腹と戦う若い女性よりも健康です。

このように考えれば、機械的な健康概念は疑わしいものです。これを示すためには、多くの別の実例をあげても良いでしょう。

予防は、フィットネス・スタジオだけでおこなわれません。これは、いずれにしても明らかです。情緒的かつ社会的フィットネスは、身体的訓練と全く同じように重要です。

残念ながら（まだ）そのようなスタジオはありません。しかし、心的社会的な健康のために、人びとが集うことのできる出発点あるいは場所はあります。

こうした場所の一つは、教会です。以下に、教会の女性たちの作業グループとおこなった音楽療法の作業について報告します。

Ⅱ

ドレスデンの教会の女性部門の指導者から、私に依頼がありました。人間の全体は頭脳と言語だけではなく、身体性と情緒性をともないます。この全体性を配慮した何か、これを女性たちに提供したいとのことでした。私は、彼女に出会いの音楽療法が適用できると語りました。彼女は直ちに同意し、私たちは一〇回の夕べのコースをおこなうことにしました。

私が最初に考えたのは、コースの提供の仕方です。女性たちには好奇心と関心を呼び起こします。そして、療法という「言葉」で恐れさせてはいけません。

出会いの音楽療法が予防的サーヴィスとして自由市場で直面している状況は、決して容易なものではありません。それは、診療所や福祉施設での作業からはっきりと一線を画します。参加者はサーヴィスに関心を持つと自分でやってきます。関心がないと、参加者は集まりません。参加者はサーヴィスをうまく説明されて「おびき寄せられ」なければいけません。しかし、このコースはとらえどころがないわけではありません。心理市場では、こうした不明確なサーヴィスがたくさん提供されています。

経済的側面も配慮すべきです。どれだけのコストを施設が担えるのでしょうか。参加者はどれだけ自分の財布から支払うつもりがあるのでしょうか。失業中の女性にどのような特典があたえられるのでしょうか。

こうした問いが生じましたが、私たちは素早く合意をつくれました。

サーヴィスの説明文に、私は三つの重点を定式化しました。

1. 言語を超えた自分の表現形式（音、響き、物音、絵筆、身体運動）を発見する。
2. こうした表現の可能性を使用する中で、グループの中で自分および他者と出会う。
3. 新しい経験への好奇心。

Ⅲ

コースを開始する前に、行為端緒を仕上げます。このときに、私は一連の未解決の問い、さらに不明な事柄に直面しました。参加の意思表示をする参加者は、医学的には病気ではありません。社会的障害が生じる基本疾患は知られていません。参加者がやってくる社会的状況、参加者の教育レベル、参加者の年齢も、同じように不明確です。しかし、参加者が自分で何かをおこないたい女性であること、探求している女性であること、私はこれがある程度は確かだと考えました。これが出発点です。参加者は、どれだけ自分の現実を自分自身で探求することに意欲的であり、かつこれをおこなうことができるのでしょう。参加者は正しいことを知っている人からどれだけ方向性をえたいのでしょうか。これらも未解決です。

行為端緒を作成するとき、未解決のままの問いがあります。そして、これが予防としての出会いの音楽療法作業の特徴です。一面では、これによって可能性の不確実さが示されています。他面では、これらの問いがあるので、グループ指導者には認識への心構えと開放性が求められます。指導者は、他の人間が患者たちに押した烙印を信用しません。烙印は機械的分類へとよく導いてしまいます。この結果、未発見の能力と可能性にアプローチできなくなります。

未解決の問いについていえば、行為端緒を困難にするのではなく、行為端緒の一部なのです。他面では、問題点に関して本質的で普遍妥当な言明を試みます。ここから作業が開始されるわけです。認知能力、表現能力、関係能力に関して、女性たちの生活現実のどこに問題があるのでしょう。わたしは、これについて問いを立て、以下のイメージをえました。

多くの女性たちにとって関わり（夫、子ども）の中で生きることが重要です。夫、子ども、友人、同僚との良い関係のために時間と力が用いられます。このときに、自分自身への視線がなおざりにされます。

自分の要求のために時間をとることは、しばしば時間の浪費として体験されます。その時間に別のことをたくさん片付けられるというのです。こうした姿勢があるために、女性たちは自分を認知する能力と自分を反省する能力、さらに客観的な関心と能力を少しずつ失っていきます。しかし、自分のための時間があると、内面的な空虚を感じます。これは牢獄です。

これと密接に関連して、女性たちは自分の限界を認知しません。このために、自分を狭くするという危険、さらに、いつもやりすぎるという危険があります。これの結果として、役割が硬直し、柔軟性と自発性が喪失します。

こうした要素から、問題的な体験と行動の仕方が生じます。以下は実例です。

・「否定的な」感情と葛藤に不安をいだく。
・強い調和願望がある。
・何か誤ることへの不安がある。
・好奇心と発見の喜びが欠如する。
・自己決定ではなく、他の人々の決定に依存する。
・自分の身体を愛し使用することに関して問題がある。

こうした予備的な考察をおこなった後に作業の目標を定式化する試みをおこないました。もちろん、この目標にむかって作業はおこなわれます。このような目標志向的な思考は、大変に広がっています。ところが、こうした思考には危険性が含まれています。つまり、目標があまりに強く追求される結果、おこなえること、明白なことが見落とされます。また、きわめてわずかな発展の歩みは、ほとんど評価されません。

大切なことは、放されていること、その瞬間に現れる問題と可能性に開かれていることです。ここから具体的な行為の歩みが展開され、方向性が視野に入ります。重要なことは、より開放的となること、勇気をもって自分を表現すること、自分の感情と行動様式を認知すること、自分の限界を認知し検証すること、すすんで不慣れな領域で挑戦すること、自分自身のために時間を確保すること、自分自身を重要と見なすことです。

Ⅳ

コースには三〇歳代半ばから六〇歳までの一〇人の女性たちが申し込みました。彼女たちは家族と住んでいるか、独居でした。幾人かは働いています。他の女性たちは主婦でした。一人の女性は、失業中です。一人の若い女性は、車椅子でした。他の女性たちが意識的に振る舞い開放的であったので、車椅子の女性は問題なくグループに入りました。作業の経過の中で明らかになったことがあります。互いに出会い、関係を作るとき、車椅子は背景に退きました。むしろ、身体的には障害がなくとも、グループ仲間には別の障害があることがはっきりと現れました。

最初の夕べでは、私はとりわけ注意を払いました。認知能力と社会的行動に関する手がかりを確認するためです。この手がかりは、コースが始まる前に準備しておきました。私は「事前の行為端緒」を具体化し、明確化し、修正しようと試みました。

私が想定したことの多くは、実際に確認されました。いくつかの事柄はより強烈に現れ、他のことは

（まだ）背景に退いています。さらに、追加的な問題領域も見つかりました。これのいくつかをスケッチしておきましょう。

多くの女性たちは、自分で何かを経験するのではなく、むしろ何かを見せてもらいたいと望みました。この特徴が彼女たちの期待する姿勢にありました。何が正しく、何が誤りであるかの判断については、周囲にあわせる傾向がありました。

彼女たちの願望は、はっきり感じられました。一回の夕べにはグループでできるだけさまざまなことがあってほしい、グループ指導者にはより多くの活動をを導入してほしいというのです。一人の参加者が辞退しました。その夕べではただ楽器のみが演奏されたからです。歌も、ダンスも、絵もなかったのです。

自分の身体に関わる抑制は、私が想定した以上に大きいものでした。輪になったとき、隣の人の手を感じることはほとんどの女性たちの苦痛でした。もちろん、これは慎重に準備されてはいたのです。他方で、輪になって運動即興をおこなったときには、強い抑制はそれほどありませんでした。他の事柄（音楽、身体運動）に注意が向けられていたからです。

女性たちは明らかに内気でした。たとえば、楽器のグループ演奏でリードするという決定ができません。たいていの女性にとって最も重要なことは、目立たないことです。そこで、小さな音しか出さないのです。空間と時間を自分のために要求することには慣れていません。こうした要求は不安を引き起こします。

フィードバックにおいて明らかになったのは、評価すること（また評価されたいこと）、解釈、およびイデオロギー化への傾向です。あるがままに現実を描写しようと提案しても、最初は全くの無理解で迎えられました。この現実とは、たとえば即興された音楽あるいはグループのイメージのことです。重要とされていたのは、「美しい」か「美しくない」か、調和的であるか、「むしろこれほど混乱している」かでした。

V

私は具体的なグループのために細部まで定めた行為端緒を考案しました。また、グループ・プロセスの発展を認識しました。この結果、次のような出会いの音楽療法の行為形式で作業します。

楽器即興

重点は社会的行為形式（出会い）です。

・言語を超えた、新しい表現の可能性を発見する。
・試みと実験を楽しむ。
・自分の空間をなくし、他の人々に空間を与える。
・自分の時間をなくし、他の人々に時間を与える。
・リードする、リードしてもらう。
・新しい不慣れな役割を試す。
・関わりを求め、関わりをつくり、再び別れる。
・協力する、離れる。

・自分および他の人々への近さと距離を試す。

この対立項を提供すれば、行動する「正しい方法」はただ一つではなく、複数あることが経験されるはずです。どのように私はおこなったのでしょう。何がきっかけとなって、私はこれをおこなったのでしょう。大切なことは、自分のおこなったことについての発見です。

「ものに関わる遊び」をするとき、私は「音楽的なもの」を優先させます。これによって、音楽となりえるすべてが体験されます。音楽は、その瞬間にグループによって作り出されます。このための事前練習はありません。音楽は、こうして社会的相互行為を介して発生します。

誰もが音楽を認知し描写できます。そして、これができることを体験することが重要なのです。

音楽的ではないものを音楽的に描写することは、たいした役割を果たしませんでした。音楽を表現と出会いの手段として発見したい、この女性たちの願望を私は感じ取ったのです。ものの音楽的表現という方向性では、正しくおこないたい、評価したいとの要求が強められてしまうでしょう。

運動の即興とダンス

以下の関心で、即興的な運動形式へと刺激します。

・休んでいる時と運動している時、緊張している時とリラックスしている時、自分の身体を認知する。

・自分の身体を個人的な表現とコミュニケーションの手段として発見する。この発見には抑制と不安が含まれる。

・身体的可能性と限界を他の人々との非言語的相互行為でも経験する。

これに付随して、以下の関心をともなうダンス・グループ音楽療法があります。
・前もって説明されたダンス構造に沿うことによって、負担を軽減し安全性を生み出す。
・他の人々との運動を喜ぶ。
・協力する能力を発達させる。
・「私たち」という基本感情を生み出す。

声による即興と歌唱
・自分の身体を声のための道具として発見する。
・自分の声、自分の音調を発見する。
・自分の音調、響き、音で実験する。
・他の人々と協力する、他の人々から離れる。
・身体、心、精神を活性化するために、歌とカノンを歌う。
・「私たち」に守られて個人的な情緒を体験し表現する。
・制作する喜びとアイデアを引き出す。
・歌のレパートリーを広げる。

音楽を用いる描画
自分で絵画的に表現する勇気と喜び。

・劣等体験を解消する。
・自分の内面的および外面的現実と対決する。
・解釈と思弁をしないで、認知と描写について訓練する。

音楽療法の作業では、音楽、運動、造形を介して、常に具体的行為が刺激されます。そこで、グループ構成員は具体的な状況の中で知り合えます。また、自分たちがどのように行動しているか、そのときに何を体験し感じたのか、これについて反省されます。

このフィードバックは具体的です。これによって、生活についての一般的な言明は避けられます。そして、「ここと今」へと注意が向けらます。けれども、他の生活の現実への関わりも、しばしば明らかになります。たとえば、ある参加者は自分の中に全く強烈な運動を感じましたが、外に向かってはわずかな身体運動しかできませんでした。これは、運動の後で話されたことです。そうだとすれば、彼女の内面的世界は、生活の中で実現できるよりも遙かに豊かなのです。しかし、彼女はこれ以上のことを望むべきであり、自分がそれによって満足するかを自問するべきでしょう。

より最近の音楽療法であれば、彼女は自分の限界をもう少し拡張しようと試みるでしょう。

この箇所で、療法と予防の境目が流動的であると判明します。右で記述された予防としての音楽療法の行為形式は、療法の行為形式から区別されません。療法でも相互行為と認知のレベルでの作業、創造性の動員が問題となります。この三領域の重要度は療法と予防では、程度において異なるだけです。健康的な領域を動員することは確かにより容易であり、前面にあります。しかし、認知能力、自己表現能力、自己意識などの欠損、自分と他人の身体性に関する防御、これらは予防と療法との境目を流動的にし、「見かけ上の健康」という概念が適切であることを示しています。

Ⅵ

この緊張の場である療法／予防では、グループ指導者の役割を反省し、この役割を創造的に具体的な状況に適用します。

いつも禁欲的であり、一緒には演奏しないこと、これはこの環境と作業には役立ちません。これは、すぐに感じ取れたことです。創造性と演奏の喜びを喚起し、好奇心を引き起こしたいとき、方向性を示す人物として役立つことを常に心に留めて、私は演奏に加わりました。これは、演奏が正しいかを確認するためです。もしも、これが正しければ、私は演奏から抜けます。そして、相互行為の領域に危険があるところで、参加者にやめるように指示します。

共に演奏するグループ指導者という役割を果たすとき、私は自分の認知能力の制約を感じ取ります。そして、この制約をできる限り減らします。この体験は重要な訓練となります。

力動的で訓練志向的な原理と並んで、合理的な行為原理もこの作業では役割を果たします。時間は限られています。そこで、作業を始める時、私は参加者と詳しい話します。私の関心は何かを教え、プロセスの方向性についての可能性を提示し、期待、問い、不明確さに対応するのです。

納得のいく体験がいつか生じるでしょう、これによって何かが明らかになるでしょう、このように希望して体験に賭けることはおこないません。ここでは、刺激を与える存在であること、また「知識のあるグループ指導者」であること、この二つの間のバランスは簡単ではありません。

参加者は、療法プログラムと施設に束縛されていません。そこで、提供される行為にインパクトがあり、参加者が満足して帰宅できることが決定的です。これによって、事柄は肯定的に経過します。他面では、楽しみと喜びだけではなく、自分自身と他者とのまじめな出会いも重要です。これは、時には苦痛を与えます。ここでも、バランスが大切なのです。

私は、療法の時間配分をグループ・プロセスの段階に対応させました。最初は保護を提供し、互いに暖めあえる遊び、ダンス、歌が内容となります。その次の時期には保護をより少なくし、インパクトのあるサーヴィスを提供します。時間的には、フィードバックの時間が十分にとれるようにします。最後の時期は感情を同期させ、感情を把握するサーヴィス（特に歌とダンス）です。これによって満足して、おそらくおこなったことをかみしめながら帰宅することができます。

ここでは、予防的作業でのグループ指導者の行動について考察しました。これは、具体的な女性グループとの作業から生まれたものです。確かに、この考察の一部は、一般化されるでしょう。しかし、あらゆるグループと状況に妥当する独断的な指導者の態度などありえません。いつも現実に開かれ、創造的かつ柔軟に規則を取り扱うべきなのです。

Ⅶ

「見かけ上健康」とは何かという問いは、もはや存在しません。今までの論述からあきらかです。むしろ、問われるのは、この状態がどのような影響を個人の生活と社会に与えるかです。「見かけ上健康」とは、未決定の不安定な状態です。これは、「健康」あるいは「病気」という二つの方向に進む可能性があります。結果は定まっていません。しかし、心理社会的な疾患が数的に増加しています。これは、どちらの方向が主流であるかを示します。今日すでに、早期退職者の最大のグループとは、こうした病像のある人間たちです。
事実として身体的疾患の予防だけでなく、心理社会的疾患の予防が必要です。さしあたり予防にコストがかかるかもしれません。しかし、後に必要となる治療よりも、最終的にはコストが節約されます。残念ながら、この考えは社会的意識になっていません。
したがって、音楽療法は診療所の外で「民間の」療法としては成立困難です。そこで、音楽療法の課題は、方策と確信をもって働きかけ、この状態を変化させることです
資金のない時代には、これはユートピアに思えます。しかし、どんな変化も昔はユートピアから始まったのではないでしょうか。

Literatur

Benenzon, R.O.: Musiktherapie beim infantilen Autismus. Z. Musiktherapie 1/2, 1973: 11-26.

Bonhoeffer, D.: Widerstand und Ergebung. 5. Aufl. Evangel. Verlagsanstalt, Berlin 1982.
Bradford, C.P., J.R. Gibb, K.D. Benne: Gruppentraining. T-Gruppentheorie und Laboratoriumsmethode. Klett, Stuttgart 1972.

Dörner, K. und U. Plog: Irren ist menschlich. Lehrbuch der Psychiatrie/Psychotherapie. Georg Thieme Leipzig 1989.

Erickson, M.H.: Meine Stimme begleitet Sie überallhin. Klett, Cotta, Stuttgart 1985.

Grümme, R.: Eine kommentierte und systematische Bibliographie über die deutschsprachigen Publikationen zur Musiktherapie mit alten Menschen und zu angrenzenden Gebieten. Musiktherapeutische Umschau Bd. 18, 3, 1997.

Haase, U.: Sozialmusiktherapie als Antwort auf gesellschaftliche Veränderungen. In: Crossener Schriften Bd. III (Hrsg. C. Schwabe und H. Rudloff) 1997.

Haase, U. und C. Schwabe: 15 Jahre musiktherapeutische Praxis im Spannungsfeld medizinischer und sozialer Anwendungsfelder. Jahrestagung der DMVO „Woher - wohin?". Wetzdorf 1997 (unveröffentlicht).

Hiebsch, H:. Sozialpsychologische Grundlagen der Persönlichkeitsformung. Dt. V. d. Wiss. Berlin 1966.

Hiebsch, H. und M. Vorwerg: Einführung in die marxistische Sozialpsychologie. Dt. V. d. Wiss. Berlin 1966.

Höck, K., H. Szewcyk, H. Wendt: Neurosen. Dt. V. d. Wiss. Berlin 1971.

Jacoby, H.: Jenseits von „Musikalisch" und „Unmusikalisch". Christians Verlag Hamburg 1984.
- - : Musik - Gespräche - Versuche. Christians Verlag Hamburg 1986.
- - : Jenseits von „Begabt" und „Unbegabt". Christians Verlag Hamburg 1987.
Kemmelmeyer, K.J. und W. Probst (Hrsg.): Quellentexte zur pädagogischen Musiktherapie. Bosse Regensburg 1981.

Klaus, G.: Semiotik und Erkenntnistheorie 2. Aufl. Dt. V. d. Wiss., Berlin 1971.

Kohler, C. u. M.: Kommunikative Psychotherapie. Gustav Fischer Jena 1968.

Laing, R.O.: Das Selbst und die Anderen 2. Aufl. Edition Continua London 1973.

Lange, L.: Hauptsache naiv. Psychologie heute 8 (1997): 65-67.

Leser, A. (Hrsg.): Die Weisheit der Indianer. Scherz Bern/München/Wien.

Mederacke, I.: Regulatives Wahrnehmungstraining. In: Kindermusiktherapie. Hamburger Jahrbuch zur Musiktherapie Bd. 3. Eres. Lilienthal/Bremen 1993.
- - : Regulativ-aktive Musiktherapie bei Kindern mit Herz-Kreislaufschäden. In: Schwabe, C.: Regulative Musiktherapie. 1. Aufl. Gustav Fischer Jena 1979.

Moreno, J.L.: Gruppenpsychotherapie und Psychodrama. Georg Thieme Stuttgart 1959.

Muthesius, D.: Musik als Träger von Erinnerungen. Altenpflege Bd. 15 (1990): 727-730.

Riemann, H.: Musiklexikon. Schott Mainz 1967.

Röhrborn, H. und W. Kunz: Die Kausalitätsbedingungen psychotherapeutischen Handelns: In: C. Schwabe und H. Rudloff (Hrsg.): Musiktherapie zwischen wissenschaftlichem Anspruch und gesellschaftlicher Realität. Crossener Schriften B. III 1997.

Schwabe, C.: Erfahrungen mit der Singtherapie als Teil einer Psychotherapie von Neurosen. Psychiat. Neurol. med. Psychol. (Lpz.) 16, (1964): 385-390).
- - : Methodische Probleme der Gruppensingtherapie von Neurosen aus soziodynamischer Sicht. Z. psychother. med. psychol. 16, (1966): 182-189.
- - : Musiktherapie bei Neurosen und funktionellen Störungen. Gustav Fischer Jena 1. Aufl. 1969, 2. Aufl. 1971, 3. Aufl. 1973.
- - : Methodik der Musiktherapie und deren theoretische Grundlagen. Joh. Ambrosius Barth/Leipzig 1. Aufl. 1978, 2. Aufl. 1981, 3. Aufl. 1987.

- - : Künstlerisch-produktive Fantasie und deren Beziehung zu bewußten und nichtbewußten Prozessen der höheren Nerventätigkeit. IV. Wiss. Arbeitstagung der Hochschule für Musik Dresden 1982. Schriftenreihe der Hochschule für Musik Dresden Heft 19.
- - : Musik/Medizin/ Biologie - biosoziale Dialektik in der Psychotherapie, speziell Musiktherapie. Rat der Rektoren - Plenartagung der wissenschaftlichen Räte der Hochschulen im Bezirk Dresden. Dresden 1982.
- - : Aktive Gruppenmusiktherapie für erwachsene Patienten. Georg Thieme Leipzig, 1. Aufl. 1983, 2. Aufl. 1991.
- - : Die moderne „Leistungsmusik" - einige Anmerkungen zur Soziologie der Musik und des Musikers in der Gegenwart. 2. Jenaer Musikwissenschaftliches Kolloqium. Friedrich-Schiller-Universität Jena 1983.
- - : Hochleistungspsychologie für Musiker. Festvorlesung zum dies academicus. Hochschule für Musik Dresden 1984 (unveröffentlicht).
- - : Die Rolle der Wahrnehmungs- und Kommunikationsfähigkeit zur Ausübung der Tätigkeit als Instrumentallehrer. Konferenz der Rektoren der Musikhochschulen Dresden 1985 (unveröffentlicht).
- - : Kontextuelle Überlegungen für ein psychologisches Verhaltenstraining zur psychophysischen Konditionierung von Musikern. Internationale Fachtagung der Association Europane des Conservatores 1985 Weimar (unveröffentlicht).
- - : Gruppentraining des Verhaltens, Wahrnehmens und Erlebens als Voraussetzung für musikalische Kreativität und Persönlichkeitsentwicklung. Kolloquium „Die Entwicklung von Interessen und Bedingungen schöpferischer Musiktätigkeit". Cottbus 1986. (Hrsg. Ministerium für Kultur der DDR Berlin 1986).
- - : Regulative Musiktherapie Gustav Fischer Stuttgart, New York 2. Aufl. 1987 (1. Aufl. Gustav Fischer Jena 1979).
- - : Musikalische Elementarerziehung - Definition, Anliegen, didaktische Grundsätze und Übungsvorschläge. In: Zu einigen Möglichkeiten und Formen musikalischer Gruppenbildung. Heft I. Hrsg. Ministerium für Kultur der DDR, Berlin 1988.
- - : Einige Gedanken zum Musikeridealbild im Zusammenhang mit gesellschaftlichen Forderungen und Erfordernissen an Musik und Musiker. In: Zu einigen Möglichkeiten und Formen musikalischer Gruppenbildung. Heft I. Hrsg. Ministerium für Kultur der DDR. Berlin 1988.
- - : Psychologisch-pädagogische Aspekte bei der Erziehung und Ausbildung von Musikern und Musikpädagogen. In: Musikstudium/Musikpraxis (Hrsg. H. John und G. Stephan) V. Neue Musik. Berlin 1988.

- - : Die Spezifik musiktherapeutischer Arbeit unter dem Gesichtspunkt pädagogischer, sozialpsychologischer und medizinischer Förderung Behinderter. 5. Internat. Kongreß für Musiktherapie. Noordwijkhout/Niederlande 1989 (unveröffentlicht).
- - : Störungen in der Lehrer-Schüler-Schüler-Lehrer-Beziehung als mögliche Quelle neurotischer Musikerentwicklungen. 2. internat. Kolloqium des Nationalen Zentrums für Musikerziehung der DDR. Dresden 1989 (unveröffentlicht).
- - : Die Entwicklung der Musiktherapie in der DDR. Festvortrag zum 1. Internationalen Musiktherapiesymposium Wien „Theorie und Technik der Musiktherapie". Wien 1989.
- - : Thesen: Wirkungsweisen der Musik in der Musiktherapie. 3. Fachtagung Landesarbeitsgemeinschaft Nord der DGMT. Hamburg 1990 (unveröffentlicht).
- - : Die Ausprägung der Leipziger Musiktherapieschule unter den Bedingungen des real-existierenden Sozialismus. Symposium „Resonanz als Therapiegeschehen". München 1990 (unveröffentlicht).
- - : Regulatives Musiktraining und Körperwahrnehmung. In: Musik und Körper. Musikpäd. Forschung Bd. 11 (Hrsg.: W. Pütz). Vrl. Die blaue Eule, 1990.
- - : Handeln - Fühlen - Wahrnehmen: Ziele und Wesen des Dresdner Modells einer Musikalischen Elementarerziehung. Institut für integrative Musikpädagogik Salzburg. 9. Symposium „Berühren und Bewirken durch Kunst". Mittersill 1990.
- - : „Musikalische Elementarerziehung" - ein altes, neues Konzept. Musik in der Schule. Berlin 1991.
- - : Gruppensingtherapie - die Anfänge der Aktiven Gruppenmusiktherapie, eine leider beinahe vergessene Methode der Musiktherapie. Musiktherapeutisches Symposium Sporthochschule Köln 1991 (unveröffentlicht).
- - : Hören und Wahrnehmen als Schlüssel zu sich selbst - Regulative Musiktherapie - Entwicklung eines musiktherapeutischen Konzepts. 1. Dresdner Symposium Kunsttherapie in der Psychotherapie. Dresden 1993.
- -, Das Jahr 1991 oder der weite Weg zur Musiktherapie. Crossener Schriften zur Musiktherapie Bd. II. 1995.
- -, C. Kohler, B. Busch: Anwendung musiktherapeutischer Verfahren im aktiven Gesundheitsschutz, In: Musiktherapie. Theorie und Methodik (Hrsg. C. Kohler). Gustav Fischer. Jena 1971.

- - und H. Röhrborn: Regulative Musiktherapie 3. Aufl. Gustav Fischer Jena und Stuttgart 1996.
- - und H. Rudloff (Hrsg.): Die musikalische Elementarerziehung 2. Aufl. Crossener Schriften Bd. I 1997.
- - und H. Rudloff (Hrsg.): Musiktherapie zwischen wissenschaftlichem Anspruch und gesellschaftlicher Realität. Crossener Schriften Bd, III, 1997.
- - : Die Entwicklung der musiktherapeutischen Theorie- und Konzeptionsbildung aus musiktherapeutischer Sicht in der Zeit von 1969 bis 1997. Jahrestagung der DMVO „Woher - wohin?", Wetzdorf 1997 (unveröffentlicht).

Smeijsters, H.: Musiktherapie als Psychotherapie. Gustav Fischer Stuttgart, Jena, New York 1994.

Wambach, M. M.: Zur Psychiatrisierung und Therapeutisierung von Kindheit. Frankfurt 1981.

Watzlawick, P., I.H.Beavin, D. D. Jackson: Menschliche Kommunikation 4. Aufl. Hans Huber Stuttgart, Bern, Wien 1974.

訳者解説

本書は、クリストーフ・シュヴァーベ氏とウルリケ・ハーゼ氏により執筆されました。本書の原題はSozialmusiktherapieです。これは、直訳的に日本語にすれば、「社会的音楽療法」となります。「社会的」という言葉は、人間の社会性、さらにコミュニケーションが主題であることを示唆しています。本書では、「出会いの音楽療法」という書名にしました。著者たちは、「出会い」を中心的な概念として使用するからです。

一　本書との出会い

訳者が本書を知ったのは、二〇〇三年の頃でした。当時私はドイツの音楽療法について調べていました。シュヴァーベ氏は日本ではすでに「調整的音楽療法」を開発した人物として知られていました。私はインターネットでシュヴァーベ氏の音楽療法について調べ、クロッセン応用音楽療法アカデミーを見つけました。そして、新しい音楽療法として本書があることを知りました。すぐにインターネットで本書を購入したい旨をアカデミーに連絡しました。後になってわかったことは、その時対応してくれたのがハーゼ氏でした。

訳者は本書を読んですぐに出版しようと考えました。本書の内容は、訳者に大いに共感できるものであったからです。そこで、シュヴァーベ氏とハーゼに本書日本語訳の出版のことで会おうと思いました。出会いが実現したのは、二〇〇五年八月一〇日のことでした。この日の午後二時にイェーナ市の「黒熊」というホテルでシュヴァーベ氏とハーゼ氏と話すことができました。

シュヴァーベ氏は本書について見直してみたが、全体が全て有効であると述べました。ハーゼ氏は調整的音楽療法と出会いの音楽療法は一体のものであると指摘しました。調整的音楽療法は現実を認知するという側面を取り扱い、出会いの音楽療法はコミュニケーションの側面を取り扱うのです。

シュヴァーベ氏は、ドイツにおける音楽療法の現実に批判的でした。シュヴァーベ氏によれば、音楽療法の書物には矛盾が含まれたものがあるとのことでした。

ところで、対話からわかったことですが、シュヴァーベ氏は音楽療法だけではなく、音楽を演奏し、絵も描きます。楽器では、パイプオルガンを好んで演奏します。学問的厳密性を強調する姿勢とともに、音楽、芸術への愛が印象に残りました。

別の日に、訳者はイェーナ近郊のクロッセン応用音楽療法アカデミーを訪れました。研究所では、グループ即興という形のスーパーヴィジョンを体験しました。参加者は簡単な楽器を使用し、グループの作り出す音楽の流れを感じ取り、音楽をつくっていきます。突然ある男性が声を発し、他の参加者がこれに美しい和声をつけました。即興はこれで終結しました。シュヴァーベ氏は、即興の中で「何が生起しましたか」と参加者に質問しました。訳者は、参加者がどのような反応したかは憶えていません。訳者はこの質問に戸惑い、答えを模索していたからです。さらに、この質問の意図もわかりませんでした。即興された音楽および内心の出来事を言語的に反省する意図があったと気づいたのは、ずっと後になってからです。

二回目の出会いは、二〇一〇年九月三日でした。私はアカデミーにハーゼ氏を訪ね、幸いなことにシュヴァーベ氏にも会うことができました。彼はアカデミーのある診療所から帰宅しようとしていましたが、偶然に建物の出口で私を見つけたのです。この出会いは短いものでした。しかし、シュヴァーベ氏は私の肩に手まわして感情を表し、アカデミーの部屋まで案内してくれました。話しかけてくれた声は、暖かいものでした。

午後五時からスーパーヴィジョンに参加しました。

スーパーヴィジョンの冒頭では、結婚したばかりの女性を祝いました。全員で輪になる形で立ち、カノン

（輪唱）を歌ったのです。これによって和やかな雰囲気が生まれました。

次にグループでの楽器即興です。参加者それぞれが楽器（演奏容易な打楽器、弦楽器など）を選び、全員で円になるような形で椅子に座ります。ここでハーゼ氏は、最初にドイツ風の音楽、次に日本風の音楽を演奏しようと提案し、全員これに納得し、演奏をおこないました。訳者も打楽器で参加しました。

この即興演奏は、突然に始めて突然に終わるのではなく、徐々に始め徐々に終結しました。これはハーゼ氏が冒頭に提案した手順です。

演奏が終わってからは、まず音楽について各人が言語で描写し、意見交換します。

演奏については、ドイツの音楽はリズミカルで力強い、日本の音楽は五音階で旋律的であるなどの意見がありました。訳者は、ドイツ音楽は叙情的であると思っていたが、演奏はこれとは異なっていたこと、日本の音楽として演奏されたものは銅鑼を使うなど中国風に聞こえたことを述べました。参加者（私以外はドイツ人）は、この指摘について楽しんで聴いている様子でした。

次に音楽の描写から各人の感情について反省します。ハーゼ氏によれば、対象としての音楽について特徴を描写することから、自分の感情を描写することに移る点に意味があるとのことです。

また、ここでハーゼ氏は、音楽における相互行為（コミュニケーション）について指摘しました。

さらに、ハーゼ氏は参加者に「因果性原理」について質問をおこないました。これに対して、音楽療法の方法であるとの答えがありましたが、全員あまり理解していないようでした。

ハーゼ氏は、この原理によって療法が長期にわたって首尾一貫するとの説明をおこないました。アカデミーのコース修了テストのために、参加者はこの原理についてはきちんと理解しておかなければいけないのです。

スーパーヴィジョンが終わり、夜の一一時頃に近くのホテルでハーゼ氏と食事をしました。ホテルといっても人肌を感じさせる小さな宿舎です。様々なことが話題になりました。この時、ハーゼ氏は訳者が東のドイツに共感する人間であることを確認した上で、一九八九年の出来事を話してくれました。ドレスデンで市民によるデモがあったとき、警官がヘルメットを外し、対話が成立したことです。このことがライプツィヒに伝わり、暴力を伴わない方向に運動が動いたのだそうです。一九八九年のいわゆる平和的な革命です。そしてハーゼ氏の身内にも市民グループに参加した人物がいたとのことでした。一九八九年のドイツでの大きな変化、特に東の市民による民主化の運動については、訳者は大きな関心を抱いて注目していました。ハーゼ氏の発言は良心的市民の存在を想起させるものでした。

二 「出会い」としての音楽療法

ここで、出会いの音楽療法の基本概念について簡単に説明しておきます。

まず、社会的存在としての人間の理解です。

個人は、様々な社会構成体や関係の中にあり、他の個人と関わります。そして、価値規範、行動パターン、生活状況、支配的文化に接します。個人の形成には、多様な社会的文化的要因が関わっているのです。そして、こうした要素の総体は、自己実現とともに障害のあり方に影響を与えます。

次に「出会い」です。個人が相互に出会うとき、これは「社会的コミュニケーション」あるいは「社会的相互行為」と呼ぶことができます。これは「近さと距離」の概念で説明されます。近さとは外部に対して開かれていること、他者と同じであることに関連しています。しかし、「近さは」無防備をも意味します。他方で、「距離」とは他者とは別であること、他者から隔てられていることです。そして、これは自己防衛でもあります。社会的相互行為とは、諸個人の間にこの近さと遠さを形成することです。

第三に、「社会的疾患」です。簡単に言えば、これは社会的能力に問題があることです。当然、これは医学的な疾患の理解とは異なります。

「社会的疾患」の原因は、「個人の社会化の失敗」にあります。母子関係に見られる初期の人間関係、治癒の見込みが少ない、あるいは全くない慢性的な心身の病（ガン、エイズ）、突然の障害を伴う事故、運命的な打撃（死あるいは離婚）、失業、貧困、極めて困難な生活状況（暴力的関係、施設での生活）、特定の職業集団（教師、経営者）に属すること、極度の不安定な年齢集団（若者、老人）に属すること、これらが社会化を妨げます。

この「社会的疾患」の症状は、「自己および他者を認知するレベル」、「自己を表現するレベル」、「社会的な相互行為のレベル」で現れてきます。

第四に、「行為」の概念があります。行為は、シュヴァーベ氏の音楽療法の基本的概念です。行為とは、生を維持、形成、建設する活動のことです。「社会的疾患」に関連させれば、社会的能力を改善する行為です。問題を抱えた人間がグループあるいは人間関係の中で行為し、社会的能力を改善していきます。行為のあり方は、「社会的疾患」の症状を考慮して選択されます。

第五に、「フィードバック」です。行為の音楽的プロセスが終了してから、音楽および自分についての言語的反省がおこなわれます。これが社会的能力を改善する上で重要な役割を果たします。

ところで、出会いの音楽療法、より一般的にシュヴァーベ氏の開発した音楽療法では、「因果性原理」の考え方が基本となっています。これは行為の前提から出発して行為の目的に到達するという考えです。因果性原理を用いれば、個別のケースに即して柔軟かつ首尾一貫して音楽療法を構想し、実践することが可能となります。

行為原理は、行為端緒、行為目的、行為原理、行為手段からなります。

行為端緒は、患者の状態さらに制度的条件から出発することです。

行為目的は、行為端緒をふまえて行為の結果を定めます（この目的は社会的能力です）。

行為原理は、行為が遂行される方法を定めます。

行為手段は、行為原理を具体化する手段です。

本書の後半にある音楽療法のさまざまなケースでは、全て因果性原理が用いられています。因果性原理という観点から本書を読めば、理解が深まるでしょう。

最後に、社会的現実の変革という射程にふれておきます。個人を社会的関係の中に位置づけ、個人の諸問題を社会的観点から考察する立場は、社会的現実を変革することも視野に入れています。ハーゼ氏は、「社会的能力の社会的政治的次元」について書いています。社会的能力は、社会が病的、すなわち人間に敵対的であるときには、社会的な強制と命令を逃れる行動、あるいはこれに反対する行動になります。社会的能力の発展は、社会的病気を内包しない社会的現実をめざすのです。

この言説の背景には、一九八九年に社会主義統一党の独裁を民主化した東ドイツ市民の経験があります。別の表現を用いれば、出会いの音楽療法は歴史の産物であると共に、それ自身歴史の一部として歴史を動かす力となりうるのです。

出会いの音楽療法は、東ドイツにおける研究の成果が基本となり、ドイツ統合以後の現実の中で成立しました。この歴史的事情について補足的に解説しておきましょう。

（補足解説）東ドイツにおける「対位法」としての音楽療法

シュヴァーベは東ドイツの時代に調整的音楽療法という音楽療法を開発し、一九七九年に書物を出版しました。これの第二版（一九八六年）の序文では、調整的音楽療法が発展、普及した事実が指摘され、比較的広い範囲で医学的に適用可能と述べられています。そして、療法の目標が心身の緊張緩和の領域におかれるようになったこと、適用の方向性が「症候を中心とする治療」へと移ってきたことを指摘しています。

調整的音楽療法は、症候を「患者に認知される病気の現象像」とみなし、これから出発する「症候を中心とした」心理療法です。この音楽療法の基本的考え方は、患者が音楽療法の中ですべての知覚を注意深く観察し、情緒的に問題のない知覚に対するのと同じように、症候あるいは主要な障害に対して関わることです。音楽療法の中で症候を観察する際の不安が減少し、さらに音楽療法の外部で不安が減少します。患者は、「受容的知覚」をおこないます。言い換えれば、知覚された体験内容に意識的かつ能動的に自分をゆだね、症候と関わるのです。

一　対位法としての対抗文化

社会主義統一党の支配下において、シュヴァーベは一貫して自立的な思索者でした。たとえば、ライプツィヒ大学の卒業論文は、封建時代の社会的秩序体系とポリフォニーを比較するものでした。彼はこれをうかつに他の学生に漏らした結果、「社会主義的学生」としての資質を疑われ、危うく放校されそうになったのです。彼の指導教授は、この論文が「党」にとっては「観念論的で反動的」に見えるとして、論文を公にしないようにと忠告した。また、学生時代に青年組織の会合でキリスト教とマルクス主義の関係について問題提起したことが理由となり、大学を卒業しても「社会主義的学校」では教師になれないと判断されました。

しかし、こうした政治的な抑圧体制のもとで、シュヴァーベはザクセンの文化的伝統を基礎に、ライプツィヒにおいて権力に服従しない対抗文化を生み出します。彼は、これを音楽用語で「対位法」とよびます。たとえば東のドイツ人の抱く「連帯感情」は、自分たちが望まない状況の「対位法」でした。そして、彼の開発した音楽療法も、「社会的対位法」でした。たとえば、調整的音楽療法では、「同志」が治療されました。こうしたひとびとにあった中心的葛藤は、「党の確信と現実との矛盾」でした。

東ドイツにおける音楽療法は、「専門化」に対抗する学際領域として成立しました。シュヴァーベは、たとえばフェングラー（Fengler, Franz Adelbert）が一九四〇年代にベルリンで音楽療法の研究所を設立したことを挙げています。フェングラーは、ドイツ民主共和国において精神分析が学問の世界で禁止され、生理学的に解釈されたパヴロフの理論が影響力を持っていた時代に、すでに深層心理学を視野に入れていました。シュヴァーベ自身は、東ドイツでイデオロギー的統制が強まる中で良心的な医師、音楽療法士、音楽家と交流し、こうした人々から刺激を受け取り、社会主義統一党の文化政策へのアンチテーゼとして音楽療法を学問的に仕上げていったのです。

「プラハの春」の敗北で終結した「黄金の六〇年代」の時期には、東ドイツの国家装置による監視システムには多くの欠陥があり、市民は国家を出し抜いて私的な生活圏においてある程度の自由を確保できました。シュヴァーベは音楽家、作曲家、音楽学者、哲学者、心理学者などと「音楽の本質」についての討論を行い、これが彼の理論活動の最初の試みとなりました。これが基礎となって、独自の音楽療法が成立していくのです。

二　社会的存在としての人間把握

音楽は深く社会に根ざしています。シュヴァーベの音楽療法を理解するためには、この事実を把握しなければいけません。「教会的儀式的音楽を超えて、市民的に伝承され、共同性に関わり、生きているあらゆる形式の音楽実践」が彼にとっては音楽の意味あるあり方なのです。

社会主義統一党の独裁下にあった東ドイツの社会の中で、シュヴァーベは「体系的思考様式」を開発しました。これは「社会的諸原理に深く根ざした思考」であり、「体系的社会的関係の弁証法」から個人を理解するものです。シュヴァーベはこの思考様式が「マルクス主義の認識論」に起源をもつとしています。もちろん、これは「シュタージ（国家保安部）」によるイデオロギー的要求からではなく、彼自身の「関心」から生み出されたものです。さらに、彼は自分がマルクス主義者になったのではなく、他の哲学的見方でも同じ目標に導いたであろうと指摘しています。「人間を社会法則との絡み合いと依存性において認識し、定義し、これから個体性を導き出す」こと、この中に「体系的思考様式」の核心が存在するのです。

シュヴァーベは、「主観、個人」を無視すると非難されます。しかし、彼にとっては、「個人だけが、個人の取り違えようのない運命だけが」が問題なのです。ただ、彼の方法では「『社会化された生活』から出発し、ここから特殊なものがより明確かつ判明に描出される」のです。

「人間は社会的存在です。したがって、人間の存在は社会的コンテクストの中でのみ可能であり、社会的コンテクストの中でのみ記述可能なのです」。

このシュヴァーベの立場からすれば、「グループ・ダイナミックスの現象」は重要です。ところが、西ドイツで開発された音楽療法はこれを正当に評価しません。グループについて語られるときでさえ、「グループの社会心理学的合法則性」は考察されないのです。主観へと目が向けられるだけで、主観の社会的相互関係は顧慮されないのです。

三　社会心理学と音楽療法

この体系的思考様式の精神療法は一九六〇年代に発展し、精神療法の施設で用いられる精神療法モデルとなりました。「人間を社会的存在として抽象的に定義するだけではなく、個人として、もちろん社会的に依存しているが、また一度限りである存在として把握する」努力が行われたのです。

東ドイツでは、精神分析はブルジョア的退廃的であり、観念論的で非学問的であるとされていました。支配的であったのは反射論の概念です。これはパヴロフに基づくとともに、「高次の神経活動の神経生理学的疾病」へと制限されていました。しかし、この医学的自然科学的立場は、神経症患者の要求に対応できませんでした。その結果、患者を「行為可能な、感情を持つ個人」として見る「社会心理学的な考察様式」が開発されることになります。

こうした新たな心理療法概念は、ライプツィヒ大学において開発されました。ここでは、当初パヴロフを基礎として「睡眠療法」が行われていました。しかし、「神経の興奮を睡眠によって制止し、消失させる」とのパヴロフの神経生理学的概念から解放され、「眠らせることではなく、活動的な対決が神経症的疾病の安定化に導く」との新たな認識が成立します。患者が自分自身、その体験、行動、過去、現在と能動的に対決する方向への転換が行われたのです。ここから、新しい精神療法の構成部分をなす音楽療法が開発されていきます。

このような試みの中で「スターリン主義的な生活の制約とスターリン主義的な学問的教説」への抵抗が「マルクス主義的な根本的見解を抱く賢明で勇気ある科学者」によって行われました。これはライプツィヒの精神療法において建設的な成果をもたらします。人間が社会的に規定されていることは、マルクス主義的唯物論的なテーゼと合致していたのです。

社会心理学的な精神療法概念は、人間を「ここ」と「今」における社会的存在として見るとともに、伝記的な過去、病歴をもつ存在として理解します。これによって、体験―これは部分的に意識されるか、あるいは意識されない―が発達に影響を与えるものとして考慮されるようになったのです。

一九五〇年代にはすでにヴェント(Wendt, Harro)による受容的音楽療法の考え方があり、これは『音楽と医学』として一九五八年に出版されました。この音楽療法は「入眠療法」と関連していました。しかし、入眠のプロセスを音楽で促進する試みは機能しないとわかりました。音楽聴取は、神経活動を「活発化し、調和を与える」のです。

シュヴァーベが最初に開発した音楽療法は、「グループ歌唱療法」です。これは複合的な精神療法プログラムの一部になっており、精神療法的対話を補うものでした。この歌唱療法の焦点は、共同性の体験におかれました。多くの患者は、グループでの歌唱と出会って支えを見いだしました。そして、患者はそれまでは知らなかった社会的連帯、安全、リラックスを体験しました。共同の歌唱を介して、帰属、意味付与、自分の伝統との一体性、歴史的伝統への帰属が体験されたのです。

一九六〇年代初頭には精神医学の劇的な革命が行われます。患者との人間的な関わりが努力されるようになったのです。シュヴァーベは歌仲間と患者が日曜日に一緒に歌うことを企画しました。患者に可能な限り能動的に参加してもらうことが目標です。特に「内気で社会的に孤立した患者」が支援されました。グループは個人を社会的に保護し、さらに個人の活動の展開を促します。

歌唱との関連においては、言語的なフィードバックが行われました。グループのメンバーは、グループの中で現実に起こったことについて語り、明確化し、グループでの出来事に影響を与えます。たとえば、ハイキングの歌が患者によって歌として選ばれるとき、患者の好む歌詞から患者の状態と気持ちが推論されます。歌詞の選択は、抵抗と隠れた攻撃性を示します。さらに、それは、パートナーにかかわる葛藤、あこがれ、願望をも示唆します。

「グループ歌唱療法」は週に三回行われ、その後に運動療法が行われていました。一九七〇年代に入ってグループ歌唱療法は楽器による作業で補われるようになります。その後、楽器を用いる作業がグループ歌唱療法に取って代わり、楽器即興が能動的グループ音楽療法の標準的方法となりました。しかし、診療所の指導層はこのような療法の発展を承認しませんでした。その結果、病院全体で行うという構想は破壊され、能動的グループ音楽療法（非言語的精神療法的活動）をグループ対話（言語的精神療法的活動）と組み合わせることは不可能になりました。

シュヴァーベはゲシュタルト療法も開発し、指導していました。一九六〇年代にはゲシュタルト療法は美的な造形と結びついていました。しかし、シュヴァーベは制作された作品の展示では療法的な効果がないと考えました。音楽がそれ自体ではどんな療法的意義も持たないのと同様に、療法的プロセスを欠く作品の制作だけでは療法にはなりません。これの成果は一九六八年に『コミュニケーション的心理療法』（Kommunikative Psychotherapie, Gustav Fischer, Jena 1968）として公刊されます。

四　ドイツ統合と出会いの音楽療法

ところで、シュヴァーベは、東ドイツが西ドイツに吸収された後に「出会いの音楽療法」を開発します。東ドイツが西ドイツに吸収されるプロセスにおいて、シュヴァーベは全く新たな現実と対決します。人間の社会的能力を焦点とする音楽療法は、この対決の結果として生み出されたのです。しかも、これは東ドイツ時代の研究成果を基礎にしています。

一九九〇年以降のドイツ統合のプロセスは、シュヴァーベにとって苦痛にみちたものでした。一九九一年の春に、当時の首相コールはシュヴァーベを含めたザクセン人にとってもはや信頼できない存在でした。統一後のドイツの現実は、東のドイツ人にとって「全面的価値転換」を意味しました。その結果は、西側への幻想の消滅です。西のドイツ人は東のドイツ人を理解しませんでした。西のドイツ人は、東のドイツ人が四〇年遅れているとみなしていました。そして、西への統合によってようやくこの遅れを挽回できるとの「おそろしい単純化」に陥っていました。

確かに、西と東の音楽療法士は直接に出会えるようになりました。しかし、ドイツ語という同じ言葉を話しても、概念と表象が相違しています。さらに、生活には異なる意味と価値があります。この現実の中で、シュヴァーベは、自分の生存を守るために最高の柔軟性を必要としました。

検閲されない自由な行為、方向性を欠くという意味での自由な協力、励まし、意見交換、こうした事柄は可能になりました。しかし、東にはなかった官僚主義、さらに富のある人々、貧困な人々、見捨てられた人々の間の区別があります。これは価値の巨大な方向転換でした。こうした中で、シュヴァーベは貧しい人々の側に立つという選択をします。

社会的現実は「小さな戦争」ばかりです。「同僚の間の個人的侮辱から、無視、否定、直接的毀損、隠れたあるいは公然たる敵意」があるのです。

シュヴァーベは、この新たな現実の中でハーゼと協力して個人の「社会的能力」に訴える新たな音楽療法、「出会いの音楽療法」を開発したのです。こうして、「生活の質の意味における社会的能力を促進し、生活の侵害を最小化すること」が音楽療法の中心的課題になります。

シュヴァーベは、若い頃から「社会主義国でも資本主義国でもなく、単純にここザクセンで生きたい」と考えていました。彼自身は「左翼」になるには適していないと述べています。しかし、その政治的立場は「社会正義」を尊重し、「市場の残酷性」を語るところに現れています。「価格、市場、行楽の旅といった些末事、さらに貨幣と市場の法則への新たな適応へと生活が堕落し、そこに流れてしまうことがない」こと、これが彼の基本的価値なのです。

解説で使用した文献

Schwabe, Christoph:

Das Jahr 1991 oder Der weite Weg zur Musiktherapie, 1995.

Musiktherapie zwischen wissenschaftlichem Anspruch und gesellschaftlicher Realität, 1997
Regulative Musiktherapie, Überarbeitete und gekürzte Auflage, 1999.
Schwabe, Christoph und Reinhardt, Axel: Das Kausalitätsprinzip musiktherapeutischen Handelns nach Schvabe, 2006.

訳者あとがき

本書の冒頭にはノルウェーのルード氏による序があります。ルード氏は人間の社会性を基礎とした音楽療法を開発してきました。今世紀の新しい潮流「コミュニティ音楽療法」は、この業績から出発しています。ルード氏は以前からシュヴァーベ氏の業績を高く評価し、東ドイツの時代にシュヴァーベ氏に手紙を書きました。一九九〇年になってルード氏はハンブルクの学会でシュヴァーベ氏に出会います。その時に、この手紙が届いていないことが判明します。この事実からもわかるように、ルード氏はシュヴァーベ氏が音楽療法の世界で最も重要な人物であるとみなしています。本書を公刊するに当たり、ルード氏は快く序文を書いてくれました。

本書にはドイツ語版にはない注があります。ほとんどがハーゼ氏による説明です。訳者は翻訳するに当たり、理解が困難な箇所をハーゼ氏に直接質問し、丁寧な解説をえました。本書ではハーゼ氏の許可をえてこれを注として付加しました。

【著者略歴】

クリストーフ・シュヴァーベ

大学教員、哲学博士、教授資格取得。1960年から1980年までライプツィヒ大学神経科診療所音楽療法士。1980年から1992年までドレスデン音楽大学で心理学担当教員。クロッセン応用音楽療法アカデミーの創始者の一員、同アカデミーの学問的指導者。

1969年ドイツ民主共和国の医療心理療法協会の音楽療法部門（ドイツ音楽療法協会東の前身）の創始者。

「シュヴァーベによるコンセプトを促進する音楽療法協会」の指導的立場の音楽療法士。

ウルリケ・ハーゼ

理学学士。クロッセン応用音楽療法アカデミー、出会いの音楽療法教員、出会いの音楽療法専門グループ指導者。

「シュヴァーベによるコンセプトを促進する音楽療法協会」の指導的立場の音楽療法士。


【訳者略歴】

中河　豊（なかがわ・ゆたか）

名古屋大学大学院文学研究科哲学専攻博士課程 満期退学、現在名古屋芸術大学音楽学部教授。

Christoph Schwabe und Ulrike Haase: Die Sozialmusiktherapie, 3. Auflage, Akademie für angewandte Musiktherapie Crossen 2008.

装幀◎武村 彩加

出会いの音楽療法

2011年9月11日　第1刷発行　　（定価はカバーに表示してあります）

著　者　クリストーフ・シュヴァーベ
　　　　ウルリケ・ハーゼ

訳　者　中河　豊

発行者　山口　章

発行所　名古屋市中区上前津2-9-14　久野ビル
振替 00880-5-5616 電話 052-331-0008
http://www.fubaisha.com/
風媒社

乱丁・落丁本はお取り替えいたします。　＊印刷・製本／モリモト印刷

ISBN978-4-8331-4091-1